"十三五"国家重点出版物出版规划项目

经济科学译丛

税收经济学

伯纳德·萨拉尼耶（Bernard Salanié）著

马先标 刘兴坤 等 译

The Economics of Taxation
(Second Edition)

第二版

中国人民大学出版社
·北京·

《经济科学译丛》
编辑委员会

学术顾问

高鸿业　王传纶　胡代光　范家骧　朱绍文　吴易风

主　编

陈岱孙

副主编

梁　晶　海　闻

编　委（按姓氏笔画排序）

王一江　王利民　王逸舟　贝多广　平新乔　白重恩
朱　玲　刘　伟　许成钢　李　扬　李晓西　李稻葵
杨小凯　汪丁丁　张宇燕　张维迎　林毅夫　易　纲
金　碚　姚开建　钱颖一　徐　宽　高培勇　盛　洪
梁小民　樊　纲

《经济科学译丛》总序

中国是一个文明古国，有着几千年的辉煌历史。近百年来，中国由盛而衰，一度成为世界上最贫穷、落后的国家之一。1949年中国共产党领导的革命，把中国从饥饿、贫困、被欺侮、被奴役的境地中解放出来。1978年以来的改革开放，使中国真正走上了通向繁荣富强的道路。

中国改革开放的目标是建立一个有效的社会主义市场经济体制，加速发展经济，提高人民生活水平。但是，要完成这一历史使命绝非易事，我们不仅需要从自己的实践中总结教训，也要从别人的实践中获取经验，还要用理论来指导我们的改革。市场经济虽然对我们这个共和国来说是全新的，但市场经济的运行在发达国家已有几百年的历史，市场经济的理论也在不断发展完善，并形成了一个现代经济学理论体系。虽然许多经济学名著出自西方学者之手，研究的是西方国家的经济问题，但他们归纳出来的许多经济学理论反映的是人类社会的普遍行为，这些理论是全人类的共同财富。要想迅速稳定地改革和发展我国的经济，我们必须学习和借鉴世界各国包括西方国家在内的先进经济学的理论与知识。

本着这一目的，我们组织翻译了这套经济学教科书系列。这套译丛的特点是：第一，全面系统。除了经济学、宏观经济学、微观经济学等基本原理之外，这套译丛还包括了产业组织理论、国际经济学、发展经济学、货币金融学、公共财政、劳动经济学、计量经济学等重要领域。第二，简明通俗。与经济学的经典名著不同，这套丛书都是国外大学通用的经济学教科书，大部分都已发行了几版或十几版。作者尽可能地用简明通俗的语言来阐述深奥的经济学原理，并附有案例与习题，对于初学者来说，更容易理解与掌握。

经济学是一门社会科学，许多基本原理的应用受各种不同的社会、政治或经济体制的影响，许多经济学理论是建立在一定的假设条件上的，假设条件不同，结论也就不一定成立。因此，正确理解掌握经济分析的方法而不是生搬硬套某些不同条件下产生的结论，才是我们学习当代经济学的正确方法。

本套译丛于1995年春由中国人民大学出版社发起筹备并成立了由许多经济学专家学者组织的编辑委员会。中国留美经济学会的许多学者参与了原著的推荐工作。中国人民大学出版社向所有原著的出版社购买了翻译版权。北京大学、中国人民大学、复旦大学以及中国社会科学院的许多专家教授参与了翻译工作。前任策划编辑梁晶女士为本套译丛的出版做出了重要贡献，在此表示衷心的感谢。在中国经济体制转轨的历史时期，我们把这套译丛献给读者，希望为中国经济的深入改革与发展做出贡献。

《经济科学译丛》编辑委员会

序

本书源于我在法国国家财政学院和芝加哥大学两地的教学课程，讲授相关课程直接催生了我的这本《税收经济学》在巴黎出版。本书的 MIT 版本是由法文版修改和扩充而来，从选修该课程的学生和匿名评审中，我获益良多。我要对如下人士表示感谢：Arnaud Buissé，Dominique Bureau，Paul Champsaur，Pierre-André Chiappori，Christian Gouriéroux，Anne Laferrère，Guy Laroque，Thomas Piketty，Jean-Charles Rochet，François Salanié，Jean-Luc Schneider，Alain Trannoy，特别是感谢 Philippe Choné 对本书第一版的评论意见，没有他们的帮助或贡献，本书不可能顺利出版。

本书第二版做了大量改动，一方面，既有浅层的形式上的改动，如"税收归宿"现在是作为本书的第 2 章，放在第 1 章"福利损失与扭曲"之后，而第一版的情况正好相反。另一方面，也存在一些深度的内容方面的变化，即我重写了第 4 章"直接税"的许多内容，第 5 章"混合税收"建立在最近的研究基础之上，以简化阐述。自从完成了本书的第一版，我关注的焦点就在政策争论与理论文献两个方面有所转移。结果是，我在第 6 章引入了"新动态公共金融"的概念。我也把"环境税"这部分一分为二：理论章节放在本书的第二部分，政策章节则放在本书的第三部分。

非常感谢 Stefania Albanesi，Robin Boadway，Noémie Boutboul，Emmanuel

Farhi，André Grimaud，Roger Guesnerie，Louis Kaplow，Wojciech Kopczuk，Guy Laroque，Zhe Ren，Francois Salanié 和 Wolfram Schlenker，正是他们的评论，帮助我顺利完成了第二版的撰写。

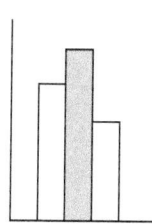

目 录

导 论 ··· 1
   历史回顾 ·· 2
   当前的税收体制 ·· 5
   本书内容概览 ·· 7
   注释 ·· 9
   参考文献 ·· 10

第一部分 税收效应

第 1 章 福利损失与扭曲 ·· 13
   1.1 税收效应 ·· 15
   1.2 福利损失 ·· 27
   1.3 结论 ·· 31
   注释 ·· 32
   参考文献 ·· 32

第 2 章　税收归宿 34
2.1　局部均衡 36
2.2　一般均衡 41
注释 51
参考文献 51

第二部分　最优税收

第 3 章　间接税 57
3.1　拉姆齐模型 57
3.2　生产效率 65
注释 68
参考文献 68

第 4 章　直接税 70
4.1　模型的建立 71
4.2　米尔利斯模型 74
4.3　概括 89
4.4　模拟 96
注释 101
参考文献 102

第 5 章　混合税收 104
5.1　负所得税 105
5.2　间接税有用吗？ 106
5.3　一些批评 109
注释 111
参考文献 112

第 6 章　时间与风险 113
6.1　无风险国家的储蓄税 115
6.2　一个随机的经济体 116
6.3　逆欧拉条件 118
6.4　抑制储蓄 121
6.5　最优税收 122
注释 128

参考文献 ·· 128

第 7 章　矫正税 ·· 130
　7.1　局部均衡中的庇古税 ···································· 131
　7.2　最优绿色税收 ·· 132
　7.3　存在双重红利吗？ ······································ 137
　　注释 ·· 138
　　参考文献 ·· 138

第 8 章　对最优税收的一些批评 ·································· 139
　8.1　有代表性的社会偏好 ···································· 139
　8.2　实际工作中的税收理论 ·································· 145
　　注释 ·· 149
　　参考文献 ·· 149

第三部分　当前的若干争论

第 9 章　低收入援助 ·· 153
　9.1　贫困的衡量 ·· 154
　9.2　主要救济方式 ·· 155
　9.3　从理论得到的启示 ······································ 159
　9.4　实证评估 ·· 166
　9.5　最近的改革 ·· 168
　　注释 ·· 169
　　参考文献 ·· 170

第 10 章　全球变暖与税收 ······································· 172
　10.1　最优碳价 ··· 173
　10.2　国际问题 ··· 180
　10.3　碳税动态 ··· 181
　　注释 ·· 183
　　参考文献 ·· 183

第四部分　附　录

附录 A　微观经济学的一些基础知识 ······························ 187
　A.1　消费者理论 ·· 187

  A.2 生产者理论 …………………………………………………………… 190
  参考文献 ………………………………………………………………… 193
附录 B　最优控制 …………………………………………………………… 194
  注释 ……………………………………………………………………… 196
  参考文献 ………………………………………………………………… 196
专用词 ………………………………………………………………………… 197
翻译说明 ……………………………………………………………………… 209

导 论

"税收"一词有多种不同的含义。狭义地讲，税收是指经济主体（economic agents）缴纳的一系列税款。而广义地讲，税收还涉及政府的全部财政政策。在本书的论述中，我将以中性的立场来使用"税收"一词，也即将它的含义限定为：税收是指各种税款及转移支付（transfers）的统称。转移支付通常可以归为两大类：

（1）社会保险。社会保险的特征是，人们获得社会保险收益的多少与其当初缴纳的保险税（费）多少有关（这将视不同的国家而定：不同的国家在养老金、健康保险、家庭补助以及失业补助等方面的规定各不相同）。

（2）社会福利。社会福利的特征是，福利获得者无须支付任何代价（如国家给予社会成员的最低收入补贴、住房补贴等）。

社会转移支付之间的差别，在某种程度上是人为的因素所致，就像保险也在社会阶层之间重新配置资源一样。也就是说，健康保险税（费）的缴纳总体上与个人收入的多少有关，而健康风险却与收入的关系不大。当福利救济与社会缴款联系在一起时（"现收现付"养老金制度通常就是这种情形），健康风险就有可能和收入密切相关了（因此富人的寿命通常比穷人要长）。这里，我将建立在个人收入总额和购买力基础上的各种税款和补贴均纳入本书的研究范围。在接下来的讨论中，我将从微观经济学的角度来研究政府税收，而不涉及其社会经济的稳定功能。

如同定义，税收是一个内容非常丰富而又充满变化的话题。在历史上，各国政府都曾尝试过使用各种税收手段，其动因包括从简单的权宜之计到奉行"父爱主义"的所有情况。尽管如此，我们还是能够从中悟出一些共同的东西。这里我们首先回顾税收发展史，然后将通过一些数字来说明主要发达国家的税收发展状况，最后简要介绍本书其他部分的主要内容。

历史回顾

在对税收史的回顾中，我们得到的最重要的启示，也许就是经济发展水平在很大程度上决定着税收的形式及其容量。起初，大多数社会均处于贫穷状态，农业经济占主导。由于生产出来的大多数产品被消费掉，可供纳税的生产剩余很少，对外贸易微乎其微，所以很难存在一些可供估算和征收的税基。像所得税这样最为普遍的税种，在工业化最早开启、贸易蓬勃发展的英国，直到19世纪才开始实施（课征），其他一些国家，则要推迟到20世纪以后。

从目前的研究可知，伴随着美索不达米亚和古埃及文明的出现，税收制度就接踵而至，这点可用公元前3500年苏美尔人（Sumerian）的碑文所载述内容加以佐证。在专制王朝时期，国王们仅凭自己的财力难以为其神职人员、宫廷以及军队的生活提供开支，所以他们必须开征各种税收，以补财政的短缺。由于货币在当时很少使用，很多税款均以实物形式（in kind）缴纳，所以，每年占人口绝大多数的农民必须向国王缴纳固定比例[1]的农作物。例如，有时这个比例在埃及为五分之一，而在苏美尔为十分之一，农民甚至不得不提供劳力以维持公共设施运转、建造金字塔与庙宇或者耕种国王的庄园。

较之美索不达米亚和古埃及，在征税范围上，雅典和罗马有过之而无不及，因为当时它们已经就土地交易、奴隶买卖以及商品进口等活动开始征税了。同时，他们的统治者还试图对资本和财产征税（但是大多以失败告终）。许多世纪过去了，税负还是主要由农民来承担。罗马帝国衰亡后，其税制也随之分崩离析。在相当长的一段时间里，各地方当局（local authority）主要依靠其自有土地上的收成来维持运转。在奴隶社会演变成封建社会后，从普通农民到王公贵族，每个人都得遵守一个规定：要想保有对土地的占有与耕种权，其交换条件是，要么到军中服役，要么（向社会）提供劳务。现在，税款除了可继续以劳务和实物的形式缴纳外，还可以以货币的形式来缴纳。以货币形式缴纳的税款，可能是间接税（如对货物交易征收的税款），也可能是直接税（如对财产和收入征收的税款）。此外，许多城市开始和其国王就税种开征特许权（charters）进行谈判，以求获取更多的税收特权来增加地方财政收入。

在一些国家，开征任何一个新税种都得事先经过国民批准的原则很早就建立起来了，这可用两个格言加以概括。国王被期待从他自己的领地获得他的大部分收入（"国王必须自食其力"）。超过那个范围的任何税收，必须得到被统治者的同意。其中，最著名的一个例子就是英国国王约翰（King John of England）在1215年批准的《自由大宪章》（the Magna Carta），法案的第14条和第61条声明，没有经过伟大的议会的同意，任何税收都不能开征。从这里，我们可以找到议会的起源。后来，这个理念导致了美国独立战争的爆发，因为当时美国人曾打出"国会中没有代表就不纳税"的口号。

直到工业革命（Industrial Revolution）时期，西方主要国家的税制才发生了一系列的变化。为了增加国库收入，各国政府主要采取的手段是增加货物税（taxes on specific goods 或 excises）和关税（custom duties），且无论国内或国外均如此。然而，法国大革命（the French Revolution）对西方国家的税制改革也产生了重要的影响。在拿破仑战争（Napoleonic Wars）期间，英国和其他欧洲国家政府为了筹措战争经费，首次开征了具有现代意义的收入所得税。但当战事平息后，收入所得税又被废止了。到了19世纪，盛行于整个欧洲大陆的自由主义思想（liberal ideas）对自由贸易产生了深远的影响，并带来了各国关税的显著下降，进而减少了各国的税收总额。为了弥补因关税减少而带来的财政亏空，1842年，英国首相罗伯特·皮尔（Robert Peel）决定再次开征收入所得税。当人们要求更加公平的呼声变得日趋高涨，以及对建立福利国家的资金需求变得日趋紧迫之时，其他欧洲国家也开始效仿并再次恢复了收入所得税。在克服了联邦高等法院的反对之后，美国直到1913年才开征收入所得税。当时，联邦财政收入还主要来源于关税和对烟、酒等征收的所谓的过失税（sin taxes）。

早期的收入所得税大多不按累进税率征收，所以在英国，除了对个人减免之外，一般都是按比例缴纳收入所得税。只有到了1909年，英国财政大臣乔治（Lloyd George）与上议院经过一番激烈交锋后，其对高收入征收"附加税"（surtax）的议案才获通过。虽然美国对收入开征所得税比英国晚，但它从一开始施行的就是累进税率。实际上，在第一次世界大战以前，各国的税收收入占国民收入的比重很小，一般低于10%，在美国甚至低于5%。即使在收入所得税变得越来越重要的今天，其税率看起来仍然很小：基准税率只是收入的几个百分点，最高税率也没有超过15%。在对大部分个人收入免税的前提下[2]，实际上只有很小比例的人口（美国大概为2%）缴纳了收入所得税。因此，当时的个人收入所得税实为一种"阶层税"*（class tax），这与同期开征的企业所得税（corporate income taxes）雷同。

---

* 阶层税即对高收入阶层人士征收的个人所得税。——译者注

20世纪，导致各国税收大幅调升的原因有两个：一是两次世界大战的爆发，二是现代福利国家的建立。在每次世界大战期间，各主要参战国的军费开支都达到或超过国民收入的50%。一些国家靠举债来为巨额的公共开支筹集资金，但大多数国家还是靠增加税收来解决问题，如在1918年，美国将所得税的最高边际税率（the top marginal rate）提升至77%。而到了第二次世界大战期间，收入所得税已经变成了"大众税"（mass tax），因为其涉及的纳税主体已超过了50%的居民。同时，英美两国在征收所得税时还实施了源泉扣缴制度（pay-as-you-earn system）。此外，在第二次世界大战末，两国的最高边际税率已经变成了具有没收性质的税率（美国为94%，英国不低于97.5%）。

每次战争结束后，人们可能都会期待税率能回到正常水平。事实上，20世纪20年代税率确实下降了许多。然而，社会公共支出的大幅增加却引起了政府税收总额的节节攀升。1883年，俾斯麦的普鲁士（the Prussia of Bismarck）建立了强制性的健康保险制度，又于1889年建立了养老金制度，于是，第一个福利国家就这样诞生了。随后，其他国家也陆续建立了社会保障制度：例如，英国、德国、法国以及美国分别于1911年、1927年、1931年、1936年建立了失业补助制度，同时，英国和美国还分别于1909年、1935年启动了养老金制度。自1945年以后，著名的《柏卫基报告》（Beveridge Report）使英国的社会保障制度更趋稳固。在过去的100年里，随着社会保障制度的建立与完善，上述国家的社会支出（social expenditure）规模也极度膨胀起来，转移支付占国家公共支出（public expenditure）比重的大幅提升对此做了很好的注释。

20世纪50年代，法国开始征收增值税（value-added tax）。现在除了美国外，增值税已经成为众多发达国家的主要税收政策工具。20世纪70年代，欧洲联盟（European Union）通过若干指令（directives），使增值税的征收在欧盟走上了规范化和制度化的道路。

进入20世纪80年代后，一些西方国家便对其财政税收体制进行了大刀阔斧的改革，特别是美国政府和保守党派上台后的英国政府在税制改革方面表现得更为激进。在20世纪70年代末*，美国收入所得税的最高边际税率为70%，1981年降为50%，直到1986年降为28%。在英国，玛格丽特·撒切尔夫人也将其最高边际税率由83%[3]降为40%。同时，英美两国还对其企业所得税税率做了适当的下调。[4]延续了里根总统和撒切尔夫人作风的各个政府对税制改变的影响有限。比如在美国，克林顿总统将最高边际税率提升至39.6%；但是2006年[5]，布什总统的税收减免法案将其降低到35%。相比较而言，欧洲大陆主要国家在税制改革方面则采取了较为温和的措施。

---

* 原书为80年代末，疑有误。——译者注

当前的税收体制

因此,当前的税收体制是伴随一系列历史事件演化而来的。所以,不同国家的税制不尽相同也就毫不奇怪了。在通过研究美国、英国、瑞典等国的税制变迁案例后,施泰因默(Steinmo,1993)明确地指出了一国政治制度是如何影响其税收政策的。尽管如此,大多数国家在税收政策及制度方面还是有很多共同特征的。

先考虑发达国家的情况。表1给出了经济合作与发展组织(OECD)中最大的五个富裕国家税收收入占GDP的比重。[6]

对整个OECD而言,在高税收的国家法国与低税收的国家美日之间,存在一些明显的差异。此外,这些国际差异有随着时间的推移持续存在的趋向。应纳税额具有顺周期性,所以,人们不必过分在乎每年应纳税额的精确数值。表1显示了在20世纪70年代,总体而言应税税额是增长的,此后,其大致维持稳定的水平。

表1 税收收入占GDP的比重(%)

	1970年	1980年	1990年	2000年	2007年
美国	27.0	26.4	27.3	29.9	28.3
日本	19.6	25.4	29.1	27.0	28.3
德国	31.5	36.4	34.8	37.2	36.2
法国	34.1	40.1	42.0	44.4	43.5
英国	36.7	34.8	35.5	36.4	36.1
OECD	27.5	30.9	33.7	36.0	35.8

表2将OECD和五个国家2007年的税收收入分解成了五个部分。数据表明了各自的特别税收收入份额。"社会保障税"是典型的工薪税,为养老金、家庭救助、失业补助等进行融资。"财产税"包括房产税、其他财富税、金融资产税,也包括地产税和赠与税。最后,综合消费税包括增值税和销售税,还包括对特殊商品征收的从量税和关税。

表2 税收收入构成(%)

	个人所得税	企业所得税	社会保障税	财产税	综合消费税
美国	38.1	11.0	23.4	11.0	16.5
日本	19.6	16.8	36.4	9.0	18.0
德国	25.1	6.1	36.6	2.5	29.3

续前表

	个人所得税	企业所得税	社会保障税	财产税	综合消费税
法国	17.0	6.8	37.0	8.0	24.7
英国	30.1	9.4	18.4	12.6	29.2
OECD	25.3	10.8	25.2	5.6	30.9

个人所得税是 OECD 国家的主要税收来源，约占整个税收收入的 1/4。近几年来，其中一些国家不仅减少了其税级（tax brackets）数量，还降低了相应的税率水平，而另外一些国家只对此做了较为温和的调整。因此，个人所得税在 OECD 国家的税收收入中所占份额有轻微的下降。更有趣的是，在不同国家，其水平变化差异较大：美国对个人所得税的依赖程度，大约是法国和日本的两倍。个人所得税法律方面的其他差异在于它们考虑到家庭结构的不同。许多国家可以对已婚夫妇双方分别征税（如英国），也可以由已婚夫妇双方作为一个整体而共同缴税，如法国。在德国和美国，则由已婚夫妇家庭成员之首，选择单独或联合等纳税方式。美英等国还推出专门的儿童信用卡，而法国则采用收入分割的方法。最后，个人所得税通常从当月工资中直接扣除（即源泉扣缴制度）。

社会缴款（social contributions）是 OECD 国家第二大税源。同时，它还是法国、德国以及日本等国的第一大税源。通常，社会缴款按工资的一定比例支付，美国有时设有一个缴付上限。（到目前为止，社会缴款额度最大的国家是法国、德国与日本。）不同国家社会缴款水平的差异，自然也就反映了各国居民生命风险受到社会保险救济的程度。随着社会转移支付的增加，税收收入的份额亦有稳定的增长。1965 年，OECD 国家的社会缴款占比仅为税收收入总额数值的 18%。

第三大收入来源是消费税，在 OECD 国家，三分之二的这类税收来自一种"一般的"消费税——通常是指增值税。美国则用销售税来代替消费税，其税率比较低。

消费税在税收收入总额中的占比份额从 1965 年的 12% 左右上升到 2007 年的 18%，在中等收入国家和不发达国家，这些税收（消费税等）是最大的收入来源。增值税通常有几档税率，其对必需品的课征税率较低，有时甚至为零（如在英国）。

相比之下，国内货物税（对一些特定商品，如酒、烟草和汽油等，征收的从量税）的占比在过去三十年内下降很多，直到 19 世纪，货物税才成为政府的主要税收来源，但是，其在 OECD 国家税收收入总额中的占比仅为 10%。

其他两个税种（企业所得税、财产税）通常被归到资本税中。这两个税种的最显著特征是，它们在税收收入总额中所占的份额随国家不同而有很大的变化。从 1970 年到 20 世纪 90 年代，企业所得税占税收总收入的份额是稳定的，其后则开始上升。隐藏在这里面的是税率的小幅下降和应税基础的恢复。

在许多国家，企业所得税仅针对合并企业课征，其他企业的利润则作为它们所有者的个人收入的一部分被课征。计算企业所得税负债时需要遵循一些规则，比如应考虑资本利得、折旧、供应设备、过去的损失和其他一些因素。因此，一国名义利率较低，其有效的税收收入反而较高。此外，对红利双重征税，是各国之间的税收政策的另一个关键性差别。在经典制度盛行的美国，先后以企业所得税（作为重新分配的利润）和个人所得税（作为股东的收入）两种形式，对红利课征税收。许多国家已采取措施取消这种双重征税，美国在采取一些措施后，于2003年实现了这个政策目标。

财产税的性质差异较大。财产税包括财富税、遗产税、生前赠与税、资本利得税、土地税和房产税。不同国家的差异很大。同样，财产税在不同国家也有巨大的差异。也许最为显著的是，英国和美国对财产课税要比法国和德国重得多。

在结束对当前税收体制简单的回顾之前，还应提及的是在不发达国家之间税收体制的差异更大。不发达国家的税收收入总额比发达国家小得多，大约占国内生产总值的20%。而经济转轨国家的税收收入总额正接近OECD国家的水平。[7]由于不发达国家缺乏有效率的税收行政管理，因此，其税收收入来自容易筹集、容易课征的税种。间接税占它们税收收入的2/3，关税则占1/3。与OECD国家相比，不发达国家的个人所得税只占其税收收入总额的很小一部分。而资本所得税几乎不存在，因为在这些国家，正确计算资本所得税税基是一件十分困难的事情。

本书内容概览

马斯格雷夫（Musgrave，1959）在其经典著作中将政府的主要功能划分为三类：
（1）配置功能，政府通过它（分配）来提供公共物品，并弥补市场失灵。
（2）再分配功能。
（3）稳定功能，其包括通过宏观经济干预措施（包括自动稳定器）来保持经济的稳定。

在任何好的宏观经济学教科书中，都可以找到关于稳定问题的研究内容，因此，本书将其搁置到一边，只研究政府的前两个功能。

在阿罗-德布鲁（Arrow-Debreu）模型中，根据福利经济学第二基本定理（the second fundamental welfare theorem），在一定的假设条件下，每一个帕累托最优都可以分解为一个私有产权经济制度下的竞争均衡，在那里可以通过总额转移支付（lump-sum transfers）[8]实现资源的再分配。当把这一定理应用于实践的时候，政府只需选择其偏好的帕累托最优，实施总额转移支付，让竞争均衡发挥它的魔力，而无须做出任何形式的干预。

在实践中，我们观察到几种市场失灵的现象（Salanié，2000）。首先是公共物品问题：按照定义，公共物品就是那些在消费上不具有竞争性质的物品（nonrival goods），一个市场参与者（agent）的消费并不会减少其他市场参与者对同一种公共物品的消费，于是福利经济学第二基本定理不再适用于公共物品，因为严格地讲，每个人的消费水平都不会有很大的增加。同时，在没有政府干预的情况下，公共物品的生产不可能达到最优水平。而且，公共物品的生产必须有一定的财力来支撑，但这会引发搭便车（free-rider）问题。

外部效应的出现也意味着市场不可能自动达到最优；矫正税（corrective taxes）是用来弥补市场失灵的工具之一（就像环境税旨在减少污染一样）。

亚当·斯密（Adam Smith）很早就认为，国王应该向其臣民提供三类公共物品：国防、公正和公共建设工程（public works），再加上一个受外部效应影响的私人物品——初等教育[9]。即使最具自由主义精神的思想家们[10]［即自由主义者，他们的思想观点由诺齐克（Nozick，1974）做了很好的诠释］也接受了由"小政府"（minimal state）来提供国防和公正等公共物品的观念。事实上，搭便车问题使得由私人部门提供公共物品的可能性变得极低。

由于公共物品或外部效应导致市场失灵，总额转移支付在实践中难以充分实施。

计算最优的总额转移支付，需要政府有一个相当完备细致的反映经济体特征的信息系统。他们或无差别，或依赖于特定的经济交易状况。传统的人头税就是一个无差别税收的例子，即根据家庭成员数，对每户征收固定的税额。

在早期的中国、古代的法国与一些伊斯兰国家，这些税收（人头税）是常规税种，但直到20世纪60年代美国才出现人头税。1989年，撒切尔夫人在英国发动的社区收费，是近期一场最大规模的旨在征收总额税的运动。该运动的目的在于，用随地区而变化的人头税去替代依赖于财产价值评价的房产税。因为纳税人可在社区之间搬迁，所以该税种并非严格意义上的总额税，并且，其对贫困家庭的征税率也较低。不管怎么说，人头税还是引起了英国民众的强烈不满，并导致了英国1990年春季的大规模游行。最后人头税虽然被取消了，但此事也加速了撒切尔夫人政府的下台。

为了给公共物品融资，即向公众提供像教育和卫生这样的物品，并且重新分配财富，政府必须运用总额转移支付，按照定义，其取决于个体的决策。因此，每个纳税人都可通过改变自身的行为来减少他的纳税，并且他会努力去那样做，只要如此行事有价值。税收在不同经济个体的边际替代率之间创造了一种偏差，导致社会福利总体损失。很明显，能够将这些损失量化是很重要的。现有的研究结果表明，这些损失要占到整个税收收入的10%～50%，诚然，这是相当大的。这两个问题（税收效应及福利损失）构成了本书第一部分的核心，我们将用实证经济学（positive economics）的方法来加以论述。

本书的第二部分将全部采用规范分析方法。很明显，实践中的税收制度（而不是总额税）能够减少经济运行的无效性，那么，政府如何选择最优税收体制呢？对此问题，我们将会看到本书是如何通过建立模型来进行量化分析并给出部分答案的。

这两个部分的分析主要还是理论性的，尽管在有必要时需要引入经验性和制度层面的要素。为揭示如何根据前两部分得出的结论来展开经济政策问题的研究，在第三部分和最后部分，我们检验了两个当前的税收政策争论：低收入援助以及环境税问题。

这里有个问题需要引起大家的注意。税收的实证研究并没有将问题局限于本书第一部分所界定的那个方面，仅包括税收对个体经济决策的效应。感兴趣的读者可能想越过本书第一部分的讨论，并且对社会的税收体制决策方式建模。最近二十年来，税收政治经济学的许多理论和政策得到发展。为防止本书过度扩展以致超过合理的长度，有关税收的政治讨论部分就不在此涉及了。有兴趣的读者可以参见赫蒂奇-温尼尔（Hettich-Winer, 1997）的《公共选择理论》一书。同时也可以参见泊松-塔贝里尼（Persson-Tabellini, 2000）的相关著作，其著作从不同的视角反映了现代政治经济学发展的全貌，其中第6章和第12章是专门用来讨论税收问题的。

阅读本书需要读者具备高级微观经济学知识。附录A介绍了书中使用的主要结论。因为对最优税收的研究也依赖于最优控制理论，而最优控制并不是通常的经济学课程的内容，所以我们在附录B中介绍了一些相关概念。

注释

[1] 当时，征收税款存在诸多困难，（国王应收的）各种税款通常是由"包税人"（tax farmers）负责收集的。在向国王转缴固定数额的税款后，包税人还可能通过向实际纳税人征集高达两倍的税款来渔利。这种包税制一直持续到19世纪。

[2] 例如，在1913年，美国纳税人仅就其超过人们平均收入5倍的部分缴纳个人所得税。

[3] 其中，不包括对资本利得征收的15%的额外税。如果包括的话，某些纳税人的最高边际税率将达98%。

[4] 同时，美国的税基却变得更宽泛了，其最终效果是增加了企业所得税。

[5] 布什税收减免法案到2011年终止，如果国会不采取新的政策措施，最高税率将重新回归到39.6%。

[6] 有关德国的数字，在1991年以前反映的是联邦德国的情况，在1991年以后反映的是德国统

一以后的情况。

　　[7] 相比之下，目前在 OECD 国家，关税占总体税收收入的比重不足 1%，而在 20 世纪初，该比率还高达 15%。

　　[8] 根据定义，总额转移支付的性质就是，转移支付只依赖于有关市场主体的身份，而不是其相互间的经济交易。

　　[9] 然而，他认为高等教育应该留给私人部门，教师的工资应依其工作表现发放。

　　[10] 我这里使用的"自由"一词，是指古典意义上而非美国意义上的自由。

参考文献

Hettich, W., and S. Winer. 1997. The political economy of taxation. In D. Mueller, ed., *Perspectives on Public Choice*. Cambridge: Cambridge University Press, chapter 22.

Musgrave, R. 1959. *The Theory of Public Finance*. New York: McGraw Hill.

Nozick, R. 1974. *Anarchy, State and Utopia*. New York: Basic Books.

OECD. 2009. *Revenue Statistics 1965—2008*. Paris: OECD.

Persson, T., and G. Tabellini. 2000. *Political Economics*. Cambridge: MIT Press.

Salanié, B. 2000. *The Microeconomics of Market Failures*. Cambridge: MIT Press.

Steinmo, S. 1993. *Taxation and Democracy*. New Haven: Yale University Press.

第一部分

税收效应

本书的第一部分将致力于探讨税收的经济效应。任一税收措施都会促使人们调整自身的行为，以尽量少纳税。比如，一个经常争论的问题是所得税对劳动供给的负效应。我们在第1章中讨论了改变人们主要行为的有关机制，并介绍了如何评估因税收引起的社会福利损失。

当然，社会福利损失对所有人来说并非天然地均等。实际上，这是一个热点政治问题。例如，假设政府决定提高汽车销售的增值税，像这样的税收政策所产生的效应是可以预测的。汽车生产商们会抱怨它们的销售额将因此而降低，而购买者则担心汽车售价将上升。但是，在买卖双方中，哪一方将会成为因增值税上升而导致的汽车售价上升的实际承担者？承担的比例又如何？第2章将先后在局部均衡和一般均衡的框架下研究这个问题。在转向讨论第二部分的最优税收理论之前，有必要充分了解这两章的逻辑关系。

第1章 福利损失与扭曲

传统技术流派认为，经济学家的作用就是执行政府的目标，然后寻找一条实现目标的最佳路径，并使由此带来的市场扭曲最小化，或者尽可能少地损及经济效率。但什么是市场扭曲？我们又如何去度量它们呢？在帕累托最优状态下，所有消费者的边际替代率等于所有生产者的边际技术替代率。在正常条件和没有政府税收的前提下，完全竞争均衡就是帕累托最优。因为每个消费者的边际替代率都等于消费品的价格之比，每个生产者的边际技术替代率都等于要素价格之比。在政府征税的条件下，不同市场参与者接受的相对价格就各不相同了。例如，消费者接受的是税后价格，而生产者接受的是税前价格。在均衡状态下，边际替代率的均等难以持续，且这种情形并非属于帕累托最优。价格机制不能协调经济主体的决策，因为价格给不同市场参与者发出的信号不同。

为了使我们的讨论更加具体，假设在一个简单的经济体中，只有两种产品、一个消费者、一个厂商。设消费者消费产品 1 和产品 2 的效用函数为 $U=C_1C_2$；而厂商将产品 1 变为产品 2 的生产函数为 $X_2=X_1/c$。这里还假设产品 1 的价格为常数 1，所以消费者的初始资源为一个单位的产品 1。

在没有税收的情况下，均衡方程很容易求解，因为生产函数具有规模报酬不变的性质，所以产品 2 的价格等于 c，厂商的利润为 0，并且消费者的预算约束条件为：

$$C_1 + cC_2 = 1$$

通过对效用函数求最大值，可得：

$$C_1 = \frac{1}{2}, \quad C_2 = \frac{1}{2c}$$

因此，效用函数 $U = 1/4c$。由消费者的边际替代率

$$\frac{\partial U/\partial C_1}{\partial U/\partial C_2} = \frac{C_2}{C_1} = \frac{1}{c}$$

可以看出，消费者的边际替代率等于产品1替代产品2的边际技术替代率。如同我们所预期的那样，这时的均衡和单一的帕累托最优是一致的。

现在对产品2开征从量税（t），同时政府将在这里征收的税额作为总额转移支付（T）再分配给消费者。因为生产函数规模报酬不变，产品2的供给具有无限弹性，所以政府征税将全部由消费者来承担，即消费者消费产品2的价格为（$c+t$），故消费者此时的预算约束条件为：

$$C_1 + (c+t)C_2 = 1 + T$$

根据效用最大化可得：

$$\begin{cases} C_1 = \dfrac{1+T}{2} \\ C_2 = \dfrac{1+T}{2(c+t)} \end{cases}$$

同时可得消费者的边际替代率：

$$\frac{\partial U/\partial C_1}{\partial U/\partial C_2} = \frac{C_2}{C_1} = \frac{1}{c+t}$$

可见，消费者的边际替代率不等于厂商的边际技术替代率，因为此时，厂商的边际技术替代率仍然是 $1/c$。市场均衡不再等价于帕累托最优：因为税收使消费者和厂商接受的价格之间发生了背离，进而导致了资源的无效配置。

根据定义，$T = tC_2$，现用 tC_2 代替 T，可得：

$$\begin{cases} C_1 = \dfrac{c+t}{2c+t} \\ C_2 = \dfrac{1}{2c+t} \end{cases}$$

可求出消费者的效用函数为：

$$U(t) = \frac{c+t}{(2c+t)^2}$$

经过代数运算可得：

$$U - U(t) = \frac{t^2}{4c(2c+t)^2}$$

所以效用损失（由于市场均衡不再等价于帕累托最优）是 t 的二次项，这就是所谓的税收无谓损失（deadweight loss 或 excess burden）。[1]

我们注意到，即使政府将税款返还给消费者（根据定义，$T = tC_2$），效用损失依然存在。其原因在于生产者和消费者的相对价格不相等；产品 2 相对消费价格的上升导致了对产品 1 的过度消费，以及对产品 2 的消费不足。

上述例子揭示了贯穿全章的两个要点：首先，税收引致的市场扭曲现象是通过市场参与者所观察到的价格之间的差异来形成的。其次，税收导致的社会福利损失在量上是关于税收参数的二次项。然而一个值得考虑的结论是：对一个产品征税要么导致其产量下降，要么使其消费不足。在另一种场合，替代效应可能被收入效应所掩盖。此现象通常与吉芬商品有关，因此可以认为标准的消费品是稀缺的。然而，这对劳动供给和储蓄行为来说都是有可能的。

现在我们来研究税收对一些主要经济决策的影响：劳动供给；源于储蓄的利息；风险承担。然后，我们再寻找因税收导致的无谓损失的测定方法。

1.1 税收效应

这里我们将焦点放在市场参与者的主要经济决策上，因为这些决策在税收政策的讨论与制定过程中起关键性的作用。在下面的例子中，我们将采纳部分均衡的观点，如不考虑所得税对雇员工资的影响等。

1.1.1 劳动供给

大家知道，工资会以一种违反直觉的方式影响劳动供给。相对于闲暇，高工资能使工作变得更有吸引力（即它的替代效应）；但是若闲暇是正常品，高工资也会增加对闲暇的供给（即收入效应）。征收所得税也有相同的效应。

标准模型

假设 $U(C, L)$ 是一个消费者的效用函数，其中 C 表示对单位价格的可加总产品（aggregate good）的总消费，L 表示劳动量（所以 U 随着 C 的增加而增加，随着 L 的增加而减少）。同时假设政府以比例税率 t 对个人收入开征所得税，于是，消费者的预算约束条件为：

$$C \leqslant (1-t)(wL + \underline{R}) \equiv sL + M$$

其中，$\underline{R}$ 代表非劳动收入（按与收入所得税相同的税率征税），并定义 $s=(1-t)w$，$M=(1-t)\underline{R}$。

开征（或增加）所得税的三个效应是：

（1）当闲暇是正常品时，降低 M（净非劳动所得），所得税会降低对闲暇的需求，并因此增加劳动供给。

（2）净工资 s 以同样的趋势降低，收入也降低。

（3）净工资的降低可能使工作失去吸引力，进而减少了劳动力的供给。

上述（1）和（2）属于收入效应，它们依赖于平均税率，（3）属于替代效应，它仅依赖于边际税率。当课征的是比例税时，区别与否关系不大，但如果以累进税率对收入征税，其意义可能就不一样了。

为了量化这些效应，将进行如下推导：

$$\frac{\partial L}{\partial t} = \frac{\partial L}{\partial s}\frac{\partial s}{\partial t} + \frac{\partial L}{\partial M}\frac{\partial M}{\partial t}$$

斯卢茨基（Slutsky）方程为：

$$\frac{\partial L}{\partial s} = S + L\frac{\partial L}{\partial M}$$

其中 S（大于 0）是斯卢茨基项，也就是劳动供给关于工资净额的补偿性导数（compensated derivative）：

$$S = \left(\frac{\partial L}{\partial s}\right)_U$$

于是可以得出：

$$\frac{\partial L}{\partial t} = -wS - (wL + \underline{R})\frac{\partial L}{\partial M}$$

等式右边的第一项是替代效应部分，其值明显小于零。第二项是收入效应。如果闲暇是正常商品，那么第二项就大于零，它是收入的倍数。这意味着对低收入的个人来说，其收入效应要小。因此，在其他条件相同的前提下，所得税对穷人的抑制效应要高于对富人的抑制效应。

税收对劳动供给的效应可以通过柯布-道格拉斯效用函数 $U = a\log C + (1-a)\log(\bar{L}-L)$ 来阐述，但很容易看出，在消费者的预算约束条件中，$(1-t)$ 项只是减少了效用，而并没有改变劳动供给。收入效应和替代效应完全消失，而且税收不改变劳动供给。不过这里的柯布-道格拉斯效用函数所反映的只是一个非常特殊的个案。[2]

很显然，用比例税可以提供一个非常近似的理解真实世界里的所得税的视角。但是，在开征比例税的情况下，很容易进行一些简单的差异分析。现假设开征一项负的收入所得税G，即一项不与个人收入状况相联系而直接给予所有个人的政府补贴[3]。于是个人税后收入变成$(sL+M+G)$，在其他条件相同的情况下，G增加了收入效应，减少了劳动供给。如果负收入所得税通过增加t的方式来实施，那么上述三种效应就会发生作用。对于较穷的个人来说，从比例所得税到负收入所得税，好像确实减少了劳动供给，然而这种结论忽视了一个事实，那就是在大多数发达国家，最穷的居民可以得到大量的家庭经济情况调查救济（means-tested benefits）。这些转移支付应该通过建立模型来加以分析，以便更好地理解贫困人群的劳动供给问题。

评论与延伸

在标准模型中，还暗含着一个假设，即雇员可以自由地选择自己的工作时间L的长短。然而，工作时间并不能由雇员如此简单地决定，尤其是在一些欧洲国家，工作时间的长短是有严格规定的，即使是兼职工作通常也不是自由选择的结果。因此，这里有必要分析工作决策问题，也就是在不工作和按常规工作$\underline{L}$小时之间选择的问题。为了简便起见，这里不考虑兼职工作情形，并设$U=u(C)-v(L)$，其中$v(0)=0$，然后比较$u((1-t)(w\underline{L}+R))-v(\underline{L})$和$u((1-t)R)$。我们还要注意工作决策由平均税率而不是边际税率来确定。

两个效用函数之差对t的微分是：

$$-(w\underline{L}+R)u'((1-t)(w\underline{L}+R))+Ru'((1-t)R)$$

很显然，当且仅当$xu'(x)$是增函数时[4]，人们参加工作的愿望随着税率t的增加而减少，这种解释看起来有一定的合理性。累进税率将进一步减少人们参加工作的动机，因为工作时的平均税率要高于不工作时的平均税率。工作决策行为分析同样适用于退休决策行为分析，只不过退休行为决策的限制条件是：退休后领取养老金的权利取决于原来缴纳社会保险税的多少。

我们也可以将劳动变量L看成是个人努力程度变量，重新解释和分析上述的标准模型，所谓努力就是一个人为提高其劳动力要素产出水平所采取的行动。从形式上看，分析劳动力L与分析人们工作的努力程度都是一样的，只要工作努力带来工资增加和效用成本增加的假设都成立。当然，这种重新解释对研究最优税收问题有一定的益处。

即使我们把分析的焦点放在劳动供给上，税收除了会影响劳动时间和工作努力程度外，还会影响其他一些变量。假设有两项工作，其中，工作2的劳动强度大，但比工作1的报酬要高。这里同样假设效用是可分的，那么对选择工作2的人说，他必会把从事工作2所带来的效用增量$u(W_2(1-t))-u(W_1(1-t))$与其高劳动强度所带来的负效用增量（v_2-v_1）进行比较。征税会使前者减少，而后者不变，其结果是使工作2失去吸引力。而在此情形下，家务劳动（例如，家庭重活家务和照料孩子，常脱离于市场体系），若该类劳动可以免税，则有更大的吸引力。

当然，政府如何处置其筹集的所得税，确实是件十分麻烦的事。税收收入可以用来为公共物品筹资；若每个消费者从使用公共物品中得到的效用函数可与其他效用函数的争论相分离，那么，我们早期的有关结论就不改变。然而，政府可以在经济主体之间重新分配税收收入。为简化分析，假定用独立于个体经济决策的总量转移方法来处理此事。于是，每个新增的效应将改变每个人的劳动供给水平。首先，考虑一种每个人都可以接受的不可能发生但经典的情况，用一次性的方式，使数量恰好等于个人的缴税额，那么，每个人的总收入效应将是零，并且只存在替代效应。这样的"税收—补偿"政策肯定会减少劳动供给。更可能出现这样的情况：若存在富人向穷人的重新分配，则平均收入效应的大小将取决于富人与穷人之间收入效应的相对值的大小。所得税的增长也可以用增值税税率的降低加以补偿。由此，也应将消费模式纳入该分析框架。图1—1所反映的是一个非常典型的发达国家的预算约束函数的图像。S形的预算约束函数曲线说明：边际税率对低收入（这里福利救济是根据家庭经济情况调查做出的，并且劳动收入越多，福利救济越少）和高收入（由于收入所得税累进率）来说都偏高。如果预算约束函数是非凸的，那么对一个确定的个人来说，税收的微小变化也可能引起劳动供给较大的变化（例如，在图1—1中，从 A 点跳到 B 点）。实践中，由于现实世界税收—补贴制度的复杂性，借助于实证分析方法来研究问题有其现实必要性。

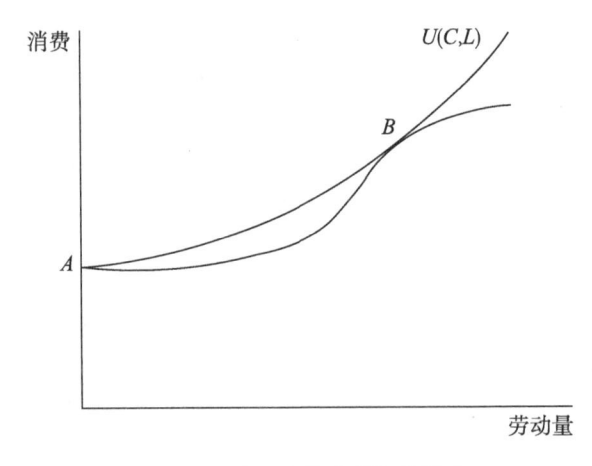

图1—1 真实世界中的预算约束

劳动供给估计

在实证文献中，劳动供给的结构性估计程序通常以标准模型为基础，在预算约束条件 $C \leqslant sL+M$ 和非负约束条件 $L \geqslant 0$ 下，求效用函数 $U(C, L)$ 的最大值，在此过程中，可求得劳动供给的估计值：

- 如果 $-\dfrac{U'_L(M, 0)}{U'_C(M, 0)} \geqslant s$，则 $L=0$

通过这个不等式，可以给出税后保留工资（reservation wage）$S_R(M)$ 的概念，即当实际工资低于 $S_R(M)$ 时，市场参与者就拒绝工作。

- 否则，L 通过下列方式给出：

$$-\frac{U'_L(sL+M,L)}{U'_C(sL+M,L)}=s$$

通过该等式可以定义一个函数：$L^*(s, M)$。

然后通过这些方程，计量经济学家将劳动供给模型特定化为带有隐变量的 Tobit 模型[5]：

$$L^* = \alpha + \beta \log s + \gamma \log M + \varepsilon$$

其中 ε 是误差项，而劳动供给由下列公式给出：

$$L = \max(L^*, 0)$$

当然，工资 s 只有市场参与者工作时才能观察到。所以，Tobit 模型还必须结合一个工资方程才能对其进行估计，这里的工资方程是一个表明市场参与者 X 的特征函数：

$$\log s = Xa + u$$

假定当前的劳动供给仅依赖于当前劳动者不满意的工资水平。例如，它不适于用来说明年轻经理人的情况，这些年轻的经理人怀着得到升迁的希望而超负荷工作。因此，这个模型必须从生命周期的视角考量问题。模型忽略了与交通成本或儿童保育成本相联系的固定成本，这对于年轻的职场女性来说尤为重要。

最后，还必须对模型进行修正，以使其适应非比例税率的情形，非比例税率下的预算约束条件：

$$C \leqslant wL + R - T(wL \mid R)$$

如果边际税率递增，那么预算约束仍然是凸函数，其图像如图1—2所示。于是，虚拟工资 $S=(1-T')w$，并且也可以界定虚拟收入 $M=C-SL$，以使得劳动供给就是在实质约束条件 $C \leqslant sL + M$ 下，使效用函数取得最大值的解。

这个方程将我们带回标准模型，除了 s 和 M 通过 T' 与 L 发生联系，从而是内生变量外，还必须使用工具变量法（method of instrumental variables）或最大似然法（maximum likelihood method）来对模型进行估计。

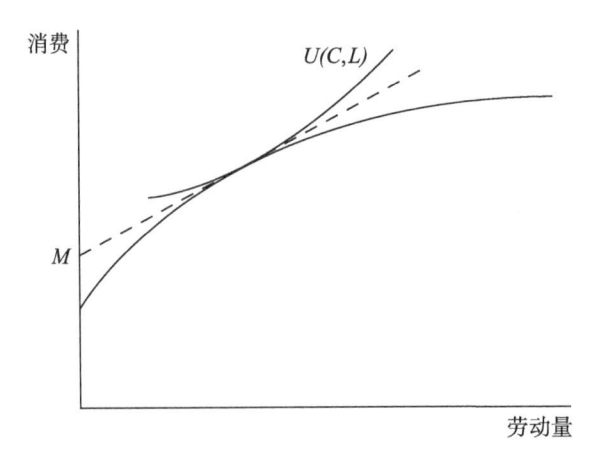

图 1—2　凸预算约束

在现实的经济活动中，不幸的是，税收体制总是导致预算约束函数呈现非凸性，如图 1—1 所示，规划的最大解不满足一阶条件。于是我们经常需要给出劳动 L 的离散值（如考虑市场参与者每周工作小时数 $L=0，1，…，60$），然后比较效用值

$$U(wL+R-T(wL+R), L)$$

以找出最大值。效用函数中的参数可以用最大似然法来进行估计，这些参数还可以用来计算工资和收入的劳动弹性。[6]

由于现实的复杂性，不同研究给出不同的估计结果并不奇怪。没有人会怀疑闲暇是一个正常商品。[7] 劳动供给的补偿性工资弹性很不确定，而且看起来对男性较低（一些地方为 0～0.2，其非补偿弹性趋于 0）。养儿育女，例如，为了看护孩子，退出劳动力市场（或从事兼职工作）的女性要比男性多。

更为普遍的是，不同组别的人，其劳动供给会以不同方式随工资水平的不同而改变。对技能低的男性工作者而言，无论工作与否，最敏感的决策边际利润率是广泛的边际利润率。对于有孩子的年轻妇女而言，相对于每周工作多少小时，集约边际利润率对每天工作多少小时更具回应性。而对技能很高的人而言，劳动供给不可能按照工作小时量来充分地测度一些无法观察的因素，而是更多地被宽泛地界说成"工作努力"这类事情。在讨论最优所得税问题时，我们将回到最后这一点。

结构估计方法使用者受到批评的原因是，他们经常依赖一个可能是错误的模型，而其他研究者则求助于自然实验方法。这里采取比较方法，分析不同组别有关劳动供给的税收改革问题，部分组经历的改革要多。伊萨（Eissa，1995）考察了 1986 年美国《税收改革法案》（简称 TRA86）对已婚妇女劳动供给的影响情况，发现引人注目的效应是将个人所得税的最高边际税率从 50% 降到 28%。因此，这项改革极大地降低了那些嫁给高收入者的已婚妇女的边际税率。相比之下，其对嫁给低收入者的妇女影响很小。通过比较 TRA86 对不同组群妇女的劳动供给的影响，伊萨测算出第一组妇女劳动供给的工资弹性为 0.8 左右，其下降的幅度与结构性估值相同。

这里适用一个重要原则。随着越来越多的妇女进入劳动力市场，工资的性别差距缩小，女性的劳动供给变得缺乏弹性。因此，Blau-Kahn（2007）发现，在 1980—2000 年，美国已婚女性的劳动供给的工资弹性下降了一半。这个大变化主要是由广延边际驱动的：工作决定越来越少地取决于工资。

最后，我们需要注意的是，实证研究有时使用的是应税收入，有时又用总收入。因为在地下经济活动中获得的劳动收入无须纳税，所以可以分析出，税率的提高会造成一些市场参与者离开合法的就业场所，而去非法的地下经济场所工作，至少有部分时间是在地下经济场所工作。通过在魁北克地区的调查研究，勒米厄-福尔坦-弗雷谢特（Lemieux-Fortin-Frechette，1994）证明这种影响对普通纳税人来说相当小，但对福利的接受者来说影响就非常大，因为他们通常面临着非常高的边际退出率（marginal withdrawal rates）。

1.1.2 储蓄税效应

在许多国家，劳动收入和储蓄收入都是征税的对象。在金融完善的情况下，由于储蓄率由长期收入水平决定，所以劳动收入税仅影响储蓄率。下面，我们将对生命周期内储蓄收入税在消费时间剖面予以考量。我们将假定一个外生的利息率。

理论分析

假设一个消费者的劳动供给缺乏弹性，其生命周期分为两个时期。在第一个时期，他就业时获得的工资为 w，其中一部分作为消费（C_1），其余部分作为储蓄（E），其第一个时期的预算约束为：

$$C_1 + E = w$$

在第二个时期，他不再工作[8]，消费支出来源于前期的净储蓄收入。设储蓄的利息率为 r，对利息收入并征比例税，税率为 t。所以，第二个时期的预算约束为：

$$C_2 = [1 + r(1-t)]E$$

由于假设金融市场是完善的，所以该消费者可以按其意愿进行储蓄。将两个时期的预算约束加总，可以得出一个跨期预算约束（intertemporal constraint）函数：

$$C_1 + pC_2 = w$$

其中 p 是第二个时期消费者的相对消费价格，更精确的是，不对利息收入征税时：

$$p = \frac{1}{1+r}$$

对利息收入征税时为：

$$p = \frac{1}{1+r(1-t)}$$

在对利息收入征税的情况下，随着税率的提高，相对价格 p 也相应地提高。相对价格提高后，会出现两个效应：

● 收入效应：如果消费者在两个时期消费的都是正常商品，那么 p 的增加将导致 C_1、C_2 的减少，而增加了储蓄 $E = w - C_1$。

● 替代效应：p 的增加将使第二个时期的消费更加昂贵，从而使储蓄减少。

为了比较准确地分析问题，设 $U(C_1, C_2)$ 为消费者的效用函数。[9]

$$\frac{\partial C_1}{\partial p} = \left(\frac{\partial C_1}{\partial p}\right)_U - C_2 \frac{\partial C_1}{\partial w}$$

这里定义跨期替代弹性为：

$$\sigma = \left[\frac{\partial \log\left(\frac{C_1}{C_2}\right)}{\partial \log p}\right]_U$$

首先，因为希克斯需求（Hicksian demands）是支出函数 $e(p, U)$ 关于价格 p 的导数，所以方程：

$$C_1(p, U) + pC_2(p, U) = e(p, U)$$

对 p 求导数可得：

$$\left(\frac{\partial C_1}{\partial p}\right)_U + p\left(\frac{\partial C_2}{\partial p}\right)_U = 0$$

又因为根据定义有：

$$\sigma = \left(\frac{\partial \log C_1}{\partial \log p}\right)_U - \left(\frac{\partial \log C_2}{\partial \log p}\right)_U$$

经过代换和计算得出：

$$\sigma = \left(1 + \frac{C_1}{pC_2}\right)\left(\frac{\partial \log C_1}{\partial \log p}\right)_U = \frac{w}{pC_2}\left(\frac{\partial \log C_1}{\partial \log p}\right)_U$$

以及

$$\left(\frac{\partial \log C_1}{\partial \log p}\right)_U = e\sigma$$

其中，$e = E/w = pC_2/w$，并将该比率定义为储蓄率。

同时，由于

$$\frac{\partial C_1}{\partial w} = \frac{C_1}{w} \frac{\partial \log C_1}{\partial \log w}$$

最后，通过在斯卢茨基方程中进行代换，并指定 $\eta = \frac{\partial \log C_1}{\partial \log w}$ 为第一个时期的消费收入弹性，我们得到：

$$\frac{\partial \log C_1}{\partial \log p} = e\sigma - C_2 \frac{p}{C_1} \eta \frac{C_1}{w} = e(\sigma - \eta)$$

进一步地有：

$$\frac{\partial \log E}{\partial \log p} = -\frac{C_1}{E} \frac{\partial \log C_1}{\partial \log p}$$

经过代换，可得：

$$\frac{\partial \log E}{\partial \log p} = -(1-e)(\sigma - \eta)$$

上述等式可分解为：负替代效应 $-(1-e)\sigma$ 和收入效应 $(1-e)\eta$。这两个效应哪一个更重要呢？再次指出，柯布-道格拉斯效用函数对回答这一问题没有什么帮助，因为 $\sigma = \eta = 1$，所以看不出税收对储蓄的影响。一个合理的假设是，两个时期中消费者的行为偏好都相同，两期消费都是永久收入的一定比例（$\eta=1$）。选择 $e=r=\frac{1}{2}$，因为两个时期分别代表消费者的就业期和退休期，所以这两个参数的取值并没有不合理的地方。于是，开征50%的利息收入所得税将使 p 增加20%，储蓄减少 $(\sigma-1)\times10\%$。于是，为了扩大税收的储蓄效应，只要增强跨期替代弹性即可。在一定的条件下，税收甚至还可能使储蓄增加（当且仅当 $\sigma<\eta$ 时，该结论成立）。

如果消费者在两个时期都有工资报酬，那么我们还得考虑新的税收效应，因为永久性收入变成：

$$w_1 + \frac{w_2}{1+r(1-t)}$$

当永久性收入发生上述变化后，该消费者可能会通过借款扩大开支（如果他第二个时期的工资相对较高），这导致相关金融市场的不完备性（imperfection）。如果他的借款利息率 r^+ 比其储蓄存款利息率 r^- 高，那么他的预算约束线上将存在一个零储蓄拐点。在一定的条件下，有些消费者将选择停留在该拐点处[10]，不进行任何储蓄，这时替代效应不会发生作用，至少在局部场合是这样，这无疑减少了税收对储蓄的负效应。

关于劳动收入税，到目前为止被认为应按与储蓄税一样的税率对其征收。收入税是一种理想的税种。必须用 $w(1-t)$ 替代 w。该种税减少了长期收入，因而也就减少了当前收入和未来收入。那么 w 就应该用 $w(1-t)$ 来代替。这样，税收不仅减少了永久性收入，也减少了消费者两个时期的消费量，因为此时的储蓄为 $w(1-t)-C_1$，税收效应发生作用的方向取决于收入弹性 η。

因为储蓄税不仅影响收入，也影响累积的储蓄（或财富税、一些针对遗产征收的税收）。假定除了他自己生命周期内的消费，他还获得了来自死后留下的税后遗产的效用，这样他的效用函数就变成 $U(C_1, C_2, H)$，设定遗产税的税率为 τ，他的第二个时期的预算约束就变成：

$$C_2 + \frac{H}{1-\tau} = E(1+r(1-t))$$

他的跨期预算约束变成：

$$C_1 + pC_2 + p'H = w$$

其中 p 依然定义为：

$$p = \frac{1}{1+r(1-t)}$$

从而，$p' = p/(1-\tau)$。在利息税税率固定的情况下，根据上述公式，价格 p 也是固定的，根据希克斯-里昂惕夫（Hicks-Leontief）定理，这两期的消费可合并为对一个复合商品（composite good）的消费。遗产税税率 τ 变化的效应与利息收入所得税税率 t 变化的效应类似。然而，对遗产税税率的这种分析只能让人半信半疑。遗产无论是事前安排好的，还是偶然因素造成的（由于当事人过早死去），都存在让人争议的问题。就像财产税，许多国家的遗产税只占税收收入很小一部分。在美国，遗产税有时也被称为自愿税，因为该税很容易规避。好几个国家（尤其是美国在2001年）已采取措施大力削减遗产税。

实证研究的结论

在20世纪70年代，计量经济学家就一直试图估计消费者总储蓄对税后利息率的弹性。除了博斯金（Boskin，1978）得出的估计值接近0.4以外，多数估计都趋于0。但这种近似的一致性为萨默斯（Summers，1981）的一篇论文所动摇。通过对新兴国家一个生命周期模型的矫正，萨默斯发现，与可观察的收入财富比例相容的任何参数的选择，都意味着一个很大的储蓄利率弹性。然而，最近的研究工作已经对萨默斯的结论表示怀疑。

20世纪80年代的文献，开始致力于估计由消费者跨期最优化（intertemporal optimization）问题演变而来的欧拉（Euler）方程，并算出了跨期替代弹性 σ。基于宏观数据得出的跨期替代弹性 σ 值较小，而基于个体数据得出的更为可靠的估计则表明 σ 是不可忽视的，但其值小于1（对柯布-道格拉斯效用函数来说 σ 则为1），这就意味着储蓄对利息率的弹性非常小。

其他许多作者已对税收优惠的投资进行研究，研究使用的数据大多来自美国。在美国，个人退休金账户和401(k)基金使得在应税收入中扣除储蓄变得可行。尽管取得了成功，但是这些养老金的实施也提出了十分重要的疑问：所得的养老金是否可以以任何方式进行储蓄？相关研究并未取得一致的结论，而只是表明对养老金的税收优惠政策仅在一定程度上促进了总储蓄。因此，从这个理论文献[11]中所得到的一个启示就是：税收并不能对总储蓄产生许多影响。再者，也有纳税人方面的问题，他们并未占用像401(k)账户那样的税收优惠储蓄，原因在于他们并不知情，或者不能很好地理解这些政策（参见 Duflo et al., 2002）。

1.1.3 税收与风险活动

税收经常被认为是不鼓励人们从事冒险活动的，因为政府要对诸如开办企业或投资股票等风险活动的收益征税。但是，由于税收将政府转变成为一个沉睡的合伙人，正如多马-马斯格雷夫（Domar-Musgrave, 1944）所指出的那样，税收反而可以起到鼓励市场参与者从事冒险活动的作用。这种观点是否成立，我们将跟随着莫辛（Mossin, 1968）的思路对其加以讨论。这里暂不考虑现实经济中冒险活动是多是少的问题——比较流行的观点是风险活动不足，应该予以鼓励。但现在既没有证据支持这种观点，也没有证据来反驳这种观点。

我们将讨论一种资产组合，即投资于无风险资产的回报率为 r，投资于风险资产的随机回报率为 x。[12]假设经济体中存在一种无风险资产，不过这只是一种近似假设，因为即使是货币的购买力也会受通货膨胀的影响。这里我们还假设两基金分离（two-fund separation）原则成立：所有的风险资产都可以加总为一项单一综合性的风险资产。[13]

投资者的效用函数 U 是一个严格的冯·诺依曼 摩根斯坦（von Neumann Morgenstern）凹函数，即投资者是一个风险厌恶型的投资者。这里定义 W_0 是初始财富，W 是最终财富。如果 a 是初始财富投资于风险资产的比例，那么

$$W=(1-\tau)W_0(1+(ax+(1-a)r)(1-t))$$

其中 τ 是财富税率，t 是财产收入税率。

由 $Eu(W)$ 对 a 求最大值，可以得到一阶条件：

$$E(u'(W)(x-r))=0$$

税收变量将通过最终财富 W 进入上述等式。财富税的影响很容易看出来，因为这种影响就是用 $(1-\tau)$ 乘以初始财富 W_0 来表示的。我们从阿罗（Arrow，1970）的研究可以得知：如果绝对风险厌恶 $-u''(W)/u'(W)$ 不是财富的递增函数[14]，那么投资于风险资产的财富数量会随着财富的增加而增加，这也意味着 $a(1-\tau)$ 是 τ 的减函数。为了使分析更加深入和能得出财富税使 a 减少的结论，必须有 a 随着财富的增加而增加的假设前提。只有当相对风险厌恶程度随着财富的增加而减少时，该结论才能成立，但实证结果如何尚不得而知。

现假设不征收财富税（即 $\tau=0$），只考虑财产收入税这种情况。这里的一阶条件是：

$$E(u'(W_0(1+(ax+(1-a)r)(1-t)))(x-r))=0 \qquad (1)$$

由式（1）对 t 求导数可得：

$$E\left(u''(W)(x-r)\left((x-r)(1-t)\frac{\partial a}{\partial t}-(ax+(1-a)r)\right)\right)=0$$

通过整理有：

$$-\frac{\partial\log a}{\partial\log(1-t)}=1+\frac{r}{a}\frac{Eu''(W)(x-r)}{E(u''(W)(x-r)^2)} \qquad (2)$$

我们注意到一个有趣的特例是：如果 $r=0$（例如，如果无风险资产是没有通货膨胀情况下的货币），则可以发现：

$$-\frac{\partial\log a}{\partial\log(1-t)}=1$$

上式表示 $a(1-t)$ 独立于 t，因此它暗含着税收增加了 a。这就是多马-马斯格雷夫的直觉：税收等于政府参与了风险活动，因此它鼓励了人们的风险行为。

当 r 不等于 0 时，情况就变得有点复杂了。对无风险资产收入征税实际上是减少了财富数量，同时也可能改变人们对风险的态度。为了估计式（2）中的第二项，必须定义投资于风险资产的初始财富数额 $Z=aW_0$，进而研究它是如何随财富变化而变化的。通过重写一阶条件式（1），可得

$$E(u'(W_0(1+r(1-t))+(1-t)(x-r)Z)(x-r))=0$$

或者由式（1）对初始财富 W_0 求导，可得

$$E\left(u''(W)(x-r)\left(1+r(1-t)+(1-t)(x-r)\frac{\partial Z}{\partial W_0}\right)\right)=0$$

整理后，有：

$$\frac{\partial \log Z}{\partial \log W_0} = -\frac{Eu''(W)(x-r)}{E(u''(W)(x-r)^2)} \frac{1+r(1-t)}{a(1-t)} \tag{3}$$

将式（3）代入式（2）得：

$$-\frac{\partial \log a}{\partial \log(1-t)} = 1 - \frac{\partial \log Z}{\partial \log W_0} \frac{r(1-t)}{1+r(1-t)}$$

设 $r>0$，我们发现，在无增加的绝对风险厌恶假设下，Z 随着 W_0 而增大。因此，存在一个新财富效应，导致风险厌恶增加，并因此使得风险承担的吸引力比 $r=0$ 的情况要小。阿罗（1970）认为，Z 对于 W_0 的弹性值必定小于 1。如果是那种情况，上面等式的右边仍然为正数，并且税收必定总是鼓励人们从事风险活动，但这种推论与阿罗的假设是矛盾的。

直到现在，我们都假设政府像分享收益一样，也承担部分损失。如果损失能从其他风险资产所获得的收益中得到弥补，并且最终收益总是正的，那么可以证明我们的假设就是合理的。然而，这里我们也有必要分析一下"无损失抵偿"原则的影响。在此原则下，政府对损失不实施补助政策。当 $x<0$ 时，$x(1-t)$ 须用 x 来代替。在 $r\geqslant 0$ 的情况下，并不改变无风险资产的收益。很容易看出，当 t 接近 1 的时候，税收通常会减少人们的风险活动：因为在此情况下，损失得不到补偿，而且收益很少。一般而言，相对政府也承担部分损失的情形，"无损失抵偿"原则趋于减少人们的冒险活动。

最后，要注意的是，在大多数国家，资本利得税率要比利息收入所得税率低。在征税条件下，x 和 r 实际上分别变成 $x(1-t')$ 和 $r(1-t)$，其中 $t'<t$。如果风险厌恶程度不随财富的变化有大的变化，相对于统一税率，上述不同税率更能增强人们的冒险意识。

实际上，真实的世界比我们资产收入税模型所显示的情况要复杂得多。尽管这是现有税制中最为复杂、艰难的一个领域，然而有关投资组合的家庭数据信息并不详细。因此，估测风险资产投资组合的效益是一件十分困难的事情。

1.2 福利损失

上一节的分析表明，税收影响市场主体经济行为的方式要比专家们的想象复杂得多。有比本章开头的例子更一般的方法来量化这些扭曲对福利造成的损失吗？

从理论上讲，这个问题非常简单。现在假设一个经济体的税制初始状态为 t_0（可能还存在其他扭曲现象），其税后均衡价格为 p_0。现在将税制改为 t_1，税后新的均衡价格为 p_1。前文已经研究了税负的转嫁问题，即由谁来承担税收负担的问题。这里我们感兴趣的焦点是福利损失问题，也称额外负担问题或超额损失问题。

这里假设税收只是一个纯粹的再分配手段，没有其他公共物品需要政府提供资金支持。设税收为 t，税后价格是 p，对于消费者 i 而言，他的效用函数可从其间接效用函数求得：

$$U_i(p,t) = V\left(p, (p-t) \cdot w_i + \sum_{j=1}^{J} \theta_{ij} \pi_j(p-t) + T_i(t)\right)$$

其中，θ_{ij} 是该消费者在厂商利润 π_j 中享有的份额，$T_i(t)$ 代表通过再分配得到的收入部分（由税收转化而来）。我们希望估计出消费者效用变化量的总和 $\sum_{i=1}^{n}(U_i(p_1,t_1) - U_i(p_0,t_0))$，但一般来说这种做法没有意义，因为效用是序数化的。

即使我们忽视序数化问题，计算 U_i 必须考虑一般均衡下的所有相互影响，这看来是一个毫无希望完成的任务。为了进一步简化问题，假设有一个消费者代表，他的收入是 R，不因税收而变化，那么取 $t_0=0$，$t_1=t$，税后价格从 p_0 变成 p_1。一般情况下，效用的变化可以用等价变量（equivalent variation）或补偿变量（compensating variation）(Salanié，2000，ch.2) 来加以估计。根据定义，等价变量是：

$$E = e(p_0, V(p_1, R)) - R$$

其中，$e(p, u)$ 是支出函数，也就是为了使效用达到水平 u，在价格水平 p 下必须支出的消费金额。

因此，等价变量就是税前给予消费者的补贴，以使他的税后效用水平能够准确计算出来（当然，当 $t>0$ 时，$E<0$）。征税后，该消费者的效用损失为 $-E$，生产者的损失为 $\sum_j \pi_j(p_0) - \sum_j \pi_j(p_1-t)$，而政府征收的税收为 $tx(p_1, R)$。在这些条件下，将福利损失定义为消费者和生产者损失之和减去政府税收似乎是合理的，这样福利损失可表示为：

$$R - e(p_0, V(p_1, R)) + \left(\sum_j \pi(p_0) - \sum_j \pi(p_1-t)\right) - tx(p_1, R)$$

这可能是个满意的答案。然而，当用补偿变量代替等价变量后，消费者的福利损失和社会的福利损失会有一个不同的度量方式。只有当一些消费品的边际效用为常数（定义为 m）时，这两种衡量福利损失方法的结果才是一致的：

$$U = u(x) + m$$

大家都知道，这等于是假设不存在收入效应。等价变量和补偿变量两者都等于对消费者剩余的杜普特-马歇尔（Dupuit-Marshall）度量。

现在，让我们修改一下一些过于严格的假设（例如，不存在一般均衡效应和收入效应，能够找到代表性的消费者，以及既没有税收也没有扭曲的初始状态等），并继续分析对一个产品以无限小的税率征收从量税时的效应。

在图1—3中，p代表消费价格，税收使供给曲线上移dt个单位，于是消费者剩余就减少$ABCD$，生产者的利润减少$BCFE$，政府征收的税额为$ADFE$。社会福利损失为三角形DFC，其底为dt，高是$-dx$，其中dx是消费品数量的变化。因为三角形的面积等于底乘高的二分之一，所以社会福利损失为$-dxdt/2$。注意，无论dt的符号是什么，上述社会福利损失都是正的。

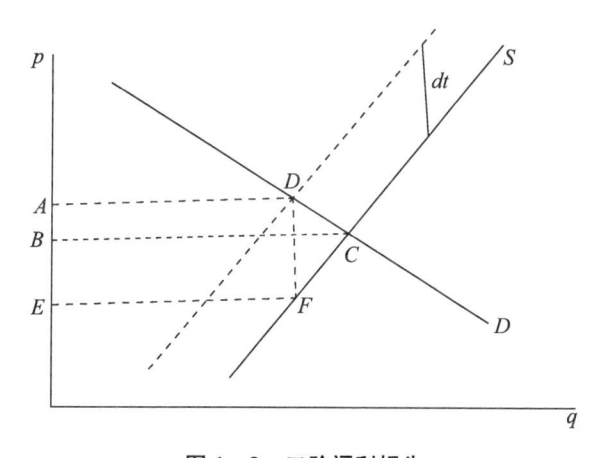

图1—3 二阶福利损失

这种税收的精确影响显然取决于供求曲线的弹性，可由下式得出其值（取绝对值）：$\varepsilon_D = \dfrac{-pD'}{D}$和$\varepsilon_S = \dfrac{pS'}{S}$。代入$dt$税收数量后，得到下列均衡方程：

$$D(p+dt) = S(p)$$

为简化表述，从$t=0$开始，对方程求导可得$D'(dp+dt) = S'dp$。于是

$$\frac{\partial p}{\partial t} = -\frac{\varepsilon_D}{\varepsilon_S + \varepsilon_D} \in [-1, 0]$$

因此，在需求比供给更富有弹性的情况下，生产价格p会一直下降。类似的计算表明，如果我们设$P = p + dt$代表消费价格，则有：

$$\frac{\partial p}{\partial t} = \frac{\varepsilon_S}{\varepsilon_S + \varepsilon_D} \in [0, 1]$$

这种情况表明，在需求比供给缺乏弹性的情况下，消费价格将一直上升。最后，可通过下式求出交易量x的下降值：

$$\frac{-\partial x}{\partial t} = -S' \frac{\partial p}{\partial t} = \frac{x}{p} \frac{\varepsilon_S \varepsilon_D}{\varepsilon_S + \varepsilon_D}$$

注意，

$$\frac{ab}{a+b} = \frac{1}{(1/a)+(1/b)}$$

是 a 和 b 的调和平均数。因此，x 的下降在需求和供给更有弹性时更明显。这一结果的另一表达式是：

$$\frac{dx}{x} = -\frac{\varepsilon_D \varepsilon_S}{\varepsilon_D + \varepsilon_S} \frac{dt}{p}$$

因为 dx 是 dt 的比例函数，所以超额损失是税收平方的比例函数，正如杜普特早在1844年所得出的结论一样。[15]

这里存在一个"税收平滑"（tax smoothing）论点，也就是在应纳税额一定的情况下，小额税种比大额税种要好。这一思想可以应用到为政府支出融资的活动上：对于确定的跨期税收额来说，保持税率不变比每年根据预算需要而变动税率要好。正如我们将会在第3章中所看到的，这种政策适用于对几种商品征税，但要谨慎行事。

也要注意，政府筹集的税收收入额是 xdt，所以无谓损失在税收收入中所占的比例与税率成一定的比例关系。为给出一个数量级，我们考虑欧盟增值税的税率"正常"这种情况，其值大约为20%，并假定它的需求是单位弹性。若供给也是单位弹性，那么税收的无谓损失在税收收入中所占的比例约为5%，这个比值是不可以忽略的。如果产出收益保持不变，则 $\varepsilon_S = +\infty$，而且无谓损失将升至占税收收入10%的水平。尽管这只是一个纯粹的理论阐述，但是这个例子揭示了无谓损失占税收收入的比值，它常被称为公共基金的社会成本。由于该比值较大，因而找寻一种适宜的税收制度将其最大化，是一件有价值的事。[16]

如果税率由 $t>0$ 变为 $t+dt$，情况又会如何？从图1—4可以看出，消费者的损失为 $ABCD$，生产者的损失为 $B'C'FE'$，而政府征收的税额为 $AE'FD$，而不是税收增加（tax hike）之前的 $BB'C'C$，现在的无谓损失为 $DFC'C$，很容易看出它等于 $-tdx$。

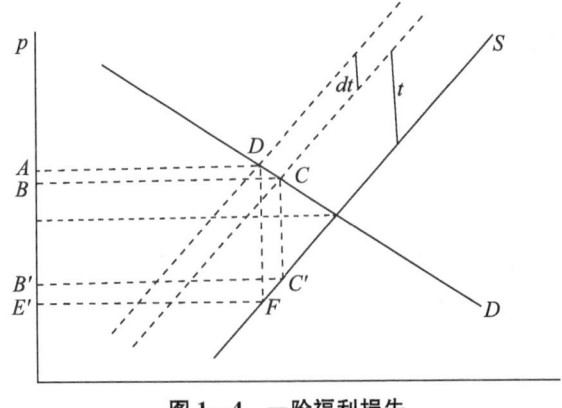

图1—4 一阶福利损失

我们可以从这一章看到，在对一般均衡和收入效应的分析中，关于社会福利损失还没有一个统一的定义。不过，还是通过总结德布鲁（Debreu，1954）的一篇有名论文来结束这个争论，他在其研究中使用了资源利用系数概念。设一个经济体开始时不存在扭曲现象（也就是不存在税收），其初始资源向量是 w。现在引入税收因素，新均衡下的效用为 U_i。德布鲁将最小的 r 定义为资源利用系数 $0<\rho<1$，这样在初始资源放大 r 倍的初始经济（original economy）里就存在一个帕累托最优，其中每个消费者的效用水平至少等于 U_i，于是我们可以将税收导致的效率下降定义为 $(1-\rho)$，社会福利损失为 $(1-\rho)p \cdot w$，其中 p 是到达初始帕累托最优时的价格向量，德布鲁给出了一个关于社会福利损失的表达式，而我们在一个更严格的模型里得出社会福利损失表达式为 $-\frac{dtdx}{2}$。利用本章开始时一个非常简单的例子，很容易计算出资源利用系数：

$$\rho = \frac{2\sqrt{c(c+t)}}{2c+t}$$

而社会福利损失是：

$$1-\rho = \frac{t^2}{(2c+t)(2c+t+2\sqrt{c(c+t)})}$$

而剩余分析方法给出的一个近似值为：

$$\frac{t^2}{8c^2}$$

当然上面的近似值只有在 t 较小的条件下才成立。

1.3 结论

总结本章的内容，需记住两个弹性概念：补偿弹性和非补偿弹性。补偿弹性只是考虑替代效应，而非补偿弹性还考虑了收入效应。尽管这不会引致扭曲现象和社会福利损失，但它会产生收入效应——正是这一点在福利经济学第二定理中起了重要作用。扭曲和社会福利损失可以完全归因于替代效应，因而它们的估计涉及补偿弹性问题。[17]另外，税收对行为的众多影响既涉及替代效应，又涉及收入效应，所以这些影响应该用非补偿弹性来估计。

注释

[1] 当然，它的准确度量要依赖于使用什么样的效用函数来表示偏好。

[2] 可以证明，如果偏好具有 CES 性质且替代弹性为 σ，当且仅当 $\sigma>1$ 时，收入效应将减少劳动供给。

[3] 因此，净税收为 $t(wL+\bar{R})-G$，并可能是负数。

[4] 等价地，当且仅当收入的边际效用弹性 xu''/u' 小于 1 时，此式成立。

[5] 这里使用的半对数模型仅是一个例子。

[6] 读者可以通过浏览 Blundell-MaCurdy-Meghir（2007）来了解这一过程。

[7] 例如，通过观察可以证明：人们有着减少劳动供给的遗传倾向（Holtz-Eakin et al., 1993）。

[8] 于是，第一个时期是他生命周期中的就业期，第二个时期是他的退休期。

[9] 因为假设劳动供给缺乏弹性，所以这里忽略劳动的负效用（disutility）。

[10] 他们的流动性约束是：他们在每一时期中，只消费当期的收入。

[11] 伯恩海姆（Bernheim, 2002）对此做了更为详细的讨论。

[12] 为了使问题更有意义，我们假设 $Ex>r$，并且 r 处于 x 的支持边界内部。

[13] 托宾（1958）第一次使用了两基金分离原则。在严格的偏好假设条件下，可以证明其合理性（Cass-Stiglitz, 1970）。

[14] 这就是所谓非递增绝对风险规避（nonincreasing absolute risk-aversion, NIARA）假设，已被很多实证研究所确认。

[15] 在一个一般均衡模型中，霍特林（1938）推广了杜普特公式。

[16] 在有关 CGE 模型的文献中，通常有公共基金社会成本的各种估计数值。根据文献研究税种的不同，这些数值有一定的差异，但其范围在 10% 到 50% 之间。

[17] 前一节的分析假设没有收入效应，以使得补偿弹性和非补偿弹性同时出现。

参考文献

Arrow, K. 1970. *Essays in the Theory of Risk-Bearing*. Amsterdam: North-Holland.

Bernheim, D. 2002. Taxation and savings. In A. Auerbach and M. Feldstein eds., *Handbook of Public Economics*, vol. 3. Amsterdam: North-Holland, 1173-1249.

Blau, F., and L. Kahn. 2007. Changes in the labor supply behavior of married women: 1980-2000. *Journal of Labor Economics* 25: 393-438.

Blundell, R., T. MaCurdy, and C. Meghir. 2007. Labor supply models: Unobserved heterogeneity, nonparticipation and dynamics. In J. Heckman and E. Leamer, eds., *Handbook of Labor Economics*, vol. 6A. Amsterdam: North-Holland, 4667–4775.

Boskin, M. 1978. Taxation, saving, and the rate of interest. *Journal of Political Economy* 86: S3–S27.

Cass, D., and J. Stiglitz. 1970. The structure of investor preferences and asset returns, and separability in portfolio allocation. *Journal of Economic Theory* 2: 122–160.

Debreu, G. 1954. A classical tax-subsidy problem. *Econometrica* 22: 14–22.

Domar, E., and R. Musgrave. 1944. Proportional income taxation and risk-taking. *Quarterly Journal of Economics* 58: 388–422.

Duflo, E., W. Gale, J. Liebman, P. Orszag, and E. Saez. 2006. Saving incentives for low-and middle-income families: Evidence from a field experiment with H&R Block. *Quarterly Journal of Economics* 121: 1311–1346.

Dupuit, J. 1844. De la mesure de l'utilité des travaux publics. *Annales des Ponts et Chaussées*, 8: 332–375. (Published in English in P. Jackson, ed. *The Foundations of Public Finance*. Elgar, Cheltenham, England, 1996.)

Holtz-Eakin, D., D. Joulfaian, and H. Rosen. 1993. The Carnegie conjecture: Some empirical evidence. *Quarterly Journal of Economics* 108: 413–435.

Hotelling, H. 1938. The general welfare in relation to problems of taxation and of railway and utility rates. *Econometrica* 6: 242–269.

Lemieux, T., B. Fortin, and P. Frechette. 1994. The effect of taxes on labour supply in the underground economy. *American Economic Review* 84: 231–254.

Mossin, J. 1968. Taxation and risk-taking: An expected utility approach. *Economica* 137: 74–82.

Poterba, J. 2002. Taxation, risk-taking, and household portfolio behavior. In A. Auerbach and M. Feldstein, eds., *Handbook of Public Economics*, vol. 3. Amsterdam: North-Holland, 1109–1171.

Salanié, B. 2000. *The Microeconomics of Market Failures*. Cambridge: MIT Press.

Summers, L. 1981. Taxation and capital accumulation in a life cycle growth model. *American Economic Review* 71: 533–554.

Tobin, J. 1958. Liquidity preference as behavior towards risk. *Review of Economic Studies* 25: 65–68.

第 2 章

税收归宿

在现实经济世界，一项经济措施的出台、一项制度的确立、一部法律的颁布，不只产生一种影响，而是产生一系列效应。只有最先出现的效应是显而易见的，因为这种效应可以由直接产生它的原因加以说明。而其他效应不易马上被观察出来，只能逐步展现在人们的面前，如果我们能够预计它们何时出现，无疑是一件十分幸运的事。

高水准和低水准经济学家的全部区别就在于：

> 后者只能注意到那些显而易见的效应，而前者不仅能够解释可观察到的效应，而且能预见将来要出现的效应。
>
> ——弗雷德里克·巴师夏（Frédéric Bastiat，1850）

谁来缴纳税款？你可能不假思索地予以回答：在支票上签字的人应纳税。[1] 于是，假如我们接受这个回答，那么在实行源泉扣缴制度的许多国家（即由雇主将支票送到税收当局），个人所得税应该由公司来缴纳。公司替个人缴纳所得税，这显然不合理。假设政府增加所得税，为了使利润不因政府增税而受影响，各家公司可能会通过降低每美元成本中的工资净额来使得劳动力成本保持不变。因此，工资净额的下降将会促使公司某些雇员退出劳动力市场。而为了让他们继续留在劳动力市场上，公司必须提高工资净额，当然此举又会带来劳动力成本的上升。在均衡状态下，与增税前相比，工资净额下降了，但劳动力成本上升了。这样，税负的增加将由公司和其雇员共同承担。

这个非正式的结论仅在局部均衡情况下成立。在一般均衡分析框架下，我们不得不将商品和工资价格所发生的变化因素考虑进来。

举这个例子的目的，是为了说明法定归宿并非一个有效的概念：对税收经济归宿的研究，仅应根据经济主体分配所发生的变化情况（他们的消费、劳动供给等），并且，反过来也应评估那些因税收而导致的价格变化。只有当忽略了增税对其他市场影响的情况下，上述推论才能在局部均衡状态下成立。在一般均衡分析中，我们还得考虑由于增税引起的物价变动。

理想的状况是（如果能很容易地衡量效用变动），该理论也应该比较分析税收变化前后各市场参与者的效用变动情况，以便给"税负在市场参与者之间是如何分摊的"这个看似简单的问题一个满意的答案。

这显然是一个十分艰巨的任务，而在实践中，税收分析师则采取合理的捷径来完成。举例来说，在美国，国会预算办公室通过如下假定来评估税收改革建设的可行性：（a）个人所得税由家庭完全承担；（b）工薪税由工人完全承担（"雇主份额"与"雇员份额"）；（c）货物税由相关（商品的）买者完全承担；（d）公司所得税由资本的所得者完全承担。

对这些指导原则所做的简化，反映了对许多精细化的估算值要取得共识是一件难事。原因既在于税收变化所引发的链式结果常常相当复杂，也在于许多相关的行为弹性难以度量。然而，除了这些政策相关性，对税收归宿的研究，是一个深入探寻现代经济运行机理的好方法。本章将在局部均衡和一般均衡两种状态下研究现实中的税收归宿问题。早在17世纪，税收归宿的有关问题就在局部均衡的分析框架中出现了。[2]亚当·斯密和大卫·李嘉图就详细地讨论过税收归宿，只是他们的分析完全建立在供给理论上而已，因为当时缺乏有效需求这一概念。[3]随着边际效用论派别的出现，税收归宿的现代局部均衡分析方法也就诞生了。然而，一般均衡效应在当时还是没有引起足够的重视。一般均衡状态下的税收归宿理论后来由哈伯格（Harberger, 1962）提出，在本章的许多内容中，我们将仔细探讨一种经常被称为税收改革绝对影响范围的问题。我们将对一些相关的问题做假定，如政府实际上是如何使用其额外的税收收入的，以及又是如何权衡现实主义的行为方式的。正如第1章所提到的，我们有时假定政府用恰好等于纳税人的应缴税额来一次性地给予该纳税人总额转移支付。对政府来说，这是一个受益中性的税制改革范例，即平衡预算发生率分析。其实，按照定义，它对于每个人亦是收益中性的。于是，尽管一个平衡预算发生率与绝对发生概率相比，现实意义并不大，但是在有了政府支出计划的更为详细的信息时，它也是有积极意义的。为简

第 2 章

税收归宿

35

化起见，我们在本章采用静态分析方法，但是认识到税制改革常常具有预期影响这一类问题是重要的。举例来说，因年轻人还未积累财富，所以，资本所得税的增长对老年人的影响可能大于年轻人。通过世代交叠模型，奥尔巴哈和克里克夫（Auerbach and Kotlikoff, 1987）对生命周期内任何时段的55代人的跨期归宿问题进行了研究。税收改革的长短期效果不同，并且在生命周期内，一个给定的税收变化可能以不同方式影响不同的个体。由富尔顿和梅特卡夫（Fullerton and Metcalf, 2002）所做的精彩阐述，给出了比我这里所能提供的更多的分析素材。我们将在本章的最后来详细地研究。

2.1 局部均衡

2.1.1 工薪税效应

让我们从分析劳动力市场上的工薪税开始探讨。在许多国家，社会保障（在美国被限定为养老金，其他国家或地区则包括失业和健康救济）大部分由基于工资的工薪税来提供资金支持。其中的一些税收由雇主"支付"，而另一些则由工人"支付"。这种法律区分是人为的：概念上，唯一主要的工资是雇主支付的工资。对于工资的概念，有两种区分：一是工资总额（gross wage），一是工资净额（net wage）。前者是从雇主支付多少的角度看问题的，后者是从雇员实际收到多少的角度看问题的，可以看出这种区分带有人为和主观的成分。无论雇主"支付"80%、50%还是20%的工薪税，对工资总额和其净额的均衡，以及就业量的决定，都不重要。

这里首先考虑具有充分技能的雇员这类劳动力市场，从长期的角度看，这类市场可以自行出清。在不征收工薪税的条件下，从图2—1可以看出，在由劳动供给曲线与需求曲线组成的 (L, w) 坐标平面上，市场在 E 点达到均衡。现在假设以无限小（infinitesimal）的比例 dt 对工资开征工薪税，如果工资净额为 w，则现在的工资总额为 $w(1+dt)$。在工资净额不变的情况下，劳动需求减少，新的市场均衡点就会移至 E' 点，显然，此点的工资净额和就业量均较 E 点的要低，而工资总额却增加了。于是，工薪税由雇主（利润因工资成本上升而减少）和雇员（收入因工资净额下降而减少）共同承担。这里需要再次说明，上述分析及其结论与现实中具体由谁来纳税毫无关系，即无论是雇主缴税，还是雇员缴税，或由他们共同缴税，都不影响上面的分析。

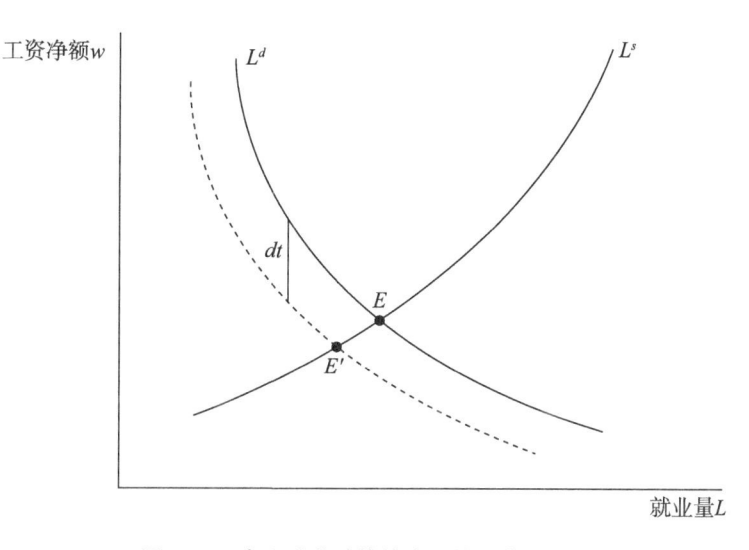

图 2—1 有充分劳动技能雇员的工薪税归宿

在 2.1 节所做的有关计算，容易适应定义中的微小变化：$dt \to wdt$。（现在注意，税收与工资成比例，于是 2.1 节的 dt 变成这里的 wdt。）我们得到：

$$\frac{\partial \log w}{\partial t} = -\frac{\varepsilon_D}{\varepsilon_S + \varepsilon_D} \in [-1, 0]$$

于是，只要需求比供给更富有弹性，工资净额就会下降。如果设工资总额 $W = w(1+t)$，那么可得到下列等式：

$$\frac{\partial \log W}{\partial t} = \frac{\varepsilon_S}{\varepsilon_S + \varepsilon_D} \in [0, 1]$$

并且只要需求比供给缺乏弹性，工资总额就会增加。最后，就业量的下降可以通过以下公式计算：

$$-\frac{\partial \log L}{\partial t} = \varepsilon_S \frac{\partial \log w}{\partial t} = \frac{\varepsilon_S \varepsilon_D}{\varepsilon_S + \varepsilon_D}$$

并且，只要供求越富有弹性，就业量的下降数值就越大。

经济学家通常都认为，对于以男性为主导的劳动力市场来说，劳动力的供给弹性要远比劳动力的需求弹性低（$\varepsilon_S \ll \varepsilon_D$）。事实上，由前面的公式可知，征收工薪税几乎不会使劳动力成本发生变化，因为雇员承受了工薪税带来的所有负担。[4]这种理论上的分析也得到了许多实证研究的佐证。同时，由于劳动供给缺乏弹性，所以就业量的变动也不大。

很显然，假设具备各种劳动技能的劳动力市场都能出清是不尽合理的。例如，在一个存在最低工资保障线的国家就是如此。假定最低工资被设定在市场出清价格之上，如

图 2—2 所示。在图中，就业由 E 点的需求决定，并且存在失业，失业率则由 EF 的大小决定。若工薪税增加，工资净额保持与最低工资相等，因为它不能进一步下降，且劳动成本随工薪税的上升而上升。按照劳动需求，就业水平被设定在劳动成本更高的 E' 点，失业增加量为 $E'E$。这个分析揭示了欧洲大陆许多经济学家主张降低那些低技能劳动者工薪税的原因。

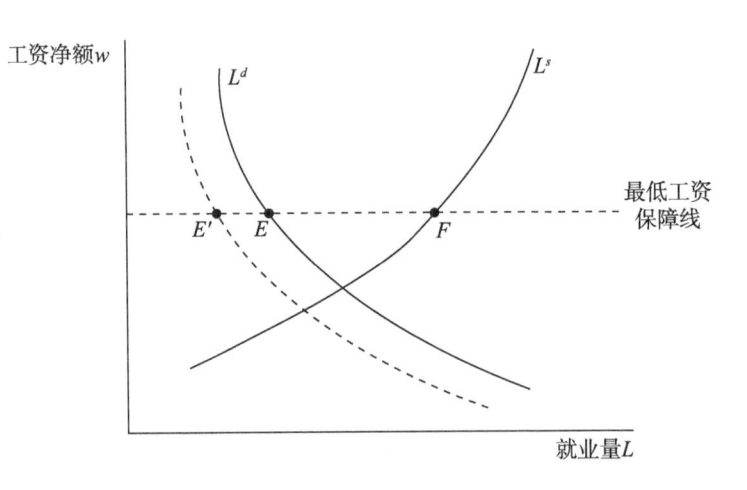

图 2—2 低技能雇员的工薪税归宿

2.1.2 局部均衡的一般分析

竞争条件下的局部均衡

在形式上，货物税（例如对小轿车征收的增值税）的归宿分析与工薪税对劳动力市场的影响分析过程一样。在分析货物税的归宿问题时，只需将工资净额视为生产价格，将工资总额视为消费价格，并将原来的劳动供给曲线和需求曲线变为货物的供给曲线和需求曲线即可。对小轿车开征或增加增值税后，通过类似分析，可得出如下一些结论：

- 如果小轿车的需求弹性低于供给弹性，那么小轿车的消费（者）价格就会上升。
- 如果小轿车的供给弹性低于需求弹性，那么小轿车的生产（者）价格就会下降。
- 如果小轿车的需求与供给均具有较强的弹性，那么小轿车的销售量就会减少。

当然，这里也存在两种较有趣的特殊情况：

- 如果小轿车的需求弹性远大于供给弹性（$\varepsilon_D \gg \varepsilon_S$），那么增值税就几乎不会改变小轿车的消费价格，而且全部的税收负担将由生产者来承受。
- 在小轿车的供给弹性远大于其需求弹性的情况下（$\varepsilon_S \gg \varepsilon_D$），增值税负担将全部转嫁到消费者身上，这就是所谓的税负前转问题（forward tax shifting）。[5]

需要记住的规律是：在市场供给双方中，弹性越小的一方，其所承担税负的比例也就越大。

类似于劳动力市场上存在最低工资保障线的规定，人们也应该考虑其他市场上存在的类似情况，即政府在价格上设定的上下限问题。例如，房屋出租税金增加后，租金并不能相应增加。从长远的观点来看，（出租的）公寓供给是富有弹性的，这必然会导致房屋出租市场上的需求配给（demand rationing）的增加。

垄断条件下的局部均衡分析

到目前为止，我们的研究都有一个假设前提：市场处于完全竞争状态，所有的参与者都可以平等地从事经济活动。正如古诺（Cournot）早在1838年指出的那样，当生产者具有某些市场权力后，很多情形可能就大不相同了。在垄断条件下，利润的最大化可由下列公式表示：

$$\max_p(pD(p)-C(D(p)))$$

其中，D 为需求函数，C 为成本函数。

由上面的表达式可推导出勒纳（Lerner）公式：

$$p=\frac{C'(D(p))}{1-(1/\varepsilon_D(p))}$$

这里的 $\varepsilon_D(p)=-pD'(p)/D(p)$ 是需求弹性，并假设它的绝对值大于1。

如果我们引入比例税 t，同样，区分由谁（供求双方）来"缴纳"税款并不重要。现设 p 是消费价格，则垄断条件下的最大化利润可表示为：

$$\frac{p}{1+t}D(p)-C(D(p))$$

由此，可以推导出一个新的勒纳公式：

$$\frac{p}{1+t}=\frac{C'(D(p))}{1-(1/\varepsilon_D(p))}$$

一般来说，这是一个关于 p 的复杂方程，所以很难计量出税收的影响。特别要说明的是，由征税引起的消费价格上升幅度很可能要高于税收数额本身[6]，而这在一个完全竞争的市场上是不可能发生的。

为了简单起见，假设边际成本为常数 c，竞争性供给具有无限弹性，那么，人们大概会认为税负将全部转嫁到消费者身上。当需求弹性为常数时，事实确实如此，因为两个勒纳公式的右边是一致的。[7] 然而，如果需求是线性函数 $D(p)=d-p$，那么需求弹性为：

$$\varepsilon_D(p)=\frac{p}{d-p}$$

将其代入勒纳公式，可得：

$$p = \frac{1}{2}(d + c(1+t))$$

因此价格对一个无限小的税收的半弹性*（semi-elasticity）就是

$$\frac{\partial \log p}{\partial t} = \frac{c}{d+c}$$

并且市场供求双方共同分担税负。

值得注意的是另外一个奇怪的现象（curiosum）。在竞争条件下，征收一定数量的从量税（specific tax）或从价税（ad valorem tax）既不改变税负的分担比例，也不改变税负的总额。但在垄断条件下，税收的选择会带来不同的税收效应。首先分析竞争情形。设 S 为竞争供给函数，则征收从价税 t 后的生产价格 p 可由下列方程给出：

$$D(p(1+t)) = S(p)$$

政府税收为 $tpS(p)$。如果用从量税 $\tau = tp$ 代替从价税，则新的生产价格 p' 可由下列方程给出：

$$D(p' + tp) = S(p')$$

显然，$p' = p$ 是上面方程的解。因为从量税 $\tau S(p') = tpS(p)$，所以无论是生产价格还是政府的税收额均没有变化。

再次分析垄断情形。设 $P(q)$ 和 C 分别是需求函数和成本函数。当不征税时，最优垄断产量可由下列方程求得：

$$MR(q) = C'(q)$$

这里，$MR(q) = P(q) + qP'(q)$，即边际收益。如果对垄断者以税率 t 征收从价税，那么其边际收益将减少 $tMR(q)$，而如果是征收从量税 τ，那么其边际收益也将减少 τ。现将产量 q 固定，并在此条件下，选定税收参数 t 和 τ，使得政府在两种征收方式下的税收额相等。如是有 $tqP(q) = \tau(q)$，或者 $\tau = tP(q)$，又因为边际收益比价格低，所以 $\tau > tMR(q)$。在给定的产量和税收收入水平下，从量税比从价税使边际收益减少得更多。因此从图 2—3 可以看出，从量税制下的产量比从价税制下的产量低，也就是说，在给定的税收收入水平下，征收从价税引起的产量降幅要比征收从量税引起的产量降幅小，这对社会福利来说无疑是有益的。也就是说，从社会福利的角度来看，增值税等从价税要优于货物税（excises）等从量税。

---

* 之所以称为半弹性，是因为先对公式中的价格取对数，再求弹性。——译者注

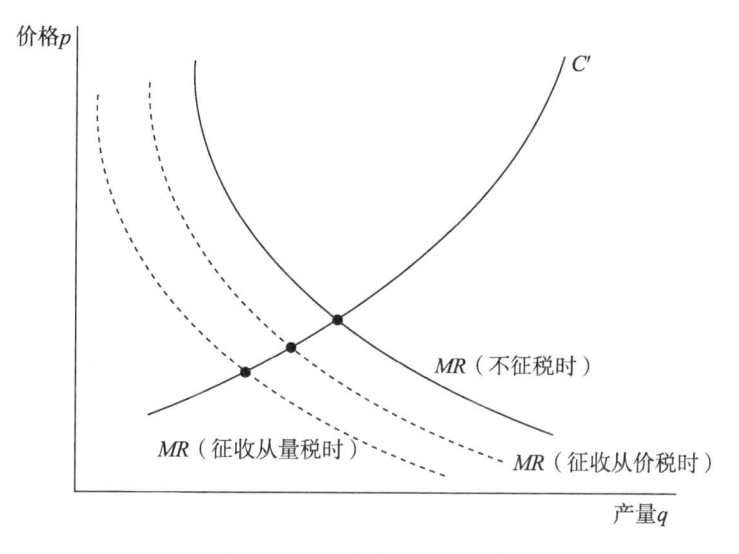

图 2—3 垄断条件下的税收

2.2 一般均衡

在研究劳动力市场的工薪税效应时，我们忽略了工薪税对一般物价水平的影响（事实上，劳动力市场的变化对一般物价水平不可能没有影响，而反过来，一般物价水平的衍生变化又分别通过生产价格和消费价格的变化来影响劳动需求和劳动供给），同时也忽略了资本替代劳动的可能性（因为资本成本是外生的）。我们在分析增值税时，既没有考虑增加增值税对收入和商品需求的影响，也没有分析增值税对工资与商品供给的影响。同时，征收来的税款也好像被扔进了黑洞一样，我们对其用途或去向没有任何交代，而在现实生活中，税款通常都用来对公共物品的生产提供资金支持或用来支付各种劳务报酬。于是，当将各种影响都纳入我们的视野后，税收效应分析也就进入了一般均衡分析的范畴。税收归宿的一般均衡理论模型是由经济学家哈伯格（Harberger）于1962年建立的。

现在假设一个经济体只生产两种产品 X、Y，其投入的要素也只有两种，即劳动力 L 和资本 K，并假设生产技术具有规模收益不变的特性。每种要素的总供给是固定的[8]，但每种要素在两个部门是完全流动的，两种产品的消费者是雇员、雇主，以及政府。为了简单起见，我们还假设产品的需求函数仅依赖于产品的相对价格和这一经济体的国内生产总值。如此我们便能忽略收入分配对需求的影响，这可通过两个方式予以证实。哈伯格假定所有人都有类似的偏好[9]，并且政府将税收收入用于消费商品 X 和 Y 的行为，恰好与经济主体的相关行为类似。同类偏好的假设当然与事实并不相符，而且假定政府复制经济行为个体的消费行为也并不适宜。或者,我们可以将这种分析阐述成受益中性的归宿问题,此时,政府按照每个纳税人的税收账单数额,一次性付给每个纳税人相同数量的转移支付。[10]

□ 2.2.1 没有税收的经济体

首先假设不存在任何税收,并设 $C_X(r, w, X)$、$C_Y(r, w, Y)$ 分别是两个部门的成本函数,其中 r 和 w 是资本和劳动力的价格。由于收益是固定的,所以两个部门的成本函数都可由其产量的一定比例来表示:

$$\begin{cases} C_X(r,w,X) = c_X(r,w)X \\ C_Y(r,w,Y) = c_Y(r,w)Y \end{cases}$$

而两种产品的价格由下列公式给出[11]:

$$\begin{cases} p_X = c_X(r,w) \\ p_Y = c_Y(r,w) \end{cases}$$

要素需求是产品成本函数对要素价格的导数,因此部门 X 对劳动力的需求量是:

$$L_X = c_{Xw}(r,w)X$$

其中,c_{Xw} 是 c_X 对 w 的导数。

所以要素市场的均衡方程式是:

$$\begin{cases} c_{Xw}(r,w)X + c_{Yw}(r,w)Y = \bar{L} \\ c_{Xr}(r,w)X + c_{Yr}(r,w)Y = \bar{K} \end{cases}$$

其中,$\bar{L}$ 和 $\bar{K}$ 是外生的要素供给量。

最后,设 $X(p_X, p_Y, R)$ 和 $Y(p_X, p_Y, R)$ 都是马歇尔需求函数,所以两个产品市场的均衡方程为:

$$\begin{cases} X(p_X, p_Y, R) = X \\ Y(p_X, p_Y, R) = Y \end{cases}$$

其中 R 是该经济体的总收入,它既等于国内生产总值($p_X X + p_Y Y$),也等于要素总收入($w\bar{L} + r\bar{K}$)。

所以,上面 4 个均衡条件加上两个产品价格方程共有 6 个方程,而这里也有 6 个未知数:p_X,p_Y,w,r,X,Y。通常,在上述方程中,有一个方程是多余的,按照瓦尔拉斯定律(Walras' law),我们只需考虑 4 个市场均衡条件中的 3 个。于是,仅有相对价格可以确定,就如同在不考虑货币因素情况下的一般市场均衡。

2.2.2 引入税收

假设现在政府对两个产品 X 和 Y 以及劳动和资本两个要素开征从价税：

- 对两个部门的资本和劳动两要素征收的从价税，分别用 t_{KX}，t_{KY}，t_{LX} 和 t_{LY} 来表示。
- 对两个产品征收的从价税分别用 t_X 和 t_Y 来表示。

货物税主要有增值税，对汽油、香烟征收的消费税，以及像美国征收的销售税等，货物税通常对不同的商品执行不同的税率；对劳动要素征收的税主要是社会缴款（或工薪税），但有时为了达到激励的目的，政府会降低某些部门的劳动要素税；最后，类似企业所得税的资本所得税并不涉及农业和地产业，但人们还可以想到其他类型的资本所得税。

现设 p_X、p_Y 是生产价格，r、w 是税后要素价格（net-of-tax factor prices）。在政府征税的情况下，（生产者）价格方程就变为：

$$\begin{cases} p_X = c_X(r(1+t_{KX}), w(1+t_{LX})) \\ p_Y = c_Y(r(1+t_{KY}), w(1+t_{LY})) \end{cases}$$

同时要素市场的均衡条件也就变成：

$$\begin{cases} c_{Xw}(r(1+t_{KX}), w(1+t_{LX}))X \\ \quad + c_{Yw}(r(1+t_{KY}), w(1+t_{LY}))Y = \bar{L} \\ c_{Xr}(r(1+t_{KX}), w(1+t_{LX}))X \\ \quad + c_{Yr}(r(1+t_{KY}), w(1+t_{LY}))Y = \bar{K} \end{cases}$$

产品市场的均衡条件变成：

$$\begin{cases} X(p_X(1+t_X), p_Y(1+t_Y), R) = X \\ Y(p_X(1+t_X), p_Y(1+t_Y), R) = Y \end{cases}$$

其中 R 是新的收入总额，它依然等于国内生产总值，但这里包括税收收入 T：

$$p_X(1+t_X)X + p_Y(1+t_Y)Y = w\bar{L} + r\bar{K} + T$$

其中 T 是税收收入：

$$T = rt_{KX}K_X + rt_{KY}K_Y + wt_{LX}L_X + wt_{LY}L_Y + p_X t_X X + p_Y t_Y Y$$

一般来说，上述方程组没有封闭解（closed-form solution）。然而，为了研究价格和产量的变化，以及上面所提到的一般均衡状态下某一税种的转嫁问题，我们可以给出该方程组的数字解。这一思路构成了"可计算的一般均衡"模型（computable general equilibrium models 或 CGE models）的基础，该模型是由肖芬-惠利（Shoven-Whalley，1972）提出后发展出来的。[12] 为了在现行税收体制下研究税收的微小变化，也可以将上述方程组线性化，正如巴伦坦-埃里斯（Ballentine-Eris，1975）在类似问题上的处理方法。但这种做法使计算过程过于复杂，并得出了难以解释的结论，所以，许多文献只研究尚未聚焦于初始税收的经济体征收微量税额后的效应问题。不过这种做法的一个明显缺陷是，它只能用来进行定性说明。在税收水平给定的经济体中，税收的非线性是不可忽视的，因此，任何旨在接近现实的研究都必须借助计算机模拟来完成。

2.2.3 简要评论

正如前文所讨论的，关于均衡条件，有三点需要予以强调。首先，在均衡条件下，两个部门中相同要素的税后收益率必须相等，原因在于它们是完全流动的。当然这看起来很明显，如果在部门 X 中资本所得税增加，不仅该部门的资本收益要下降，而且整个经济体系中的资本收益都要下降，否则，资本的所有者会从 X 部门撤回其投资，转而投向 Y 部门。这种调整的结果就是，Y 部门的资本收益不断减少，X 部门的资本收益逐渐上升，直到两部门的资本收益再次相等。

资本（或其他要素）在 X、Y 两个部门之间的流动过程非常类似于交通部门中的某些情形。让我们设连接 A、B 两个城市的道路只有两条：R_1、R_2。如果政府对 R_1 开始收费，那么在很短的时间里，只有走此路的机动车驾驶者承担这一费用。但很快，其中一些机动车驾驶者将会选择另一条路，因此，R_2 上的拥堵程度将增加，R_1 上的拥堵程度将减缓。这样，R_1、R_2 上的拥堵程度的彼增此减过程，将一直持续到 R_2 上的拥堵成本与 R_1 上的收费成本和拥堵成本之和相等为止。达到均衡后，R_1 上的费用成本将会被 R_2 上的拥堵成本平衡掉。

其次，在一定的条件下，税种的不同组合效果是相同的。假设一个经济体开始不存在税负，现在要对 X 部门的两种生产要素以同样的税率征税：$t_{KX}=t_{LX}=t$。因为 c_X 和 c_Y 都是关于 r,w 的一次齐次函数，所以它们关于 r,w 的导数都是零次齐次的，由此推导出的方程组（称为原方程组）是：

$$\begin{cases} p_X = (1+t)c_X(r,w) \\ p_Y = c_Y(r,w) \\ c_{Xw}(r,w)X + c_{Yw}(r,w)Y = \overline{L} \\ c_{Xr}(r,w)X + c_{Yr}(r,w)Y = \overline{K} \\ X(p_X, p_Y, p_X X + p_Y Y) = X \\ Y(p_X, p_Y, p_X X + p_Y Y) = Y \end{cases}$$

假设现在取消对劳动力和资本这两个要素征税，并对产品 X 以相同的税率 t 开始征税。这样新的均衡方程组*就是：

$$\begin{cases} p'_X = c_X(r', w') \\ p'_Y = c_Y(r', w') \\ c_{Xw}(r', w')X' + c_{Yw}(r', w')Y' = \overline{L} \\ c_{Xr}(r', w')X' + c_{Yr}(r', w')Y' = \overline{K} \\ X(p'_X(1+t), p'_Y, p'_X(1+t)X' + p'_Y Y') = X' \\ Y(p'_X(1+t), p'_Y, p'_X(1+t)X' + p'_Y Y') = Y' \end{cases}$$

很明显，新方程组的解和原方程组的解是相同的，只需将原方程组中的 p_X 用 $p'_X(1+t)$ 代替即可。由此可以推出，在一定条件下，对生产要素征税和对产品征税，其效果是相同的：在一个部门，对两种要素以相同的税率征税等价于对该部门产出（产品）以相同的税率征税。进而可以得到以下结论：以一个统一比例征收（要素）收入所得税等价于对所有产品开征统一增值税。

最后，如果某一要素总供给缺乏弹性，那么对该要素的各种用途开征统一税收（$t_{LX} = t_{LY}$）的负担将由该要素全部承担。正如税负归宿局部均衡理论所指出的那样，它一对一地降低了净税价格而使所有要素数量和税后价格保持不变。通过重写上述系列方程即显而易见。

□ 2.2.4 极限分析

基于上述三点结论性分析，我们只需研究一个部门的税收效应。哈伯格研究的就是一个部门的资本税归宿问题。因为增值税通常对不同的商品以不同的税率进行征税，所以这里我们只研究对某一产品征收增值税的效应。假设一个经济体原来没有税负，现在开征以下税种：

● 对 X 部门使用的资本以无穷小的税率 dt_{KX} 征税。
● 对 X 部门的产品以无穷小的税率 dt_X 征税。

效用的变化归因于要素收入和相对价格的变化。由于雇员和雇主有相同的行为偏好，所以价格变化效应对他们来说都是一样的。于是，我们可以通过要素收入 $w\overline{L}$ 和 $r\overline{K}$ 的变化来研究税收归宿问题。

下面的有关计算过程显然有点冗长乏味[13]，但这是合理解释要素市场和产品市场能够达到再均衡的复杂机理所必须付出的代价。就像这类文献中的大多数论文一样，我

---

* 称为新方程组。——译者注

们将使用帽子微积分方法（hat calculus），即用对数导数来研究增长率的变动情况。

帽子微积分的表示方法是：

$$\hat{z} = \frac{dz}{z}$$

根据前面要素市场的均衡条件可推出 $dK_X + dK_Y = dL_X + dL_Y = 0$。根据上述增长变化率的定义可得：

$$\begin{cases} K_X \hat{K}_X + K_Y \hat{K}_Y = 0 \\ L_X \hat{L}_X + L_Y \hat{L}_Y = 0 \end{cases}$$

现在用 $\lambda_{KX} = K_X / \overline{K}$ 表示部门 X 使用的资本的比例，同样可定义 λ_{KY}、λ_{LX} 和 λ_{LY}。（根据定义可知：$\lambda_{KX} + \lambda_{KY} = \lambda_{LX} + \lambda_{LY} = 1$。）于是可推出：

$$\begin{cases} \hat{K}_Y = -\dfrac{\lambda_{KX}}{\lambda_{KY}} \hat{K}_X \\ \hat{L}_Y = -\dfrac{\lambda_{LX}}{\lambda_{LY}} \hat{L}_X \end{cases}$$

设 σ_X 和 σ_Y 分别表示两个部门的生产替代弹性，由我们得到的关于这些弹性的定义，将部门 X 的资本税纳入分析框架，可得下列方程组：

$$\begin{cases} \hat{K}_X - \hat{L}_X = -\sigma_X (\hat{r} - \hat{w} + dt_{KX}) \\ \hat{K}_Y - \hat{L}_Y = -\sigma_Y (\hat{r} - \hat{w}) \end{cases}$$

将 $\hat{K}_Y$ 和 $\hat{L}_Y$ 的表达式代入上面的方程组，并解经整理后的方程组，可以得到：

$$\lambda^* \hat{K}_X = (\sigma_X \lambda_{LX} + \sigma_Y \lambda_{LY}) \lambda_{KY} (\hat{w} - \hat{r}) - \sigma_X \lambda_{KY} \lambda_{LX} dt_{KX} \qquad (K_X)$$

其中，$\lambda^* = \lambda_{LX} - \lambda_{KX} = \lambda_{KY} - \lambda_{LY}$。当且仅当部门 X 的资本密集度低于部门 Y 时，λ^* 大于零。因此，两个部门的资本相对密集度将包含在我们的分析中，并扮演着重要的角色。为了使分析更加深入，我们需要计算要素相对价格差 $(\hat{w} - \hat{r})$，为此还需要建立另外的方程。这里通过先求 $(\hat{X} - \hat{Y})$，再求 $(\hat{w} - \hat{r})$ 的办法来解决问题，而计算表达式 $(\hat{X} - \hat{Y})$ 又有两种方法：生产函数法或需求函数法。

正如增长率所考虑的那样，一种产品产量的相对变化率是生产该产品的各种要素相对变化率的加权平均数，其中的权数是各要素收入占部门收入的比重。设 $s_{KX} = rK_X / p_X X$ 为部门 X 所用资本的收入占部门 X 总收入的比重，同样可以定义 s_{KY}、s_{LX} 和 s_{LY}（并有 $s_{KX} + s_{LX} = s_{KY} + s_{LY} = 1$）。根据上述定义，可得到以下方程组：

$$\begin{cases} \hat{X} = s_{LX}\hat{L}_X + s_{KX}\hat{K}_X \\ \hat{Y} = s_{LY}\hat{L}_Y + s_{KY}\hat{K}_Y \end{cases}$$

由于 $s_{KX}+s_{LX}=1$，$s_{KY}+s_{LY}=1$，所以，可将上述方程组变形为：

$$\begin{cases} \hat{X} = \hat{K}_X + s_{LX}(\hat{L}_X - \hat{K}_X) \\ \hat{Y} = \hat{K}_Y + s_{LY}(\hat{L}_Y - \hat{K}_Y) \end{cases}$$

通过上面的分析，可以看出，$\hat{K}_Y$ 可表示为 $\hat{K}_X$ 的函数，要素需求的相对变化可表示为其成本的相对变化的函数。现将上述经过变形后的两个方程相减，并经过计算可得：

$$\hat{X} - \hat{Y} = \frac{\hat{K}_X}{\lambda_{KY}} + (s_{LX}\sigma_X - s_{LY}\sigma_Y)(\hat{r} - \hat{w}) + s_{LX}\sigma_X dt_{KX}$$

将方程（K_X）代入，并经整理可得：

$$\lambda^*(\hat{X} - \hat{Y}) = (\sigma_X a_X + \sigma_Y a_Y)(\hat{w} - \hat{r}) - \sigma_X a_X dt_{KX} \tag{1}$$

其中的 a_X，a_Y 是新引入的两个正参数：

$$\begin{cases} a_X = s_{KX}\lambda_{LX} + s_{LX}\lambda_{KX} \\ a_Y = s_{KY}\lambda_{LY} + s_{LY}\lambda_{KY} \end{cases}$$

第二种求 $(\hat{X} - \hat{Y})$ 的方法使用了产品的需求函数，这里再次假设市场参与者的行为偏好是相同的，那么他们对产品 X 和 Y 的需求都是按收入的一定比例来决定的，并且对每个市场参与者而言，该比例都是相同的。

$$\begin{cases} X_i(p_X, p_Y, R_i) = R_i x\left(\frac{p_X}{p_Y}\right) \\ Y_i(p_X, p_Y, R_i) = R_i y\left(\frac{p_X}{p_Y}\right) \end{cases}$$

当收入变化时，X 和 Y 的相对需求不受收入效应影响，因为

$$\frac{X}{Y} = \frac{\sum_i X_i(p_X, p_Y, R_i)}{\sum_i Y_i(p_X, p_Y, R_i)} = \frac{x\left(\frac{p_X}{p_Y}\right)}{y\left(\frac{p_X}{p_Y}\right)}$$

在偏好相同的假设前提下，需求的相对变化仅依赖于税后价格的相对变化（包括 dt_X）：

$$\hat{X} - \hat{Y} = -\varepsilon_D(\hat{p}_X + dt_X - \hat{p}_Y) \tag{2}$$

其中 ε_D 是产品 X 和 Y 的需求价格弹性之差：

$$\varepsilon_D = -\frac{\partial \log\left(\frac{X}{Y}\right)}{\partial \log\left(\frac{p_X}{p_Y}\right)}$$

在上述方程中，又出现了一个新的未知数，即价格的相对变化。但是通过对产品价格方程 $p_X = c_X(r(1+t_{KX}), w)$，$p_Y = c_Y(r, w)$ 求导数，可以计算出：

$$\hat{p}_X = s_{KX}(\hat{r} + dt_{KX}) + s_{LX}\hat{w}$$

以及

$$\hat{p}_Y = s_{KY}\hat{r} + s_{LY}\hat{w}$$

二者相减可得：

$$\hat{p}_X - \hat{p}_Y = s^*(\hat{w} - \hat{r}) + s_{KX}dt_{KX} \tag{3}$$

其中 $s^* = s_{LX} - s_{LY}$，当且仅当 X 部门的劳动力要素收入比重高于 Y 部门的劳动力要素收入比重时，该参数才大于零。通过变换，s^* 还可以变形为：

$$s^* = s_{LX}s_{KY} - s_{LY}s_{KX}$$

而 $$\lambda^* = \lambda_{LX}\lambda_{KY} - \lambda_{LY}\lambda_{KX}$$

根据各参数的定义，可求得 s^* 和 λ^* 之间的关系为：

$$s^* = \frac{wr\overline{LK}}{p_X p_Y XY}\lambda^*$$

所以，一般情况下，$s^*\lambda^* > 0$。于是，参数 s^* 有着与 λ^* 相同的解释：当且仅当部门 X 的资本密集度低于部门 Y 时，$s^* > 0$。

将方程（2）减方程（3）可得：

$$\hat{X} - \hat{Y} = -\varepsilon_D(s^*(\hat{w} - \hat{r}) + s_{KX}dt_{KX} + dt_X) \tag{4}$$

将方程（4）代入方程（1）并整理可得：

$$D(\hat{w} - \hat{r}) = (\sigma_X a_X - \varepsilon_D \lambda^* s_{KX})dt_{KX} - \varepsilon_D \lambda^* dt_X \tag{5}$$

其中，$D = \sigma_X a_X + \sigma_Y a_Y + \varepsilon_D \lambda^* s^*$，因为 $s^*\lambda^* > 0$，所以一般情况下，$D > 0$。

通过上述一系列推导我们可以看出，价格的相对变化和需求的相对变化可以通过上面已经求得的方程来计算。现在我们来讨论主要的结论。同时，我们需要知道，只有相对价格可以通过均衡方程求出来，所以，如果 $\hat{w} - \hat{r} > 0$，它只是说明劳动力要素收入的增长幅度高于资本要素收入的增长幅度（或其减少幅度低于资本要素收入减少幅度）。

需要指出的是，这里存在两类效应。一类是通过对产品相对需求发生作用的强度效应（volume effect）；另一类是通过要素需求的相对变化来发生作用的要素替代效应（factor substitution effect）。这两类效应比较容易区分：强度效应依赖于 ε_D，而要素替代效应则依赖于 σ_X 和 σ_Y。所以，在产量既定的条件下对部门 X 的资本要素征税，会导致劳动力使用的增加（这就是要素替代效应），同时也会导致产品 X 和 Y 价格的相对变化，当然价格的相对变化情况还要取决于两部门资本的相对密集度高低。反过来，产品价格的变化又要影响到对产品的需求（即强度效应在发挥作用），产品需求的变化继而再次影响到对要素的需求。

资本税效应

这里假设 $dt_X=0$，在此前提下，分析 $dt_{KX}>0$，即分析对部门 X 使用的资本要素征税的效应问题。通过观察关于 $(\hat{w}-\hat{r})$ 的方程，可得出两点结论：

（1）如果部门 X 的资本密集度高于部门 Y 的资本密集度，那么 $\lambda^*<0$，并且 $\hat{w}-\hat{r}>0$。

（2）如果 $\varepsilon_D=0$，同样可以得出上述结论。

在前一种情形下，强度效应要大于要素替代效应（通常导致资本收入的相对下降）：如果部门 X 的资本要素成本上升，则产品 X 的相对价格也会上升，因此，产品 X 对要素的需求会下降，这里的 X 恰好是资本密集型部门。此外，这减少了资本的相对价格。在后一种情况下不存在强度效应，且要素替代效应直接减少了资本要素收入。

与正常思考相反的是，对部门 X 的资本要素征税反而增加了资本的相对收入。这种情形的成立要求部门 X 是劳动密集型的部门，并且其生产函数具有要素完全互补的性质（$\sigma_X \to 0$）。于是，对资本要素征税同样会影响到劳动力要素；要素替代效应为零，而强度效应则增加 r/w。可以证明，如果 X 是劳动密集型产品，那么产品 X 的相对价格上升，它的相对需求将会下降。这种明显违反直觉的现象完全是由产品需求替代效应发生作用引起的。

我们能对税负的归宿做出什么解释呢？如果 $\hat{w}=\hat{r}$，那么资本的相对收入就是一个常数，而两个要素则按它们各自的收入比承担税负，在此意义上，税收是中性的。如果 $\hat{w}>\hat{r}$（或 $\hat{w}<\hat{r}$），则资本要素要比劳动要素承担更重的税负（或更轻的税负）。初步计算分析显示，如果效用函数和生产函数均为柯布-道格拉斯函数（即 $\varepsilon_D=\sigma_X=\sigma_Y=1$），那么 $D=1$，$\hat{w}-\hat{r}=\lambda_{KX}dt_{KX}$。因为只有相对价格可以通过均衡方程计算出来，所以我们可以将 w 常数化为 1（这等同于用工资单位来表示价格和收入），于是有 $\hat{w}=0$，并可推出：

$$dr\overline{K}=-rK_Xdt_{KX}$$

该等式的左边表示资本所有者收入的变化（以劳动价格表示），右边表示负的税收收入。于是，当一个经济体能够被柯布-道格拉斯函数很好地描述出来时，资本的所有者将承担所有的税负。[14]哈伯格建立的模型指出，美国经济确实如此，但从建立哈伯格模型起，大量CGE模型研究显示，这一极端结论的适应性并不强。

无论如何，我们对税收效应的解释与古典经济学家的传统分析正好背道而驰，如约翰·穆勒（John Stuart Mill）在其《政治经济学原理》(1848，V，iii)中总结道：

> 对任何一个生产部门的利润征税，都会增加生产成本。此外，商品的价值和价格也会同时上升。最后，税负由商品的消费者承担，而生产利润则不受影响。

正如我们所看到的，只有在没有要素替代效应和强度效应的场合下，上述结论才能成立，否则资本收入确实会发生改变。

增值税效应

现在假设对部门X的产品征收增值税（即$dt_X>0$），对资本收入不征税（即$dt_{KX}=0$），那么增值税的效应非常简单，因为它只依赖于强度效应。当且仅当部门X的资本密集度高于部门Y时，部门X的资本相对收入下降。这点相当直观：对产品X征税，将减少它的相对净价格，但使它的税后相对价格上升。因此，较高的价格使得X的相对需求下降，X需求的下降反过来又抑制了对密集型要素（资本）的使用，进而使资本的需求下降，所以其相对收入下降。

2.2.5 总括评价

在一般均衡条件下，哈伯格模型通过对要素替代效应与强度效应相互影响的研究，充分分析了市场参与者对税收反应的复杂性。然而在税收总额给定的条件下，忽略收入效应的影响确实是一个过于严格的假设。而且假设不同的市场参与者具有相同的行为偏好也是不现实的。这两个缺陷可以通过更复杂的分析或数理计算加以弥补，但要使模型摆脱新古典的所有特征是相当困难的事。当经济体中存在其他扭曲时（例如与工薪税相关的最低工资，或一些部门的不完全竞争），这就更值得考虑了。正如本章导言所述，静态分析是有限的，对于个体整个生命周期内的税收来说，要素税收归宿不同（假定其年轻时可依赖劳动收入生存，年老时可以靠资本收入生存）。最后，我们在一个封闭的经济体中分析及讨论问题。而实际上，两种要素在某种程度上都可跨国界流动，这就使得其供给弹性更大，并且改变了它们所承担的税收负担。

作为本章的总结，让我们来看一个特殊的例子：供给一定的耐用品的税负归宿与转嫁问题。这里最简单的一个例子就是土地，假设政府每年按面积对土地所有者征收比例税。因为土地供给缺乏弹性，所以政府征收土地税，将使土地的价值逐渐减少。因此，在政府宣布征收土地税时，土地所有者承担了全部税负，然而未来的土地所有者无须承担任何税负，因为在土地转让交易时，未来每年的应缴土地税已经通过折现的办法从土地价款中做了扣除。于是，耐用品预期收入现金流的任何变化都已经反映在它的价格变动之中了，这种效应就是所谓的财政资本化（fiscal capitalization），它将在财产税的分析中扮演着重要的角色。

注释

［1］这就是所谓的税负粘蝇纸理论（flypaper theory）：税收粘在它第一次来的地方。

［2］第一个非常粗线条的一般均衡模型是由18世纪下半叶的重农学派建立的。

［3］斯密认为，因为工人获得的仅是维持其生计的最低工资，所以他们不会承担任何税负；对工资或基本消费品征税，其负担必定要转移到其他社会阶层身上。李嘉图是第一个利用马尔萨斯劳动供给调整理论来区分短期和长期税负的人。

［4］无论税款是由雇主"缴付"，还是由雇员"缴付"，结论都成立。

［5］税负后转（backward tax shifting）是指厂商通过压低投入要素的价格以吸收部分由增税带来的负担。按照定义，局部均衡分析排除了这种可能性。

［6］在假设边际税收为常量，需求弹性是关于价格的递减函数的条件下，读者自己可以证明这一点。

［7］需要注意的是，即使在此时，具有垄断地位的厂商也要承担部分税负，因为其利润下降了。

［8］于是我们忽略价格对生产要素供给的影响，并假设实际工资对劳动供给的影响几乎不干扰我们的分析。要使资本供给内生化非常困难，在第6章，我们将分析资本的动态积累过程。

［9］当且仅当对所有的 x 和 y，以及所有的正实数 λ，都能由 $x \sim y$ 推导出 $\lambda x \sim \lambda y$ 时，偏好预顺序（preference preorder）才相同。很容易看出，在此偏好下，人们对每种商品的需求都是收入的比例函数（恩格尔曲线是一条通过原点的直线）。在一个经济体中，如果所有经济主体具有相似的偏好，则收入从一个主体转移到另一个主体，不会改变总需求函数。

［10］当然，更现实的分析一定要考虑收入分配，并使用依赖于收入的消费模式。

［11］这正是要素价格的边界，其表明单位产量的利润为零。

［12］肖分-惠利（1984）提出了CGE模型的框架。

［13］急性子的读者可以跳过这些推导，直接阅读有关净效应分析的内容。

［14］事实上，当资本的相对收入减少到一定程度后，雇主很有可能承担超额税负（以柯布-道格拉斯型经济作为起点，并使 σ_Y 小于1）。相反，在此情形下，雇员则可以因税收获得益处。

参考文献

Auerbach，A.，and L. Kotlikoff. 1987. *Dynamic Fiscal Policy*. Cambridge：Cambridge University

Press.

Ballentine, J., and I. Eris. 1975. On the general equilibrium analysis of tax incidence. *Journal of Political Economy* 83: 633–644.

Fullerton, D., and G. Metcalf. 2002. Tax incidence. In A. Auerbach and M. Feldstein, eds., *Handbook of Public Economics*, Amsterdam: Elsevier, 1787–1872.

Harberger, A. 1962. The incidence of the corporation tax. *Journal of Political Economy* 70: 215–240.

Shoven, J., and J. Whalley. 1972. A general equilibrium calculation of the effects of differential taxation of income from capital in the US. *Journal of Public Economics* 1: 281–321.

Shoven, J., and J. Whalley. 1984. Applied general equilibrium models of taxation and international trade: An introduction and survey. *Journal of Economic Literature* 22: 1007–1051.

第二部分

最优税收

本书第二部分主要讨论最优税收问题，这也是一个非常古老的话题。亚当·斯密（《国富论》，V.ii.b）列举了最优税收（政策）所需具备的四个条件：

（1）每个纳税人必须按照一个公平的份额来付税，而这个份额与其付税能力以及他从政府获得的救济力度相一致。现在，我们将区分纵向公平和横向公平。横向公平要求任何两个"相同的"个体，必须被"同等地"对待，这种界定显然给进一步的解释留下了一些空间。纵向公平要求一些纳税人，如具有较高的支付能力的纳税人，必须比另外一些纳税人缴纳更多的税收。

（2）税收必须有清楚的定义，不可留下讨价还价的空间。

（3）税收必须以尽量减少纳税人痛苦的方式来征收。

（4）税收必须有低行政管理成本和低无谓损失。

今天，我们至少还可以加上两个条件：

（5）灵活性：税收必须随经济波动而有所调整，且可作为一种自动稳定器而存在。

（6）税收归宿：纳税人需要知道，谁承受了税负。

在这些条件的要求下，寻找最优税收看起来是一项艰巨的任务。然而，通过在公平（点1）和效率（点4）之间寻求某种恰当的平衡，经济学家们已经发展了一系列模型，用以探讨这个问题，其中许多模型聚焦于纵向公平，而不是更难以形式化的横向公平。被纳入模型中的无效率因素，大多数是关于经济体中税收引起的一些扭曲效应，或者是政府试图校正经济运行而带来的一些扭曲效应。通常，这些模型排除了行政管理成本，以及纳税人准备税款和遵守法律所花费的时间与金钱。而这些执行成本可能比税收当局的预算额高十倍。美国经济学家对于个人所得税的计算显示，上述两项成本总计可达美国税收收入的10%。在发展中国家，税收的行政管理成本通常很大，以至它们严重地制约了税收结构的优化（Gordon and Li, 2009）。

在一个完全竞争的市场经济中，社会福利经济学第二定理告诉我们，任何帕累托最优都可以通过适当的总额再分配（right lum-sum redistribution）来达到。据此观点，很明显总额税（lump-sum taxes）就是最优税收形式，因为它能以零社会成本达到任何再分配目标，正如我们在前言中提到的，然而这类征收方式是不现实的，尤其是因为政府缺乏实施这类税收政策的相关信息。在最优税收文献中，最重要的一个主题是：政府需要具备多少信息，才能决定其使用何种宏观政策工具？如果不征总额税，政府只能对经济交易行为征税，这样又会影响到私人市场参与者的决策行为，最后导致无效率问题。最优税收问题可用一个简单的方式表述：在税收收入总额给定的情况下，政府应当如何选择不同税种的税率，以使社会福利最大化？

这里需要注意的是，上面的表达隐含着一个假设，就是社会福利要有可估性，但其中包含着许多概念性的困难，如个人之间的偏好不可比等问题（参见 Salanié, 2000, Ch. 1）。但是，如果没有个人偏好存在某种形式的可比性的假设条件，要讨论再分配问题似乎是不可能的。研究最优税收方面的文献通过假设存在伯格森-萨缪尔森（Bergson-Samuelson）函数 $W(V_1, \cdots, V_n)$ 来绕过上述问题。其中，V_i 是消费者 i 的效用指数，设 x 和 y 是两个可行的社会选择向量[1]，当且仅当 $W(V_1(x), \cdots, V_n(x)) > W(V_1(y), \cdots, V_n(y))$ 时，x 优于 y。像 W 这样的函数的存在，显然是一种很强的假设；然而，一些定性分析根本就不依赖于对函数 W 的特别选择（递增且凹的性质），因此它们对所有的最优税制都成立。需要注意的是，函数 W 的单调性反映的是效率问题，它的凹性反映的是再分配问题，于是 W 达到最大化就意味着公平与效率之间达到了均衡。

有两种类型的应税交易：商品的消费和要素收入的获取。前者涉及间接税，后者涉及直接税。[2] 首先分析对香蕉征税的例子。如果对香蕉消费量征收的是非线性税，那么消费者之间，要么通过均分购买量（当税收是凸函数时），要么通过委派其中一人作为购买代表（当税收是凹函数时）来进行套利交易。于是，对香蕉征收非线性税需要政府知道每位消费者在任一特定年份消费香蕉的准确数目，这在管理上是不可能的。正是由于这个原因，政府通常对产品征收线性税，这也是有关文献的基本假设。[3] 第 3 章将在政府只能对收入征收线性税的补充假设的基础上，对最优税收进行分析。

实际上，征收非线性所得税也是相当容易的，大多数纳税人仅能从几种有限的途径获得收入，而这些途径在法律上又要求它们申报已经（向纳税人）支付的数量总额。于是，对政府来说，精确估计每个纳税人从其所拥有的要素中获得的总收入是可能的。[4] 第 4 章将研究最优非线性工薪税的模型。

第 3 章的分析没有考虑非线性所得税问题。第 5 章的分析表明，当把一般非线性所得税加入产品线性税的分析中时，古典结论将发生很大的变化。

上述三章只考虑工资收入问题。用什么方式把资本税加入最优工薪税的分析中最有效？这是第 6 章在扩展对工薪税的研究时要关注的重点问题。

第 7 章探讨了用来弥补市场失灵的税收。正如前面所表明的，有关最优税收文献采用的观点也许看起来很简单。第 8 章将综述人们对最优税收的评价，并试图对这些评价进行分析。

注释

[1] 在我们的分析中，此类向量通常表示不同市场参与者的消费和劳动供给。

[2] 一些研究者将能够具体到人的税种划分为直接税，反之则划分为间接税。这种区分在很大程度上与我使用的传统概念相一致。

[3] 然而政府对消费总额征收非线性税是可能的，因为消费支出是非储蓄收入的一部分。

[4] 这种陈述应该说是比较稳妥的：工资收入要比其他劳动收入，尤其是资本收入更具有稳定性。

第 3 章　间接税

在本章我们假设政府不对收入征收非线性税，唯一可用的税收工具是线性的，但可能对货物征收差别税，对工资征收线性税。这种假设可能过于严格，但是它在理论的探讨中发挥着重要的作用。

3.1　拉姆齐模型

第一个研究间接税的人是拉姆齐（Ramsey，1927）。其研究结果多次被霍特林（1932，sec.7）重新发现，后来人们还在萨缪尔森给美国财政部的一份报告中（1951 年提交，1986 年出版）发现了相关的论述。戴蒙德-米尔利斯（Diamond-Mirrlees，1971b）将拉姆齐的结论延伸到有几个消费者的经济体中。拉姆齐模型与布瓦特（Boiteux，1956）在求预算约束下的多产品垄断（budget-constrained multiproduct monopoly）的最优社会定价时所获得的模型相同，所以拉姆齐模型有时也被称为拉姆齐-布瓦特（Ramsey-Boiteux）模型。

3.1.1 一个非正式方法

在严格推导拉姆齐模型之前，让我们先回顾第 2 章在局部均衡条件下讨论因对产品 i 征税所导致的社会福利损失时得出的模型。如果应用消费者剩余理论，我们知道对产品 i 征收小额从价税所导致的无谓损失是：

$$D_i(t_i) = -\frac{p_i t_i dx_i}{2} = \frac{\varepsilon_D^i \varepsilon_S^i}{\varepsilon_D^i + \varepsilon_S^i} t_i^2 \frac{p_i x_i}{2}$$

在局部均衡条件下，不同市场上的各种扭曲现象都是相互独立的，于是，一个税收体系 ($t_1, \cdots, t_n$) 引发的全部无谓损失是：

$$D(t) = D_1(t_1) + \cdots + D_n(t_n)$$

征收的税额等于：

$$R(t) = p_1 x_1 t_1 + \cdots + p_n x_n t_n$$

如果在 $R(t) = T$ 以及每个商品的消费支出 $p_i x_i$ 固定的约束条件下使 $D(t)$ 最小，我们可以得到：

$$t_i \frac{\varepsilon_D^i \varepsilon_S^i}{\varepsilon_D^i + \varepsilon_S^i} = k$$

其中 k 是与政府预算约束相联系的拉格朗日乘数，我们可以将上述公式改写成著名的"逆弹性"公式：

$$t_i = k \left(\frac{1}{\varepsilon_D^i} + \frac{1}{\varepsilon_S^i} \right)$$

在 20 世纪 60 年代，许多经济学家仍然认为只有统一税才是中性的。[1]因此，这个公式令人惊讶，因为它表明最优的间接税绝不是一种统一税。它的确有其独特的逻辑：若商品的需求或供给相对有弹性，对其征税可能会抑制消费，因此政府将产生更大的扭曲。于是，这时提高另外一种需求和供给都缺乏弹性的商品的税率可能会更好。

然而，我们是在非常严格的假设条件下将局部均衡分析方法和消费者剩余分析方法分别应用于每个市场才得到上述公式的。所以不得不忽视一般均衡条件的相互影响，以及收入效应和交叉弹性等问题。

3.1.2 一般模型

现在考虑一个简单经济体的一般均衡问题。在该经济体中有 I 个工薪消费者（consumer-workers），每个消费者的效用函数都是 $U_i(X^i, L^i)$，其中 X^i 表示对 n 种商品的消费，L^i 表示劳动供给。首先，我们假设该经济体的生产函数具有规模收益不变的性质：生产每种产品的要素仅为劳动。生产一单位产品 j 需要 a_j 单位的劳动，于是在均衡条件下，生产价格 $p_j=a_jw$。我们将劳动力价格 w 常数化为 1，并选择各产品的产量，使各自对应的要素投入 $a_j=1$，进而使得所有产品的价格 $p_j=1$。

因为现在讨论的是一般均衡模型，所以，我们必须阐明政府是如何干预经济的。政府可能要为公众享受的服务"买单"，可能为公共物品的生产提供资金支持，还可能会出钱购买私人产品。为了简化，这里我们假设政府只购买 T 单位的劳动。因为工资已常数化为 1，所以政府必须征收总额为 T 的税收。我们考虑以下税种：

- 对产品征收线性税，消费价格因此提高到 $(1+t_j)$。
- 对工资征收线性税，税后工资因此减少为 $(1-\tau)$。

对于只拥有劳动力资源的消费者 i 来说，其预算约束条件为：

$$\sum_{j=1}^{n}(1+t_j)X_j^i=(1-\tau)L^i$$

很容易看出，在此条件下（没有非劳动收入、没有可继承遗产），对工资征税等价于对产品征收统一税。现定义：

$$t'_j=\frac{\tau+t_j}{1-\tau}$$

因为 $1+t'_j=(1+t_j)/(1-\tau)$，所以消费者 i 的预算约束条件可以改写为：

$$\sum_{j=1}^{n}(1+t'_j)X_j^i=L^i$$

由此可知，对所有的消费者来说，税收体系 $((t_j),\tau)$ 与 $((t'_j),0)$ 是等价的，而后者不对工资征税。用后者代替前者不会使消费者的选择发生变化。此外，在前一种税收体系下，政府从消费者 i 那里征收的税额是：

$$\sum_{j=1}^{n}t_jX_j^i+\tau L^i$$

但是利用消费者 i 的预算约束条件：

$$L_i=\sum_{j=1}^{n}(1+t'_j)X_j^i$$

政府所征收的上述税额可改写为：

$$\sum_{j=1}^{n}(t_j+\tau(1+t'_j))X_j^i=\sum_{j=1}^{n}t'_jX_j^i$$

这正是政府在后一种税收体系下从消费者 i 那里所征得的税额。所以可以得出，对工资征税绝对等价于对产品征收统一税。

因为在有 ($n+1$) 种税率的税收体系 ((t_j)，τ) 中，只有 n 种税率是最优化的，所以，我们可以任意固定工资税率。因为我们在这里所关注的是不同产品之间税率的差异，所以工资税率的任意选取没有什么关系，t'_j 是 t_j 的增函数。于是，从现在开始，我们就使用 t'_j 这一概念，将 τ 固定为 0。

我们将着手分析消费者的间接效用函数 $V_i(q)$，其中 $q=1+t'$ 是消费价格向量：

$$V_i(q) = \max_{(X^i, L^i)} U_i(X^i, L^i) \quad (\text{其中 } q \cdot X^i = L^i)$$

因为我们不考虑用总额转移支付手段来实现任意帕累托最优，所以我们处于次优的境地。为了将政府再分配目标模型化，我们假设伯格森-萨缪尔森函数存在最大值。

$$W(q) = W(V_1(q), \cdots, V_I(q))$$

为了用最有效的方式实现目标，政府必须在其预算约束条件（由于 $q=1+t'$，所以选择税率等价于选择消费价格）

$$\sum_{i=1}^{I} \sum_{j=1}^{n} (q_j - 1) X_j^i(q) = T$$

之下对 $W(q)$ 求最大值。其中 $X_j^i(q)$ 代表不同消费者的需求。[2]

设 λ 为政府预算约束条件的拉格朗日乘数。通过对 q_k 求导数，我们可以得到：

$$\sum_{i=1}^{I} \frac{\partial W}{\partial V_i} \frac{\partial V_i}{\partial q_k} = -\lambda \sum_{i=1}^{I} \left(X_k^i + \sum_{j=1}^{n} t'_j \frac{\partial X_j^i}{\partial q_k} \right)$$

根据罗伊恒等式（Roy's identity）：

$$\frac{\partial V_i}{\partial q_k} = -\alpha_i X_k^i$$

其中 α_i 是消费者 i 的边际收入效用。我们可以定义：

$$\beta_i = \frac{\partial W}{\partial V_i} \alpha_i$$

这个新参数是通过消费者 i 在社会福利函数中所享有的权重来计算其边际收入效用的。β_i 表示消费者 i 的社会边际收入效用，因为当消费者 i 的收入每增加一个单位时，它表示伯格森-萨缪尔森函数值的增量。

通过替换，我们可以得到：

$$\sum_{i=1}^{I} \beta_i X_k^i = \lambda \sum_{i=1}^{I} \left(X_k^i + \sum_{j=1}^{n} t'_j \frac{\partial X_j^i}{\partial q_k} \right)$$

现在使用斯卢茨基方程：

$$\frac{\partial X_j^i}{\partial q_k} = S_{jk}^i - X_k^i \frac{\partial X_j^i}{\partial R_i}$$

其中我们定义：

$$S_{jk}^i = \left(\frac{\partial X_j^i}{\partial q_k}\right)_{Ui}$$

通过整理，我们可以得到：

$$\sum_{j=1}^{n} t_j' \sum_{i=1}^{I} S_{jk}^i = \frac{\sum_{i=1}^{I} \beta_i X_k^i}{\lambda} - \sum_{i=1}^{I} X_k^i + \sum_{i=1}^{I} X_k^i \sum_{j=1}^{n} t_j' \frac{\partial X_j^i}{\partial R_i}$$

其中，上式包含一个新的参数

$$b_i = \frac{\beta_i}{\lambda} + \sum_{j=1}^{n} t_j' \frac{\partial X_j^i}{\partial R_i}$$

b_i 的第一项是消费者 i 的社会边际收入效用除以 λ 的商，也是政府预算资源（budget resources）的成本；第二项是消费者 i 的收入每增加一个单位，政府对其所征收税额的增量。因此参数 b_i 所度量的就是消费者 i 的净社会边际收入效用。它不仅解释了与社会效用有关的 β_i/λ 项，同时也解释了随着消费者 i 支付税额的增加，可以考虑降低税率的事实。当然，如同 β_i 一样，b_i 是一个内生变量。

现在让我们用 $X_k = \sum_{i=1}^{I} X_k^i$ 表示对产品 k 的总需求，通过整理和运用斯卢茨基矩阵的对称性，我们最终可以得到：

$$\sum_{j=1}^{n} t_j' \sum_{i=1}^{I} S_{kj}^i = -X_k \left(1 - \sum_{i=1}^{I} b_i \frac{X_k^i}{X_k}\right)$$

由定义可以得到：

$$\sum_{i=1}^{I} \frac{X_k^i}{X_k} = 1$$

定义 $\bar{b}$ 为 b_i 的平均值，并将（消费者之间的）经验协方差定义为：

$$\theta_k = \text{cov}\left(\frac{b_i}{\bar{b}}, \frac{I X_k^i}{X_k}\right)$$

于是进一步可以得到：

$$-\frac{\sum_{j=1}^{n} t'_j \sum_{i=1}^{I} S_{kj}^i}{X_k} = 1 - \bar{b} - \bar{b}\theta_k$$

这就是拉姆齐关于几个消费者的模型，这种形式的模型最初是由戴蒙德（Diamond，1975）给出的。

该方程的左边被称为产品 k 的抑制指数。让 t'_j 取一个较小的值（事实上，只要政府征收的税额 T 较低，就可以做到这一点），于是在效用水平固定的情况下，对产品 j 征收税额 t'_j，就使得消费者 i 对产品 k 的消费减少 $t'_j S_{kj}^i$。方程左边（一阶近似）是产品 k 消费量减少的百分比的相反数。它也可以被解释为由于税收所引起的对产品 k 的补偿性需求的相对减少量。

至于方程的右边，它的符号依赖于 θ_k，也就是依赖于消费者 i 的净社会边际收入效用与其在对产品 k 总消费中所占的比例之间的协方差。如果只有一个消费者，那么 θ_k 显然等于 0。只有当消费者之间的消费模式与 b_i 不同时，θ_k 才不等于 0。由此，θ_k 被称为产品 k 的分配因子（distributive factor）。

拉姆齐模型表明，政府应该少阻止对具有正的 θ_k 的产品的消费，也就是被具有较高净社会边际收入效用的市场参与者大量消费的产品。但是，哪些人属于这类市场参与者呢？我们回到最初对 b_i 的定义上，很明显，在其他条件相同的情况下，具有较高 $\partial W/\partial V_i$ 的市场参与者，其 b_i 也较高。但这些市场参与者也可能是最穷的人，他们是政府目标函数要给予特殊照顾的对象。这给我们的提示就是，税收体制应该少阻止对穷人购买得最多的产品的消费，因为这些产品具有正的分配因子 θ_k。

为了获得这个模型，我们假设生产具有规模收益不变的性质，且其结构也很简单——每种产品都独立地由劳动要素生产出来。很容易证明，这一模型对任意技术规模收益不变的情形都成立。如果收益递减，那么厂商的利润将支付给它的股东。消费者的需求不仅取决于消费价格 q，也取决于生产价格 p，这就使分析变得较为复杂（参见 Munk, 1978）。然而，需要注意的是，这些利润实际上都是租金，因此，对政府来说，对租金征税更有效。如果对利润按 100% 的比率征税，那么拉姆齐模型依然成立。

□ 3.1.3 一些特例

如果所有消费者的消费结构都相同，又该如何呢？如果真是这样，那么所有的 X_k^i/X_k 都等于 $1/I$，并且拉姆齐模型右边的协方差为 0，于是抑制指数对所有的产品都是最优的。

但是拉姆齐和萨缪尔森研究的最有趣的一个特例是，所有的 b_i 都相同，并等于某一个 b。如果所有的消费人群可由一个消费者来代表，上述情形显然成立。在以下部分，我们将集中研究只有一个消费者代表的拉姆齐模型。

在具有代表性的消费者例子中，所有的抑制指数也都相同，但是这种情况非常不同于"为了避免扭曲，所有的产品应该按同一种税率征税"的观念。模型现在变为：

$$-\frac{\sum_{j=1}^{n} t'_j S_{kj}}{X_k} = 1-b$$

如果我们将上式中的 X_k 移到等式的右边，并将 n 种产品所对应的等式用 t' 为权数加总求和，可以得到：

$$-\sum_{j,k=1}^{n} t'_j S_{kj} t'_k = (1-b) \sum_k t'_k X_k$$

等式的左边是半正定矩阵（$-S$）关于 t' 的半范数，因此它是非负的。右边是税收总额 T 与（$1-b$）的乘积。如果政府征收任意数额的税收，那么 $b \leq 1$。反过来，我们可以得出的结论是，所有的抑制指数都是非负的，即最优税制不鼓励消费任何产品。[3]

到目前为止，拉姆齐模型依然不明朗。但它给出了一些结论。我们考虑 $n=2$ 时仅有两种产品的情形。通过解有两种产品情形的拉姆齐方程，并将 $D = S_{11}S_{22} - S_{12}^2 > 0$ 定义为斯卢茨基关于两种消费品子矩阵的行列式值，我们可以得到：

$$\begin{cases} t'_1 = \frac{1-b}{D}(S_{12}X_2 - S_{22}X_1) \\ t'_2 = \frac{1-b}{D}(S_{21}X_1 - S_{11}X_2) \end{cases}$$

现在支出函数是关于价格的一次齐次函数，而斯卢茨基矩阵是其二阶导数，并将 0 定义为"闲暇"产品，由欧拉定理可得：

$$S_{i0} + q_1 S_{i1} + q_2 S_{i2} = 0 \quad (i=1,2)$$

重新整理上述等式，可得

$$\begin{cases} S_{12} = -\frac{S_{10}}{q_2} - \frac{q_1 S_{11}}{q_2} \\ S_{21} = -\frac{S_{20}}{q_1} - \frac{q_2 S_{22}}{q_1} \end{cases}$$

像往常一样，我们将 $\varepsilon_{ij} = \frac{S_{ij} q_j}{X_i}$ 定义为补偿弹性，因此可得

$$\begin{cases} t'_1 = -\frac{1-b}{D} \frac{X_1 X_2}{q_2} (\varepsilon_{10} + \varepsilon_{11} + \varepsilon_{22}) \\ t'_2 = -\frac{1-b}{D} \frac{X_1 X_2}{q_1} (\varepsilon_{20} + \varepsilon_{11} + \varepsilon_{22}) \end{cases}$$

进而得到

$$t'_1 q_2 - t'_2 q_1 = -\frac{1-b}{D} X_1 X_2 (\varepsilon_{10} - \varepsilon_{20})$$

因为 $q=1+t'$，所以上述等式的左边等于 $t'_1-t'_2$，于是该方程意味着，当且仅当 $\varepsilon_{10}<\varepsilon_{20}$ 时（或当且仅当产品 1 对于闲暇的互补性高于产品 2 时），$t'_1>t'_2$。

为了解释此结论，我们可以回忆以下定义：

$$\varepsilon_{i0} = \left(\frac{\partial \log X_i}{\partial \log w}\right)_U$$

当效用水平给定后，如果工资的增加导致对产品 2 增加的消费量大于对产品 1 增加的消费量，那么 $\varepsilon_{10}<\varepsilon_{20}$。但对于给定的效用水平，只有当替代效应发生作用时，工资的增加才导致劳动供给的增加。如果消费者工作更长的时间，对产品 2 的消费增量高于对产品 1 的消费增量，那么必须对产品 1 课以更高的税额。

由科利特-黑格（Corlett-Hague, 1953）得出的结论表明：当产品和闲暇之间的偏好不可分时，政府应该放弃统一税，取而代之的是对闲暇互补性产品（例如，滑雪板等）比对劳动互补性产品（例如，城市交通等）课以更高的税额。仅凭直觉也能看出这种结论的合理性，因为我们前面已经推导出，一种统一税等价于工资税，后者抑制了劳动供给。纠正这种扭曲的一种方式就是通过对闲暇互补性产品课以重税来抑制人们对闲暇的消费。

现在让我们做出更严格的假设：假设产品 k 与其他产品的交叉弹性都为 0。定义 $\varepsilon_k = -S_{kk} q_k / X_k$ 为产品 k 的直接补偿弹性。然后，我们得到逆弹性公式：

$$\frac{t'_k}{1+t'_k} = \frac{1-b}{\varepsilon_k}$$

如果这些假设对所有的产品都成立，那么税率应该是（一阶近似）需求弹性的反比例函数。[4] 这就是本章开始讲到的公式，并且因为假设规模收益不变，所以 $\varepsilon_S = \infty$。它已经被用来作为判断所谓过失税（对烟、酒征收的税）是否合理的一种方法，但实际上并不知道烟酒的需求是否缺乏价格弹性。

于是，何时能从一个具有代表性的消费者的拉姆齐公式中推出商品的统一税制度呢？迪顿（Deaton, 1981）指出，其充分必要条件就是效用函数是准可分的[5]，也就是说，在一条给定的无差异曲线上，产品之间的边际替代率独立于对闲暇品的消费。可以证明，准可分性成立的充分必要条件是支出函数，可写为：

$$e(u,q,w) = e^*(u,w,b(u,q))$$

那么，很容易看出，工资的增加并不改变消费者对各种产品的相对补偿性需求。于是，由迪顿的结论可以推导出科利特-黑格关于 n 种产品的结论。但上述条件显然是很苛刻的。

如果消费者的偏好各异，那么拉姆齐公式的推理分析就变得非常复杂。特别是，要找出一个开征最优统一税的合理条件是不可能的。

需要求证，若不是统一税，至少是一定数量的税率，正如我们在许多实施增值税的国家观察到的那样：较低的管理成本有助于限制利益集团的游说行为，而这些利益集团中的每一个都试图逼迫税制向有利于他们自身利益的方向发展。然而，在仅有几种税率的增值税中，对不同税率组别的商品的分配和税收水平，都需要详细的研究（参见 Belan, Gauthier, and Laroque, 2006）。

最后，我们还需注意，拉姆齐公式只有在开征线性所得税的情况下才成立。在第 5 章中我们将会发现，在不考虑线性假设的情况下，关于最优间接税的结构将有一个非常引人注目的结论。

3.2 生产效率

在大多数生产经济体中，为了生产几种产品，需要把生产技术和生产要素联合起来。这里，生产模式并未获得不变的报酬，我们可以假设利润要 100% 纳税。戴蒙德-米尔利斯（1971a）认为，这样一个最优税制还有另外一个显著的特征：它总是使该经济体处在生产可能性边界（production-possibility frontier）上，这被称为生产的效率特征。它意味着不存在能够提高产量的其他要素组合的可能性。更正式的表述是，生产效率意味着两个给定的要素之间的边际技术替代率在所有使用它们的生产单位中都是相等的。而且，这一结论对生产单位，无论是厂家、家庭还是政府都成立。只要两种要素之间的边际技术替代率（在不同生产单位之间）的恒等关系不遭破坏，生产效率因此得到维护的话，不同部门之间的要素税就不可能出现差异。

税收体制能够维持生产效率是一个非常先验性的直觉。通过利普西-兰开斯特（Lipsey-Lancaster, 1956—1957）的研究，我们至少知道在一个次优环境中，直觉不再可靠。特别是，两种扭曲可能要比一种扭曲好，而人们也许想通过生产领域的扭曲来"纠正"消费领域因税收导致的扭曲。戴蒙德-米尔利斯指出，维持生产效率不是最优税制的特征。

为了证明这一结论，同时也是为了简化问题，我们将使用比前一部分更抽象也更一般化的方法。设 x_i 是消费者 i 的净消费计划，包括对私人产品的消费、公共物品的消费，以及生产要素的供给等。如果 q 是关联价格向量，那么该消费者在 $q \cdot x_i \leqslant 0$ 预算约束条件下，通过对其效用函数$U_i(x_i)$求最大值，便可得到间接效用函数$V_i(q)$。

这里预算约束再次假设不对消费者进行利润再分配：如果一个厂商有利润，那么其利润将按100%的比率征税。g是政府的净消费向量，并且假设其是外生的。最后，假设厂商$j=1,\cdots,J$选择的产量计划y_j均在其产量可能集Y_j上。

我们假设就像社会主义的计划经济一样，政府能够控制每个厂商的产量，我们将忽略政府的预算约束。对于给定的g，为了使社会福利最大化，政府将价格定为q，使得：

$$W(q)=W(V_1(q),\cdots,V_n(q))$$

其稀缺性约束条件为：

$$\sum_{i=1}^{n}x_i(q)+g\leqslant\sum_{j=1}^{J}y_j$$

其中$y_j\in Y_j$ $(j=1,\cdots,J)$。

证明生产效率理论的过程出现了矛盾。于是，呈现出社会福利最优时，生产是无效率的：因为总的生产计划$y=\sum_{j=1}^{J}y_j$处于总的生产可能性边界$Y=\sum_{j=1}^{J}Y_j$之内。我们选择一种消费产品k，对其而言，所有的消费者都有一个正的净消费需求。于是任一消费者的间接效用$V_i(q)$是q_k的减函数。通过减少q_k，政府增加了社会福利。在某些有规律性的假设下，净需求函数$x_i(q)$是连续的，因为我们研究问题的出发条件是：

$$\sum_{i=1}^{n}x_i(q)+g=y\in\text{Int}Y$$

在生产可能性边界Y之内，人们可以小幅减少q_k，并改变总的生产计划而不影响稀缺性约束条件。于是，我们发现税制改革是可行的，社会福利也会得到改善，但生产是无效率的，这是一个矛盾。

当然，在市场经济条件下，政府是不会控制生产的。但是因为在最优状态下，产量计划y必然要在生产可能性边界上，所以设p是生产可能性边界上的一个向量（即Y边界上的一条法线），那么对每一个厂家j来说，在生产价格为p时，产量计划y_j将使利润$p\cdot y_j$最大化。于是，存在一个生产价格体系来分解产量计划y，使每一产量对应的利润都最大化。

最后，我们注意到政府的预算约束自动成立。事实上，政府必须提供以下资金用于消费：

$$p\cdot g=p(\sum_{j=1}^{J}y_j-\sum_{i=1}^{n}x_i)$$

但消费者i的最优消费条件是$q\cdot x_i=0$，因此有：

$$-p \cdot x_i = (q-p)x_i = t \cdot x_i$$

其中 $t=q-p$ 是最优税收向量。[6] 如果用 $\pi_j = p \cdot y_j$ 表示厂家 j 的税前利润，则可以得到：

$$p \cdot g = \sum_{j=1}^{J} \pi_j + t \cdot \sum_{i=1}^{n} x_i$$

上述等式表明，在最优条件下，政府通过按 100% 的税率对厂家利润征税和对消费者征税的方式来为自身的开支提供资金。事实上，这也是瓦尔拉斯定律的一个结论：因为所有的市场都处于均衡状态，并且每一个市场参与者（除了政府）都在它的预算约束线上，所以最后一个市场参与者（政府）也必须如此。

上述结论从直觉上来看很简单：如果厂家利润不再进行分配，消费者效用和社会福利就仅依赖于消费价格和消费者的要素收入。如果政府操纵生产价格和厂家购入要素的价格，那么它只能增加扭曲，而不能纠正已经存在的扭曲，因此它也必定要减少政府目标函数的价值。

在生产效率辅助定理中，有几个关于最优税收的重要结论。按照定义，生产效率排除使用生产要素税收，而生产要素税收对于各个企业并不相同。例如，企业所得税可以被解释成一种仅影响私有部门部分企业的资本税，从而导致生产效率下降。一个相似的例子可用来反对中间产品税，即对一些公司而言是产出品，而只能作为另一些公司生产投入要素的那种产品征税，或者反对减少具体部门的工薪税率。相比之下，根据已有的阐述，当一个给定的企业仅对其产值缴税时，增值税考虑到了生产效率。

因为生产效率考虑的是所有的生产单位而非仅仅是私人部门，我们也可以从该理论推出：政府应该用私人部门的生产价格作为影子价格。最后，将世界作为一个整体来看，并假设这里存在一个世界性的政府（或是世界贸易组织）试图使全球的福利最大化。生产效率理论隐含着国际贸易应该以生产价格进行，也就是说，这里不存在任何关税。国际贸易事实上可以作为一种生产技术，它将出口产品变为进口产品。

当然，生产效率只在一些假设条件下才成立。正如我们在上面的辅助定理中所看到的，若政府对利润的课税率达到 100%，它只能被概括为收益递减的生产。再者，生产效率并不限制政府根据不同商品改变税率的能力。实际上，许多商品（例如住房、银行或保险服务）通常是免征增值税的。

在这样一种情况下，违背生产效率原则，以弥补对一些商品征税的不可能性，反倒是一种最优选择。我们也隐含地假设，所有的生产要素都可以被课征不同的税率。当然，这是不现实的，因为几乎没有生产要素是同质的。比如，对熟练和非熟练劳动力，可以按线性的但不同的税率予以征税。奈托（Natio, 1999）指出，在公共生产部门，用高于市场价格的影子价格雇佣有技能的劳动力，对政府来说也许是最优选择。于是，公共生产企业（public firms）将减少对有技能劳动力的需求，并导致有技能劳动力的相对工资的下降，当然这也有利于社会收入的再分配。

注释

[1] 此时拉姆齐的贡献已被遗忘。

[2] 这里需要注意的是，间接效用函数 $V_i(q)$ 具有准凸性，所以，即使 W 是凹函数，将要求解的规划也可能不具备凹性。然而，戴蒙德-米尔利斯（1971b）则证明相关计算是相当合理的。

[3] 这个结论在多个消费者模型中不再成立。事实上，在多个消费者模型中，最优税制还是鼓励消费某些商品的。

[4] 与表面形式相反的是，这个公式与科利特-黑格的结论完全一致，如果效用函数可以表示为：

$$\sum_{k=1}^{n} u_k(X_k) - BL$$

那么补偿交叉弹性都是 0。

但通过对支出函数求最小值，可以得到：

$$\frac{q_k}{u'_k(X_k)} = \frac{w}{B} \quad （k \text{ 为任意值}）$$

对任意的 k，有：

$$u'_k(X_k) = \frac{Bq_k}{w}$$

于是，$\varepsilon_{k0} = \varepsilon_k$，这表明与闲暇品互补性高的产品就是那些缺乏需求弹性的产品。

[5] 有时，我们会用到"隐含可分性"（implicitly separable）一词，但应该将它和弱可分性（weak separability）的性质区别开来，我们将会在第 5 章遇到此类问题。

[6] 当利润不向消费者重新分配时，价格 q 和 p 就能够分别予以标准化，因此，存在无数个能对最优状态进行分解的税率 t。例如，如果用正实数 λ、μ 分别乘以 q、p，则在税率 $t' = \lambda q - \mu p$ 下的产量和消费量与税率为 t 时的完全相同。所以，诸如 $t_k > t_l$ 的大小关系比较还要依赖于标准化规则，但是，对从价税的比较 $t_k/p_k > t_l/p_l$ 则无须这样的前提条件。

参考文献

Belan, P., S. Gauthier, and G. Laroque. 2006. Optimal indirect taxation with a restricted number of tax rates. *Journal of Public Economics* 90: 1201–1213.

Boiteux, M. 1956. Sur la gestion des monopoles publics astreints à l'équilibre budgétaire. *Econometrica* 24: 22–40.

Corlett, W., and D. Hague. 1953. Complementarity and the excess burden of taxation. *Review of Economic Studies* 21: 21–30.

Deaton, A. 1981. Optimal taxes and the structure of preferences. *Econometrica* 49: 1245–1260.

P. Diamond. 1975. A many-person Ramsey tax rule. *Journal of Public Economics* 4: 335–342.

Diamond, P., and J. Mirrlees. 1971a. Optimal taxation and public production, I: Production efficiency. *American Economic Review* 61: 8–27.

Diamond, P., and J. Mirrlees. 1971b. Optimal taxation and public production, II: Tax rules. *American Economic Review* 61: 261–278.

Hotelling, H. 1932. Edgeworth's taxation paradox and the nature of demand and supply functions. *Econometrica* 40: 577–616.

Lipsey, R., and K. Lancaster. 1956–1957. The general theory of second best. *Review of Economic Studies* 24: 11–32.

Munk, K. 1978. Optimal taxation and pure profit. *Scandinavian Journal of Economics* 80: 1–19.

Naito, H. 1999. Re-examination of uniform commodity taxes under a nonlinear income tax system and its implication for production efficiency. *Journal of Public Economics* 71: 165–188.

Ramsey, F. 1927. A contribution to the theory of taxation. *Economic Journal* 37: 47–61.

Salanié, B. 2000. *The Microeconomics of Market Failures*. Cambridge: MIT Press.

Samuelson, P. 1986. Theory of optimal taxation. *Journal of Public Economics* 30: 137–143.

第 4 章

直接税

在假设对工资按比例征税的前提下，第 3 章讨论了最优间接税的特征。其实在实践中，多数发达国家实行的都是累进所得税（graduated income tax）制度。即使实行的是只有单一税率的"统一税"（flat tax）制度（如在美国），它通常也包含对个人税收的减免，以使整个税收是累进的。[1] 所得税税率表（income tax schedule）的形式是民主辩论的一个主要问题。需要注意的是，个人所得税不是唯一一个取决于个人收入的税种。因此，在本章中，直接税事实上包含所有基于原始收入（primary income）的税种，包括像社会缴款（social contributions）这样的工薪税和所有形式的家庭经济情况调查救济。

研究最优直接税必须考虑到它对劳动供给的抑制效应（disincentive effects）。尽管这种研究源远流长，但是直到米尔利斯（1971）后我们才有一个模型来讨论公平（寻求利益重新分配以实现社会公正的目标）与效率（将税收制度引致的社会扭曲行为减到最少）间的权衡（trade-off）。

4.1 模型的建立

有关最优直接税制度的文献假设工薪消费者（consumer-workers）具有异质的、先天的挣钱能力（earning capacity）w。我们可以将该能力 w 视为人力资本，或者劳动生产率[2]，或者个人在劳动力市场上所获得的工资。不过，最后一种解释忽略了某些一般均衡的考虑，我们后面还要对此进行讨论。通常我们也假定所有消费者具有相同的效用函数 $U(C, L)$，该函数是由单一消费品[3]C 和劳动供给 L 来定义的。事实上这种简化了的假设非常重要，因为它排除了所有个人在偏好上的区别，因此也就排除了所有与横向公平（horizontal equity）有关联的考虑。

长期以来，人们对政府在合适的再分配目标（redistributive objectives）的定义上一直争论不休。一些古典经济学家主张赋税应该和个人的支付能力成正比；而其他人则热衷于将纳税人的"牺牲"平等化。持后一种观点的经济学家又分为两大阵营：一些人认为牺牲相等（equal sacrifice，即对所有人而言效用损失是相等的），而另一些人则认为比例牺牲相等（equiproportional sacrifice，即纳税人的效用损失的百分比是相等的）。[4]

现在通过赋予政府一个可加性（additive）伯格森-萨缪尔森函数（Bergson-Samuelson function）来得到社会偏好模型：

$$W = \int \Psi(U(w)) dF(w)$$

其中，$U(w)$ 是消费者 w 的税后效用，F 是 w 在人口中的累积分布函数（cumulative distribution function），Ψ 是递增的凹函数（concave function），该函数根据再分配目标来衡量市场参与者（agents）的效用。作为一个例子，我们经常使用下面的函数来模拟 Ψ：

$$\Psi(u) = \frac{u^\rho}{\rho}$$

其中 $\rho \leqslant 1$ 是一个参数，它是用来衡量社会对不公平厌恶程度的指数。当 $\rho = -\infty$ 时，上述定义 W 积分中的主项（dominant term）就是产生最小效用 $U(w)$ 的基项。我们把这种最后所得到的社会偏好叫做罗尔斯式（Rawlsian）社会偏好：政府目标是将社会中最少受惠者（the least favored member）的效用最大化。[5]$\rho = 1$ 则代表（未加权的）功利主义的偏好：政府简单地将人们的总体效用最大化。[6]

首先，让我们假定个体 w 获得税前收入 $Y(w)$，该个体只关心其税后收入，且对税后收入的偏好相同,并有一个函数 U。公共物品支出经费 $R^{[7]}$ 由政府承担。故此,如果政府要从个人 w 那里获取税收 $T(w)$,那么一定有：

$$\int T(w)dF(w)=R$$

个人获得的效用为：

$$U(w)=U(Y(w)-T(w))$$

通过对下面函数求最大值,就能得到最优税收：

$$W=\int \Psi(U(w))dF(w)$$

如果 λ 是与政府预算约束相联系的乘数,我们可以得到：

$$\forall w, \Psi'(U(w))U'(Y(w)-T(w))=\lambda$$

这就是埃奇沃思（Edgeworth,1897）提出的比例牺牲相等原则。如果 $\Psi \circ (U)$ 是严格意义上的凹函数,我们便可得出埃奇沃思的结论：

> 抽象地解决这个问题的办法就是,为了穷人的福利应对富人课税,这一过程应该持续到财富完全均等为止。

因此,政府应该征税直到所有的税后收入 $(Y(w)-T(w))$ 相等为止。实际上,埃奇沃思仅仅考虑到了当 $\Psi(u)=u$ 时的功利主义（utilitarianism）情形。即使在这种情形下,如果 U 是严格凹函数,结论依然有效。在收入边际效用递减的假设前提下,可以证明这一点,这看上去有些令人吃惊。毕竟功利主义在总体上并不完全符合财富再分配的社会哲学观点。[8]但是这里有几个很关键的假设条件,其中最重要的一个就是劳动供给完全无弹性。

似乎很自然的是,假如当事人对赋税无动于衷,税收就应该将收入从具有较低边际收入效用的富人那里转移到具有较高边际收入效用的穷人那里,而且没有理由终止这一转移过程,除非边际收入效用已经相等。但是在现实生活中,被征税对象一定会反对这一均等化过程,因为税收改变了初始收入 $Y(w)$。考虑这种变化的简单方法是将初始收入改写为：

$$Y=wL$$

对此最简单的解释是,个人 w 具有固定的生产率 w。[9]假设劳动力市场是竞争性市场,所以个人按其生产率水平取得薪酬。因此,为了实现税后效用最大化,每个人都应该选择他们自己的劳动供给。

$$L(w)=\arg\max_L U(wL-T(w),L)$$

到目前为止，该模型依然不是十分现实。比如，就像在以后的分析中一样，我们假设效用函数具有准线性形式：

$$U(C,L)=C-v(L)$$

显而易见，税收并不影响劳动供给 $L(w)$（如果使用一般效用函数，税收将对劳动供给产生收入效应，就像任何一次性转移支付一样）。为了再次强调所得税对个人行为的影响，我们必须考虑政府能力的有限性。事实上，政府不能观察到每个市场主体的生产率。为了缴纳较低税额，一个具有较高生产率 w 的人很容易声称自己生产率不高。政府只能够对初始收入 $Y(w)=wL(w)$ 征税，因此税收函数应采取如下形式：

$$T(w)=T(Y(w))$$

这种表面上无伤大雅的谎言*实际上会带来很重要的后果。就像米尔利斯（1971）所说的：

> 用一个人的经济表现（economic performance）来衡量其经济潜能（economic potentialities），结果使收入的社会边际效用完全均等化成了泡影，因为原本可带来这种结果的税收制度将彻底阻止人们从事令人不如意的工作。

这里要注意，如果政府能够同时观察到初始收入 Y 和劳动供给 L，它就会推导出生产率的值 $w=Y/L$。因此，我们必须假设政府不能观察到 L。如果 L 表示工作时长，那么这很容易引起强烈的争议：人们无法想象每个雇主必须向税务机关汇报其每个雇员的工作时长会是怎样一种情形。[10] 如果 L 中再包含诸如个人努力这样的不可观察成分，就更加不可思议了，而这对高技能工人特别重要。

注意到以下说法是很重要的：本章理论上的结果均不依赖于劳动供给 L；读者可以观察到，我们每次都会用 Y/w 替代 L，用 Y 替代税前收入，而用 w 表示盈利能力指数。至今，当我们想要从定性分析转为定量分析时，我们必须更加具体地描述；4.4 节会讨论模拟最优税率表的一些细节。

在这种观察度的约束下，即使效用函数是准线性的，税收对劳动供给的影响也是显而易见的，因为个人 w 的规划（program）为：

$$L(w)=\arg\max_L(wL-T(wL)-v(L))$$

一个具有没收性的税种不仅降低了产量，而且使"社会蛋糕"（social pie）的尺寸变小了。古典经济学家早就注意到了这种风险，像埃奇沃思曾经指出的：

---

* 指具有较高生产率的人的行为。——译者注

……在不造成生产大幅度下滑的情况下，通过使社会总体牺牲（total sacrifice）最小化，我们就能找到这个问题的第一个近似解决方案。

但是埃奇沃思及其同时代的学者们不知道如何使用模型来使效率和公平达到均衡。而米尔利斯的高明之处就在于他发明了一个可以产生计算结果的模型。

4.2 米尔利斯模型

前面的讨论引导我们去探究米尔利斯（1971）在其文献中介绍的模型。[11]政府的难题是如何选择所得税税率表（income tax schedule）$T(\cdot)$以使下式最大化：

$$W = \int_0^\infty \Psi(U(w))dF(w)$$

其中，$U(w) = U(wL(w) - T(wL(w)), L(w))$

当$L(w)$取最大值L时，有：

$$U(w) = U(wL - T(wL), L)$$

这里政府的预算约束条件是：

$$\int_0^\infty T(wL(w))dF(w) \geqslant R$$

一般而言，这个问题是很困难的：米尔利斯的论文中有多达141个编了号的方程式（numbered equations）。尽管最优税收的特征可以被刻画出来，但最后得到的公式是相当模糊的。下面，我们通过一个简单的方法来解决一个有趣的特殊案例，并借此打开我们的分析思路。

☐ 4.2.1 两型案例

假定工作人员的生产盈利能力只能取两个数值，这里的分析改编自斯蒂格利茨（1982）。有n_1个1型个体（具有低生产率w_1）和n_2个2型个体（具有高生产率，$w_2 > w_1$），生产函数具有可加性，即：

$$Q = n_1 w_1 L_1 + n_2 w_2 L_2$$

为便于表述，我们假定偏好是准线性的：若i型个体的工资率为w_i，而且需缴税T_i，它的效用将是$U_i = w_i L_i - T_i - v(L_i)$，这里$U$是一个凹的递增函数。

这里要注意的一件重要事情是，这样的一个效用函数假定不考虑任何收入效应对劳动供给的影响：即使一个工作人员拥有额外的自然资源，这对他决定工作多长时间也无任何影响。这是一个很强的假设，但它使我们的生活简单多了。实际上，本章我们将重点使用这个假设。我们也假定稻田条件为：

$$v'(0)=0 \text{ 且 } v'(+\infty)=(+\infty)$$

这个条件保证了劳动供给总是正值和有限值，政府的目标是使 $n_1 U_1 + n_2 U_2$ 的值最大化。此处的 $0<u<1$ 表示重新分配的目标可通过减少生产率较高且效用较大的那一类型个体的权重得以实现。让我们重新回到政府既不能观察到每个工作人员的生产率状况，也不能观察到其劳动供给状况的情境中。但是，政府确实可以观察到每个人的税前收入 $y_i = w_i L_i$，于是政府可以选择一个税率函数 $T(Y)$，并让每个人决定他们自己的劳动供给。当 i 型工作人员决定提供的劳动量为 L 时，他知道这会给其带来税前收入 $y_i = w_i L$，同时他也将因此被征税。政府也可以依赖于显示性原理，并选用一个直接的显示性机制，也就是两对数字，$C_1 = (T_1, Y_1)$ 和 $C_2 = (T_2, Y_2)$。1 型工作人员偏爱第一对数字，2 型工作人员偏爱第 2 对数字，因为这样处理起来比较容易，于是我们选用第二种方法来分析问题。

政府必须考虑到两个约束条件：

其一是他的预算约束条件，即假定政府已经征收到一定数额的税收收入，数额为：

$$n_1 T_1 + n_2 T_2 = R$$

其二是激励条件，激励使每一型工作人员选择与其发展密切相关的 C_i。因为每个 i 型工作人员只能申报 Y_j 的税前收入，那么如果他提供的劳动量为 Y_j / w_i，这些约束条件就可以被改写成：

$$Y_1 - T_1 - v\left(\frac{Y_1}{w_1}\right) \geqslant Y_2 - T_2 - v\left(\frac{Y_2}{w_1}\right) \quad (\text{IC}_1)$$

上式的适用对象为低生产率的工作人员。

$$Y_2 - T_2 - v\left(\frac{Y_2}{w_2}\right) \geqslant Y_1 - T_1 - v\left(\frac{Y_1}{w_2}\right) \quad (\text{IC}_2)$$

上式的适用对象为高生产率的工作人员。

这是一种筛选类问题，我们能逐步建立起对这些模型的总体把握。[12] 首先要注意的是，激励约束条件隐含地表明，高生产率的工作人员最终拥有高效用，因为他们能假装成低生产率的工作人员，并且以相对低廉的成本生产出与低生产率工作人员相同的产量。

用数学模型更形式化地表达，整合（IC_2）与 $v\left(\frac{Y_1}{w_2}\right) \leqslant v\left(\frac{Y_1}{w_1}\right)$，这意味着：

$$Y_2 - T_2 - v\left(\frac{Y_2}{w_2}\right) \geqslant Y_1 - T_1 - v\left(\frac{Y_1}{w_1}\right)$$

现在我们可以加总这两个激励约束条件，放弃 $Y_i - T_i$ 这一项，于是可得到

$$v\left(\frac{Y_2}{w_1}\right) - v\left(\frac{Y_1}{w_1}\right) \geqslant v\left(\frac{Y_2}{w_2}\right) - v\left(\frac{Y_1}{w_2}\right)$$

v 具有凸性，且 $w_2 > w_1$，这就表明 $Y_2 \geqslant Y_1$：任何显示性机制都必须分配给高生产率的工作人员，至少其税前收入要比低生产率工作人员的税前收入多。

我们可以进一步推导下去并证明 $Y_2 > Y_1$，因此，最优税率表可将两个类型的人分离开来。这两个发现背后的理由是单交叉条件[13]，它在筛选模型中起到了关键的作用。设 w_i 型工人的效用函数为

$$U_i = Y - T - v\left(\frac{Y}{w}\right)$$

他的税前收入为 Y，并且缴纳税收 T，其消费水平 $C = Y - T$，于是我们可以将该工人的效用函数重新写成

$$C - v\left(\frac{Y}{w_i}\right)$$

其边际替代率是

$$m_i = \frac{dC}{dY} = \frac{1}{w_i} v'\left(\frac{Y}{w_i}\right)$$

当 v 递增且凹时，这是一个关于 w_i 的减函数。这个结论告诉我们，对任何一对 (Y, C)，位于 (Y, C) 平面的低生产率工作人员的无差异曲线，比高生产率工作人员的无差异曲线要陡峭。此外，这种无差异曲线只能交叉一次。

首先，假设有一种"风险共享"的情形，在此种情形下，税率表是这样的：所有工作人员的收入都是 Y，因而税收也相同且消费水平相同。设 m_1 和 m_2 分别是 Y 中的两个类型的工人的边际替代率，给定一个数字 a，以使得 $m_2 < a < m_1$。假定 $m_2 < 1$，那么我们就选定 $a < 1$，并且让政府提出一个新对 $(Y+\eta, C+a\eta)$，这里的 η 是一个数值小的正数，图4—1描述了位于 (Y, C) 平面的两类型个体的无差异曲线，连同它一起移动到新对中。

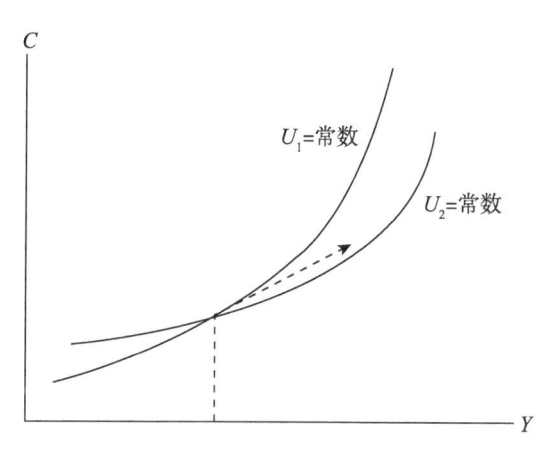

图 4—1　风险共享不会达到最优

当 a 小于低生产率工作人员的边际替代率时，个体将不会选择这个新对，但是当 a 大于高生产率工作人员的边际替代率时，个体将从 (Y, C) 移到 $(Y+\eta, C+a\eta)$。如此，每个工作人员将使政府从个体那里多征收 $\eta(1-a)$ 的税收。因此，我们已经找到一个方法，可以让政府多征税，同时使高生产率工作人员生活得更快乐，且又不改变低生产率工作人员的效用。这就证明了不可能在最优水平达到"风险共享"（当 $m_2 \geqslant 1$ 时，设 η 是一个很小的负数）。

现在，我们知道 $Y_1 \leqslant Y_2$，当然也有 $T_1 < T_2$。在标准的筛选模型当中，我们将继续证明只有一个激励约束条件，于是

$$Y_2 - T_2 - v\left(\frac{Y_2}{w_2}\right) = Y_1 - T_1 - v\left(\frac{Y_1}{w_2}\right)$$

然而，由于两种类型中工作人员都不存在独立的理性的约束条件，所以最优税收模型与标准的筛选模型并不相同：排除迁移这种情况，人们不可能拒绝参与到税收机制中。我们所得到的是政府的预算约束条件：

$$n_1 T_1 + n_2 T_2 = R$$

这个约束条件采用了一个与众不同的形式。

不过我们可以证明高生产力工人的激励约束条件将得到满足，如同在标准模型中一样。否则，政府可能选择一个数值小但大于零的 η_1，计算

$$\eta_2 = \frac{n_1 \eta_1}{n_2 \eta_2}$$

并且税收 T_2 增加 η_2，而 T_1 减少 η_1。根据已有的界定，可以得到 $n_1\eta_1 = n_2\eta_2$，以及对政府而言，变化是属于收益中性的。这种变化使得新的 $C'_1 = (Y_1, T_1 - \eta_1)$ 对所

有工人来说更具有吸引力,而使得 $C'_2=(\gamma_2, T_2+\eta_2)$ 更缺乏吸引力。因为低生产率工人喜欢 C_1 的程度至少和 C_2 一样,所以相对于 C'_2 而言,他们更偏爱 C'_1。至于高生产率工人,他们偏爱 C_2 甚于 C_1,并且因为 η_1 和 η_2 都很小,所以高生产率工人仍然偏爱 C'_2 甚于 C'_1。因此 C'_1 和 C'_2 是激励相容的。最终,政府的目标函数 $(n_1U_1+\mu n_2U_2)$ 根据 $n_1\eta_1-\mu n_2\eta_2=(1-\mu)n_1\eta_1$ 的条件而增加。当 $\mu<1$ 时,其值为正数。若政府关心收入再分配,则结果必定如此。

直觉很简单:若存在支持从高产出者到低产出者的再分配机制的偏好,则所得税必定提高。倘若如此,要阻止高产出者声称自己其实属于工作 Y_1/w_2 小时的低产出者,以减少缴税,就是一件困难的事。

为得到 $\mu>0$ 时的最优税率的解,我们首先运用政府预算约束条件和类型 2 的激励约束条件,消掉 T_1 和 T_2,可得到

$$\begin{cases}(n_2+n_2)T_1=R-n_2D\\(n_2+n_2)T_2=R+n_2D\end{cases}$$

此时 $D=Y_2-Y_1-(v(Y_2/w_2)-v(Y_1/w_2))$

我们可将目标函数重写为 $n_1\left(Y_1-v\left(\dfrac{Y_1}{w_1}\right)\right)+n_2\mu\left(Y_2-v\left(\dfrac{Y_2}{w_2}\right)\right)+\dfrac{n_1n_2}{n_1+n_2}(1-\mu)D$。

用 Y_1 和 Y_2 求解最大值,容易推导出两个一阶条件[14]:

$$\begin{cases}v'\left(\dfrac{Y_1}{w_1}\right)=w_1\left(1-\dfrac{n_2(1-\mu)}{n_1+n_2}\left(1-\dfrac{1}{w_2}v'\left(\dfrac{Y_1}{w_2}\right)\right)\right)\\v'\left(\dfrac{Y_2}{w_2}\right)=w_2\end{cases} \quad (G)$$

已知 $Y_1<Y_2$,则 $v'\left(\dfrac{Y_1}{w_2}\right)<v'\left(\dfrac{Y_2}{w_2}\right)=w_2$。

代入式 (G),可得到 $v'(Y_1/w_1)<w_1$。

因为 $L_i=Y_i/w_i$,我们已能证明

$$\begin{cases}v'(L_1)<w_1\\v'(L_2)=w_2\end{cases}$$

为解释这些公式,设想一个工人的税后工资率为 w_a,则他将选择 Y,以使其税后工资与劳动的边际负效用相等,即 $v'(L)=w_a$。

对于低生产率工人而言,最优税率表有效地将其税后工资率提高到 $w_1>v'(L_1)$ 的水平,从而抑制其劳动供给。但是在顶端点它仍然不会抑制劳动供给。既然 $v'(L_2)=w_2$,最优税应该不会影响高生产率工人的工作积极性。而这一点看起来可能很奇怪,

在筛选模型中，它是一个普通的特征：对最高类型工人的分配，不应该脱离最优状态而被扭曲。为得到能显示其类型的高生产率工人，政府必须采取措施，使他们在模仿低生产率工人时得到的收入分配变得没有吸引力。但是，相对于最优水平而言，政府最好通过减少低生产率工人的劳动供给来达到该政策目标。因此而产生的最优税率，可通过图4—2体现。图中，虚线的斜率等于 $v'(L_i)/w_i$。

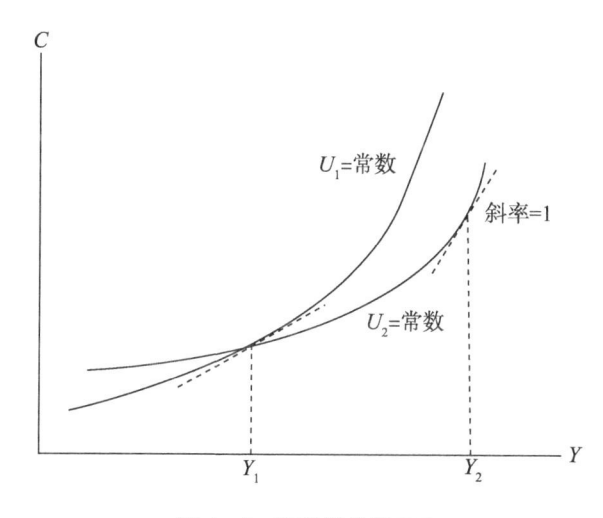

图4—2 两类最优税率表

□ 4.2.2 罗尔斯情形

现在我们假设存在一个 w 型的连续分布函数，并且政府的偏好是罗尔斯式的。首先注意 $U(w)$ 总是一个递增函数。实际上：

$$U(w) = \max_L U(wL - T(wL), L)$$

应用包络定理（envelope theorem）可得：

$$U'(w) = (1-T')LU'_C \geq 0$$

假定 $T' \leq 1$，显然该假定对最优税制来说是成立的。[15]因此，最少受惠个人是具有最低 w（用 $\underline{w}$ 表示）的人。假如他的生产率极其低下，那么最优税将会阻止他从事工作（如果 $\underline{w}=0$，很显然就会出现这种情形），那么他将仅靠转移支付 $T(\underline{w})$ 来维持生计，并且罗尔斯式的政府将想方设法把转移支付变得足够大。这就意味着政府能从实际工作着的人们那里征收最大税收收入。更一般地讲，最优税率表必须在两个限制条件下实现税收收入的最大化：激励约束以及最少受惠个人的效用应该和政府的社会目标函数值相等的约束。[16]皮凯蒂（Piketty，1998）指出，在税收收入最大化的目标下，假定不存在劳动供给的收入效应，则我们很容易描述最优税的特征。如果 $U(C，L)=C-v(L)$，则这一点成立。

首先从最优所得税开始,在区间 $[Y, Y+dY]$ 上,我们给边际税率增加一个无限小量 dT',如图 4—3 所示,应当区分两类效应。首先注意一阶导数,$dT'dY$ 是指由初始收入大于 Y 的个人所支付的税额的增加量。[17]令 w_Y 表示和初始收入 Y 相应的生产率水平。由于这些人的数量是 $(1-F(w_Y))$,税收收入增加值是:

$$dT'dY(1-F(w_Y)) \tag{1}$$

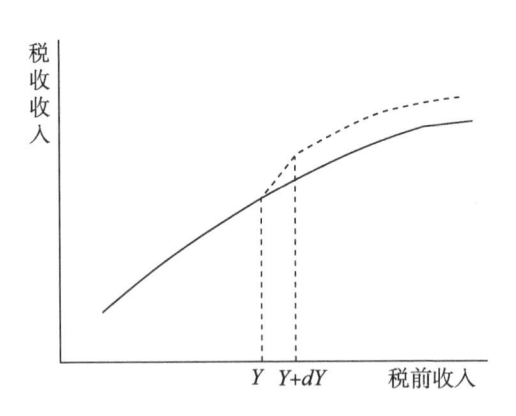

图 4—3 税率表的边际变化

另一方面,初始收入介于 Y 和 $(Y+dY)$ 之间的人们要面对较高的边际税率。实际上他们的净工资由 $w_Y(1-T')$ 降至 $w_Y(1-T'-dT')$,减少比率为 $dT'/(1-T')$。我们通过定义劳动供给弹性 ε_L,得到他们的劳动供给减少量是 $L\varepsilon_L dT'/(1-T')$,而且对于每个这样的个人来说,政府的税收收入减少额是:

$$T'Y\varepsilon_L \frac{dT'}{1-T'}$$

令 f 表示 w 的概率分布函数,这些人的数量为 $f(w_Y)dw_Y$。而且

$$\frac{dY}{dw_Y} = \frac{d(wL)}{dw} = L(1+\varepsilon_L)$$

所以受抑制效应影响的人数是:

$$f(w_Y)\frac{dY}{L(1+\varepsilon_L)}$$

总税收收入减少

$$\frac{\varepsilon_L}{1+\varepsilon_L}T'w_Y\frac{dT'}{1-T'}f(w_Y)dY \tag{2}$$

但既然是从最优税收入手,效应(1)和效应(2)就必须恰好抵消,于是有:

$$\frac{T'(Y)}{1-T'(Y)} = \left(1+\frac{1}{\varepsilon_L}\right)\frac{1-F(w_Y)}{w_Y f(w_Y)}$$

这个公式比表面上看上去要复杂得多,因为 w_Y 和 ε_L 二者都依赖于税率表。但是,它清楚地展示了决定最优税收的三个主要因素中的两个。第一个因素当然就是劳动供给弹性:正如预期的一样,弹性越大,最优边际税率越低。第二个因素就更难以预料。它取决于生产率在人口中的分布,并且表明当 w 在生产率分布中较低[因为 $(1-F(w))/w$ 项对于 w 是递减的]且围绕所检验生产率的人口集中度较低时,最优边际税率就较高。[18]当生产率水平为 w 时,提高边际税率就使我们从生产率更高的人们[其数量是 $(1-F(w))$]那里获取了更多的税收;另外,边际税率的增加对于生产率接近 w 的人们来说却具有抑制效应。这些人的数量和 $f(w)$ 成正比,而且当给定劳动供给弹性时,他们的生产率越高,这种抑制效应所造成的危害就越大。我们将会看到,该项的形态事实上在很大程度上决定了最优税率表的形态。

4.2.3 一般方法

现在我们回过头来研究一般情形,看看能深入到何等程度。遗憾的是,如果不做出一些具体假设,要想在最优税率表的分析方面有所进步非常困难。因此那些对理论实际应用更感兴趣的读者可以跳过本小节而不会有太大损失。

税率表定义了纳税人的消费和他的税前收入间的关系 $C=Y-T(Y)$,其中税前收入 $Y=wL$。于是定义一个新效用函数是很有用的:

$$u(C, Y, w) = U\left(C, \frac{Y}{w}\right)$$

注意 u 对 C 和 w 是递增的,而对 Y 是递减的。显示原则(revelation principle)告诉我们政府最好是选择一种直接显示机制(direct revealing mechanism)[这里是一对函数 $(C(w), Y(w))$],以便让每个纳税人发现显示他自己的生产率是最佳做法:

$$u(C(w), Y(w), w) \geqslant u(C(w'), Y(w'), w) \quad \forall w, w'$$

这些激励约束的双重无限性(double infinity)并非那么容易处理。然而,通过对纳税人的偏好施加一个非常微弱的条件后,我们将会看到这一问题是如何被简化的。从现在开始我们假定,对于生产率较高的个人而言,其消费与税前收入之间的边际替代率较小:

$$\left(\frac{\partial C}{\partial Y}\right)_u = -\frac{u'_Y}{u'_C} \quad (\text{随 } w \text{ 递减})$$

该条件有时又被称为当事人单调性条件;它相当于契约论(contract theory)中的斯彭

斯-米尔利斯（Spence-Mirrlees）条件（单交叉性条件，single crossing condition）(Salanié, 2005, ch. 2)。假定偏好是准线性的，则有：

$$U(C,L) = C - v(L)$$

进而有

$$u(C,Y,w) = C - v(Y/w)$$

以及

$$\left(\frac{\partial C}{\partial Y}\right)_u = \frac{1}{w}v'\left(\frac{Y}{w}\right)$$

当且仅当 $Lv'(L)$ 是 L 的递增函数时，上述等式是 w 的递减函数。显然，最后这一条件等价于劳动供给弹性大于 -1。因为所有的经验估计均远大于该值，因此斯彭斯-米尔利斯条件是相当弱的。

图 4—4 说明为何这个条件如此有用。我们在平面 (Y, C) 上画出了两条无差异曲线（indifference curve），以及税率表 $C = Y - T(Y)$，而两条无差异曲线分别对应于生产率 w 及 w'，且有 $w < w'$。根据定义，在斯彭斯-米尔利斯条件下，与 w 对应的无差异曲线在交叉点（两条无差异曲线的交点）上要比与 w' 相对应的无差异曲线陡峭。从图形上易看出，这意味着 $C(w) < C(w')$ 和 $Y(w) < Y(w')$：具有较高生产率的当事人的消费和税前收入也较高。

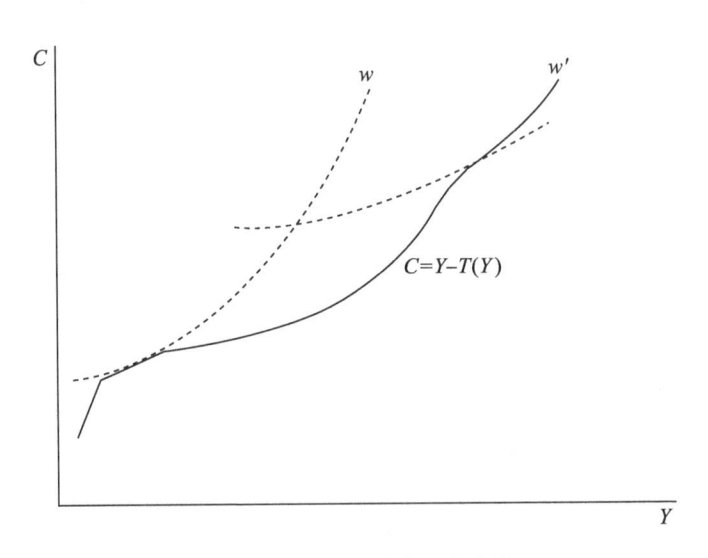

图 4—4 斯彭斯-米尔利斯条件

为了给出更严格的证明，我们定义生产率为 w 的纳税人声称其生产率是 w' 时的效用：

$$V(w',w)=u(C(w'),Y(w'),w)$$

为了显示该机制，V 必须在 $w'=w$ 处取得最大值。假定所有函数可求微分，并且收入 Y 为正。于是我们得到一阶必要条件：

$$\frac{\partial V}{\partial w'}(w',w)=0 \tag{NC1}$$

以及二阶必要条件：

$$\frac{\partial^2 V}{\partial w'^2}(w',w)\leqslant 0 \tag{NC2}$$

对（NC1）求微分得到：

$$\frac{\partial^2 V}{\partial w'^2}+\frac{\partial^2 V}{\partial w'\partial w}=0$$

因此（NC2）可改写成：

$$\frac{\partial^2 V}{\partial w'\partial w}\geqslant 0$$

很容易计算得：

$$\frac{\partial V}{\partial w'}=u'_C C'+u'_Y Y'$$

以及

$$\frac{\partial^2 V}{\partial w'\partial w}=u''_{Cw}C'+u''_{Yw}Y'$$

于是结合条件（NC1）就可以得到：

$$C'=-\frac{u'_Y}{u'_C}Y'$$

而条件（NC2）就变成：

$$\left(-u''_{Cw}\frac{u'_Y}{u'_C}+u''_{Yw}\right)Y'\geqslant 0$$

但是通过边际替代率对 w 求微分，斯彭斯-米尔利斯条件就意味着：

$$-\frac{u''_{Yw}}{u'_C}+\frac{u''_{Cw}u'_Y}{(u'_C)^2}\leqslant 0$$

因此条件（NC2）仅仅说明 $Y'\geqslant 0$。由此斯彭斯-米尔利斯条件的确意味着收入随着生产

率的提高而增加，并且由于

$$C' = -\frac{u'_Y}{u'_C}Y'$$

消费也随着生产率的提高而增加。

实际上斯彭斯-米尔利斯条件允许我们将激励约束降到一个可以易于处理的形式。为此，我们有：

$$\frac{\partial V}{\partial w'}(w',w) = u'_C(C(w'),Y(w'),w)C'(w') \\ + u'_Y(C(w'),Y(w'),w)Y'(w')$$

以及

$$0 = \frac{\partial V}{\partial w'}(w',w') \\ = u'_C(C(w'),Y(w'),w')C'(w') \\ + u'_Y(C(w'),Y(w'),w')Y'(w')$$

从上式我们得到：

$$\frac{\partial V}{\partial w'}(w',w) = Y'(w')u'_C(C(w'),Y(w'),w)\Delta$$

其中

$$\Delta = \frac{u'_Y}{u'_C}(C(w'),Y(w'),w) - \frac{u'_Y}{u'_C}(C(w'),Y(w'),w')$$

根据斯彭斯-米尔利斯条件，Δ 和 $(w-w')$ 的符号相同。因为 Y' 和 u'_C 都为正，我们推出 $\frac{\partial V}{\partial w'}(w',w)$ 和 $(w-w')$ 的符号相同，因此 $V(w',w)$ 确实在 $w'=w$ 处取得最大值。

概括来说，这些抽象的推导表明，（很弱的）斯彭斯-米尔利斯条件意味着生产率较高的当事人有较高的收入和消费。在技术层面上，它允许用一阶必要条件和二阶必要条件的形式来概括激励约束条件：

$$(C(w),Y(w),w)C'(w) + u'_Y(C(w),Y(w),w)Y'(w) = 0 \quad \forall w, u'_C \quad (C1)$$

$$Y'(w) \geqslant 0 \quad \forall w \tag{C2}$$

于是，现在要解决的问题就是寻找函数 C 和 Y，以便使下面的目标函数最大化：

$$\int_0^\infty \Psi(u(C(w),Y(w),w))dF(w)$$

该目标函数最大化的三个约束条件是：激励约束条件（C1）、（C2），以及政府预算约束条件：

$$\int_0^\infty (Y(w)-C(w))dF(w) \geqslant R$$

这个问题可以用它的一般形式来表示（Ebert，1992）。但还是相当复杂，主要是因为约束条件（C2）可能会"凝固"在某些最适宜的区间上。[19]做了大量工作，人们可能只证明了最优税率表具有一些相当脆弱的特性。鉴于此，我们将采取一种更具启发性的方法来精确地探讨最优税率表的形式。这种方法的基础是假设效用函数具有准线性。

4.2.4 准线性情形

我们将把重点放在纳税人的效用函数是准线性的这种特殊情形上：

$$U(C,L)=C-v(L)$$

当然，这个假设是相当苛刻的，因为它不考虑对劳动供给的收入效应，且它还意味着收入的边际效用是常数。但是这个假设允许我们得到最优税收的一个非常简单的公式，为此我们得以回避数学推导上的一些困难。

罗尔斯情形已经帮助我们找到了决定最优税率表的三个因素中的两个。然而，聚集于最大化上意味着我们忘记了财富从富人到中产阶级的再分配这样一个事实。现在我们将第三个因素加到决定最优边际税率的公式上来，这第三个因素就是考虑更一般的再分配目标。

到了这个阶段计算变得稍微有些复杂。为了解决政府的难题，我们先略去税率表。首先注意到：

$$U(w)=\max_{L\geqslant 0}(wL-T(wL)-v(L))$$
$$=wL(w)-T(wL(w))-v(L(w))$$

因此政府的预算约束条件可以写成：

$$\int_0^\infty (wL(w)-U(w)-v(L(w)))dF(w) \geqslant R$$

假定税率表函数连续可微。于是根据包络定理，我们得到：

$$U'(w)=(1-T'(wL(w)))L(w)$$

此外，如果有 $L(w)>0$，则纳税人规划的一阶条件是：

$$w(1-T'(wL(w)))=v'(L(w))$$

于是有[20]：

$$U'(w) = \frac{L(w)v'(L(w))}{w}$$

当然，一阶条件并不足以描述纳税人规划解的特征。但是我们假设这个一阶条件是充分的，这等于忽略了在一般方法那里讲到的另一约束条件 $Y'(w) \geqslant 0$。

在这些假设之下，政府的问题就是选择函数 U 和 L，以便下面的积分最大化：

$$\int_0^\infty \Psi(U(w))f(w)dw$$

其约束条件有两个，即预算约束条件：

$$\int_0^\infty (wL(w) - U(w) - v(L(w)))f(w)dw = R$$

以及微分约束条件：

$$U'w = \frac{L(w)v'(L(w))}{w}$$

为解决此问题，我们应用庞特里亚金最大值原理（Pontryagin's maximum principle）。[21]我们选择 $U(w)$ 为状态变量，$L(w)$ 为控制变量。用 λ 表示与预算约束条件相联系的乘数，用 $U(w)$ 表示与微分约束条件相联系的乘数，哈密顿函数（the Hamiltonian）可写成：

$$H = \Psi(U)f + \lambda(wL - U - v(L))f + \mu\frac{Lv'(L)}{w}$$

根据庞特里亚金最大值原理得出以下三点：

(1) $L(w)$ 在 L 处使得 H 取最大值，于是有：

$$\lambda(w - v')f + \mu\frac{v' + Lv''}{w} \leqslant 0$$

如果 $L(w) > 0$，上面的不等式就变成一个等式。

(2) μ 导数由下列等式给出：

$$\mu' = -\frac{\partial H}{\partial U}$$

这里

$$\mu' = (\lambda - \Psi'(U))f$$

(3) 由 μ 可以验证两个横截性约束条件（transversality constraints）：

$$\mu(0) = \lim_{w \to \infty}\mu(w) = 0$$

首先在 μ 上分析这两个条件。利用区间 (w, ∞) 上的函数 μ' 和无穷大处的横截性条件 (transversality condition)，我们得到：

$$\mu(w) = \int_w^\infty (\Psi'(U(t)) - \lambda) f(t) dt$$

现在我们再在 0 点应用横截性条件，便得到与预算约束条件相联系的乘数[22]

$$\lambda = \int_0^\infty \Psi'(U(t)) f(t) dt \tag{L}$$

为了简化，我们定义函数 D 为：

$$D(w) = \frac{1}{1-F(w)} \int_w^\infty \Psi'(U(t)) f(t) dt$$

由定义知这个函数是 $\Psi'(U)$ 在区间 $[w, +\infty)$ 上的均值。但是 Ψ' 是社会目标效用函数中的边际权数 (marginal weight)，而且给定了再分配目标，它肯定是递减的。因此函数 $D(w)$ 也是递减的。根据定义，我们最后得到 $\lambda = D(0)$，并且有：

$$\mu(w) = (1 - F(w))(D(w) - D(0))$$

上式不会为正值。

现在选择某个 w，使得 $L(w) > 0$。于是我们有等式：

$$\lambda(w - v') f + \mu \frac{v' + Lv''}{w} = 0$$

注意因为有：

$$w(1 - T') = v'$$

我们得到 $w - v' = wT'$。另外令纳税人的净工资为 w_n。其劳动供给由下式给出：

$$v'(L) = w_n$$

因此其弹性为：

$$\varepsilon_L = \frac{\partial \log L}{\partial \log w_n} = \frac{w_n}{Lv''}$$

这里净边际工资是 $w_n = w(1 - T')$，于是我们得到：

$$\varepsilon_L = \frac{w(1 - T')}{Lv''}$$

因此有：

$$v'+Lv''=w(1-T')\left(1+\frac{1}{\varepsilon_L}\right)$$

最后我们推导出：

$$D(0)wT'f=(1-F)(D(0)-D(w))(1-T')\left(1+\frac{1}{\varepsilon_L}\right)$$

重新整理，得：

$$\frac{T'(Y)}{1-T'(Y)}=\left(1+\frac{1}{\varepsilon_{L(w_Y)}}\right)\frac{1-F(w_Y)}{w_Y f(w_Y)}\left(1-\frac{D(w_Y)}{D(0)}\right) \quad (F)$$

只要纳税人工作（$Y>0$）以及由等式 $Y=Y(w_Y)$ 来定义 w_Y，那么上式就成立。

首先我们对这个公式给出一个技术性解释。利用 $w(1-T')=v'$，我们得到

$$\frac{T'(Y)}{1-T'(Y)}=\frac{1}{1-T'(Y)}-1=\frac{w_Y}{v'(Y/w_Y)}-1$$

这是 w_Y 的增函数，但为 Y 的减函数。因此极有可能公式（F）导致 w_Y 对 Y 递增，而这违反了二阶条件（C2），也让我们的所有运算归于无效。当公式（F）右端是 w_Y 的递减函数时，上述情况永远不会出现，但由于第三项是递增的，毫无疑问上述情况又具有不确定性。[23] 如果这个问题在 Y 上发生，最优边际税率在 Y 上一定不连续。

请注意，这个公式和我们在罗尔斯情形里得到的公式仅有一点不同，即第三项：

$$1-\frac{D(w_Y)}{D(0)}$$

它反映了再分配对象在人口中的分布概况。由于 $D(w)$ 递减，第三项是递增的：如果政府希望在高收入者和中产阶级之间进行再分配，它应该提高高收入者的边际税率。

总而言之，$D(w)$ 是一个相当复杂的函数。如果我们通过选择对 w 递减的权数 $a(w)$ 和用 $a(w)U(w)$ 代替 $\Psi(U)(w)$ 的方法来采用"加权的功利主义"（weighted utilitarianism），就像通常我们在模拟最优税率表时所做的那样，该函数就可以得到简化。于是

$$D(w)=\frac{\int_w^\infty a(t)dF(t)}{1-F(w)}$$

因此，$D(w)$ 仅仅是函数 a 在区间 $[w,+\infty)$ 上的均值。这表明，在古典功利主义的特殊情形下，如果 $a(w)$ 是常数，那么 $D(w)$ 也是常数且边际税率统一为零：所有纳税人缴纳同样数量的税便构成了最优所得税。这和埃奇沃思的研究结果完全不同。道理很简单：只要 $a(w)$ 是常数并且偏好是准线性的，税收就只能通过下面的方式进入社会

目标函数：

$$\int_0^\infty T(wL(w))dF(w) = R$$

而且政府仅仅通过征收总额税（lump-sum tax）（该税额必须统一，因为纳税人在形式上是平等的）就可以达到最优。

我们用公式（F）就可以很简单地证明一些很一般的特性。首先请注意该公式右端通常是非负的，因此，$L>0$ 时有 $0 \leqslant T' < 1$。现在令 $\underline{w}$ 表示 f 支集的下界（lower bound of the support of f）。显然有 $D(\underline{w}) = D(0)$，所以对于具有最低生产率的当事人而言，假如他在最优状态下工作，他的边际税率为零。[24] 最后，边际税率有个让人有点吃惊的特征。假定最大生产率是有限的，用 $\overline{w}$ 表示；于是第二项以及边际税率在 $\overline{w}$ 处也为零。因此最优税率表不能总是累进的，也就是说在某个收入水平之上它的平均值 T/Y 一定递减。很容易理解这一点：在其"上限位置"（at the top）设定一个正的边际税率是没有任何意义的，因为在这个位置之上，不存在能够向其征收额外税负的人，并且在该位置之上的任何正的边际税率都会产生扭曲的经济行为。不过我们不应该把重点放在这个特征上。首先，模拟表明，最优边际税率也可能会很高，甚至高于针对收入分布函数最右边部分而设定的边际税率。其次，如果高收入分布的离差非常大，那么用一个有限的 $\overline{w}$ 来模拟显然不太合适。如果收入分布延至无穷，就没有理由说边际税率在无穷远处应该趋向零，这一点稍后说明。

4.3 概括

即使是在准线性的假设条件下，我们分析米尔利斯模型也忽视了几个要点。例如，我们将重点放在了有工作的纳税人身上。而实际上，如果下式成立：

$$w(1-T'(0)) < v'(0)$$

那么生产率为 w 的个人宁愿不去工作。[25] 假如边际税率过高，这种情形会发生在低生产率纳税人身上。由于在很多发达国家边际税率对于低技能的人来说是相当高的，我们在分析中有必要将此种情形考虑进去。这与米尔利斯模型中的一个缺点有关，即它的静态分析特征。个人的生产率（更一般地讲是受雇就业能力）是随着时间的推移而改变的。更为重要的是，对低技能的人来说，有时被排挤出工作队伍之后，其生产率是随着时间的流逝而恶化的，这一点是非常确定的。由于米尔利斯模型忽视了这些动态因素，因此，它低估了高边际税率对低技能者的影响。

即使我们考虑到所得税会抑制一些人去工作,但模型也没有考虑到失业的其他根源。例如在欧洲大陆,最低工资制可能和税收交互作用而产生失业,就像我们较早前所见到的那样。这类扭曲(还有其他的)应该放到模型中一并考虑,使其更好地符合实际情况。

纳税人的流动性也从模型中消失了。高税收会导致一些生产率较高的工作人员离开自己的国家。如果国家想阻止这种人力资源的外流,它应该将一种参与约束条件纳入税收政策分析框架中。也就是说,效用 $U(w)$ 不能下降到一些外生性门槛效用值 $\overline{U}(w)$ 之下。而 $\overline{U}(w)$ 是与工作人员可能离开本国迁徙到外国的税后收入相关的门槛效用。对低技能者征收高边际税率,则以相似的方式(只不过是在收入分布的另一端)诱使他们转而从事地下工作。考虑第一个(第二个)因素,应该促进平均税率(边际税率)下降至收入分布的底端(顶端)。

前面我们主要讨论了偏好是准线性的情形,从而排除了劳动供给的收入效应,显然这种效应是存在的。用一般效用函数来研究最优税率表的形式是可能的,但结果很难解释(Saez, 2001)。我们将在4.4节的模拟分析中引入收入效应这个因素。

现在,我们对基本模型中的三个十分重要的扩展部分进行详细的讨论。第一个扩展将强调的重点从集约边际(工作多少小时)转移到广泛边际(就业率的二元决策)。于是我们修改了模型,以将那些由税率表驱动的相对工资率的变化因素纳入分析框架。最后,我们指出了直接税是如何对工作人员进行保险,以规避他们在盈利能力方面的相关风险的。

□ 4.3.1 异质偏好和广泛边际

关于劳动供给的最新实证研究表明,对于多种劳动力而言,工资、救济金和税收的变化,对是否要工作或离开劳动力市场的决策所产生的影响大于对工作时间的影响。一个人是否要去工作,取决于其劳动的负效用和挣钱能力,并且劳动的负效用显然因人而异。

正如本节一开始所解释的,米尔利斯模型既描述了集约边际(工作努力,或工作时间),也描述了广泛边际(是否全身心投入工作)。但是既然假定所有的个体具有相同的效用函数,仅当其挣钱能力足够大时,他才会去参加工作:

$$w(1-T'(0)) \geqslant v'(0)$$

作为广泛边际的一个理论表达,它显然是不符合实际的:我们通过生产率的分布来观察不工作的人,因此我们修正模型以使得个体仅就是否要全职工作做决策。每个人现在都有一个两难的类型组合 $a=(w,v)$,此处的 w 是他在全职工作时的盈利能力,v

则是他在全职工作时的劳动负效用。我们继续运用可分离偏好原理：一个人工作时，他消费 C，便得到 $(C-v)$ 的效用，而当他不去工作时，消费 C，得到的效用为 C。

设 $G(w, v)$ 为劳动人口的盈利能力和劳动负效用的联合分布函数。按肖恩-拉罗克（2005）的分析结论，并设政府具有罗尔斯式的偏好：政府致力于总收入的再分配，以促进最弱势群体的效用最大化。若政府能够观察到每个人的二维类型 a，他将给所有这类人群提供 $w \geqslant v$ 的工作，而让其他人群待在家里，并且通过分配消费水平简单的政策工具，使所有人的效用相同。

对工作的人群，$C(a)=r+v$；对不工作的人群，$C(a)=r$，这里的 "r" 是 "最低收入"，我们暂且不考虑其确定的数值。

现在假定政府仅知道一个给定的个体 a 的 G 的分布状况，而对其负效用 v 和挣钱本领 w 则全然不知。如果这样的个体决定去参加全职工作，政府也能观察到他的挣钱能力，那么他的税前收入为 w。然而政府无法观察到不参加工作的人的挣钱能力，也无法观察到任何个体的负效用。因此，唯一可能采取的税制应使得税前收入为 w 的工作人群消费水平为 $C(a)=w-T(w)$，而所有不工作的人群的消费水平为 $C(a)=r$。这里的 r 还是一个固定的数字。给定这样一个税制，仅当 $w-T(w)-v \geqslant r$ 时，那些 $a=(w, v)$ 的人才会选择去工作。

选择去工作的生产率为 w 的人的数量，与 $G_w(w-T(w)-r)$ 成比例。这里，$G_w(d)$ 表示概率，可从 G 分布状况求导而得。当盈利能力为 w 时，v 小于 d。

因为政府是罗尔斯式的，所以它只关心最低收入为 r 的最弱势群体的效用。设 r 为已知数，如果政府对税前收入为 w 的人群征收税收 t，则所征税收的收益为 $tG_w(w-t-r)$。

对于盈利能力为 w 的工作人群，他将向盈利能力也为 w 的不工作人群支付 $r(1-G_w(w-t-r))$，对盈利能力为 w 的人群征税，得到的税收收入将是

$$(t+r)G_w(w-t-r)-1$$

若不能从上述公式中求得关于 t 的最大值，那么政府应该远离它，以征得更多的税收，从而用其来改善弱势群体的生活状况。

因此，对税前收入为 w 的工作人群所征得的最优税收数量，恰好就是能够使 $s_w(t)=(t+r)G_w(w-t-r)$ 取最大值时的 t 值。

为简化分析，假设 w 和 v 都呈相互独立的分布，设 H 代表人口 v 的累积分布函数，于是 $G_w \equiv H$。首先注意：对 t 求解 S_w 的最大值，与对 d 求解 $(w-d)H(d)$ 所得到的最大值相等。d 变量是 $d=w-t-r$ 的微小变化。但是任何一项 $(w-d)H(d)$ 都是关于 w 的仿射函数，家庭最大值的仿射函数是一个凸函数。

因此，关于 $\max_d (w-d)H(d)$ 的函数也是一个关于 w 的凸函数，它的导数一定是

非递减的。根据包络定理，如果在 $d(w)$ 得到最大值，那么导数为 $H(d(w))$。并且，既然 H 是递增的，d 肯定是关于 w 的非递减函数。

回到最初的公式 $d(w)=w-T(w)-r$，且我们已经证明，$T(w)$ 不可能比 w 增长得快，尤其是，工作人群 $T'(w)$ 的边际税率不可能大于1。

现在，设 $h=\ln H$，政府将使 $\ln S_w(t)=h(w-t-r)-\ln(t+r)$ 最大化，一阶条件为

$$\frac{1}{T(w)+r}=h'(w-T(w)-r)$$

或者，通过对 w 求微分，可得到：

$$-\frac{T'(w)}{(T(w)+r)^2}=h''(w-T(w)-r)(1-T'(w))$$

我们已经揭示了 $T'(w) \leqslant 1$。由此可知，$T'(w)$ 与 h'' 的符号相同。许多经常使用的概率分布都是凹性对数，于是 h 也是凹函数。在这种情况下，我们可以说边际税率是非负的，且 $T'(w) \geqslant 0$。然而，如果 h 是凸函数，那么 $T'(w)$ 应该是负的，并且这种情况是可能存在的。举例来说，许多个体有一个逼近像 v_0 这样数值的劳动负效用。这表明，相比较于米尔利斯模型，从广泛边际原理模型中更可能得出完全不同的结论，此时边际税率不能为负值。

遗憾的是，对于二维模型，在所有的一般性中，推导出更多的关于税率表的特征是困难的。尤其是，科恩-拉罗克（2005）曾经指出，尽管 w 和 v 是相互独立分布的，但是像满足 $T'(w) \leqslant 1$ 那样的任何一种税收，都能被 G 分布合理化。唯有通过经验研究，才能给我们带来一些让税率表"固定"的信息。

□ 4.3.2 内生的工资率

在上述模型中，关于工资率 w 的内生性假设是另外一个约束条件。我们可以通过假设生产函数中所有生产率 w 之间的替代弹性趋于无穷大来对上述模型进行修正，即

$$Q=\int_0^\infty wL(w)dF(w)$$

由此，要实现成本最小化，每个人都必须得到数额等于其自身生产率 w 的劳动报酬。如果替代弹性是有限的，情况就会变得更加复杂：均衡工资水平将取决于采用什么样的生产率组合，这继而又取决于劳动供给情况以及税收曲线的形状。不幸的是，我们很难用一个简单的生产函数来描述涉及无穷多种要素情况下的要素替代率的极限。例如，我们可以考虑一种固定替代弹性生产函数的情况，假设替代弹性为固定常数 σ，

则有

$$Q^{(\sigma-1)/\sigma} = \int_0^\infty (wL(w))^{(\sigma-1)/\sigma} dF(w)$$

但是这样的公式暗含着这样一个假设,即低技能对高技能的替代性要高于对中等技能的替代性,这看起来似乎是不现实的。

为了检验这个问题,我们回到 4.2.1 节所讨论的两类型模型(two-type model)。类型 1(低生产率)的人数是 n_1,而类型 2(高生产率)的人数是 n_2。我们所做的唯一的变化就是现在引入了一个更一般化的生产函数:

$$Q = F(n_1 L_1, n_2 L_2)$$

该生产函数具有假设规模收益不变的特征,则我们可以把它重新写成如下形式:

$$Q = n_1 L_1 f(l)$$

其中

$$l = \frac{n_2 L_2}{n_1 L_1}$$

并且被定义为 $f(l) = F(1, l)$ 的函数是递增的凹函数。为简化表达,我们再次假定准线性偏好,并且一个加权功利主义的政府目标函数为:

$$n_2 U_2 + \mu n_2 U_2, 0 < \mu < 1$$

工资不再是工人的固定性特征:劳动力市场是竞争性的,他们必须保持边际生产率是相等的。借助一个与新古典主义的增长模型类似的模型,即给定一个 $\frac{Q}{L} = g\left(\frac{K}{L}\right)$ 的生产函数,并且设 $k = K/L$,资本报酬率 $r = g'(k)$,工资率 $w = g(k) - kg'(k)$,那么就比较容易实现上述目标了。这里用 $n_1 L_1$ 替代 L,而 K 被 $n_2 L_2$ 替代,那么可得到

$$\begin{cases} w_1 = f(l) - l f'(l) \\ w_2 = f'(l) \end{cases}$$

正如 4.2.1 节所述,政府应该代入 $D = Y_2 - Y_1 - (v(Y_2/w_2) - v(Y_1/w_2))$,使得

$$n_1\left(Y_1 - v\left(\frac{Y_1}{w_1}\right)\right) + \mu n_2\left(Y_2 - v\left(\frac{Y_2}{w_2}\right)\right) + \frac{n_1 n_2 (1-\mu)}{n_1 + n_2} D$$ 最大化。

在这个公式中,工资率 w_1 和 w_2 通过函数 l 成为 Y_1 和 Y_2 的隐函数。用 $w_1 L_1$ 代替 Y_1,且用 $w_2 L_2$ 代替 Y_2,就比较容易实现。

现在回到一般情形。当对目标函数中 L_1 和 L_2 求微分时,我们必须考虑到工资是如何依赖于劳动供给的,亦即:

$$\begin{cases} \dfrac{\partial w_1}{\partial L_1} = \dfrac{l^2}{L_1} f''(l) \\[4pt] \dfrac{\partial w_1}{\partial L_2} = -\dfrac{l^2}{L_2} f''(l) \\[4pt] \dfrac{\partial w_2}{\partial L_1} = -\dfrac{l}{L_1} f''(l) \\[4pt] \dfrac{\partial w_2}{\partial L_2} = \dfrac{l}{L_2} f''(l) \end{cases}$$

既然 $f''(l) \leqslant 0$，这些导数意味着当具有较高生产率的就业人数增加时，他们的工资率会降低，而较低生产率者的工资率会增加（当具有较低生产率的就业人数增加时，效果正好相反）。

现在让我们来关注目标函数对 L_2 的全微分。直接导数（direct derivative）可以写成 $A(w_2 - v'(L_2))$，其中 A 是一个正的系数（coefficient）。在考虑直接导数的同时，我们还必须加上间接导数（indirect derivative）（分别对 w_1 和 w_2），亦即：

$$n_1 \frac{\partial w_1}{\partial L_2} L_1 + \mu n_2 \frac{\partial w_2}{\partial L_2} L_2 + \frac{n_1 n_2}{n_1 + n_2}(1-\mu)$$
$$\times \left[\frac{\partial w_2}{\partial L_2} L_2 - \frac{\partial w_1}{\partial L_2} L_1 + L_1 v'\left(\frac{L_1 w_1}{w_2}\right) \frac{\partial(w_1/w_2)}{\partial L_2} \right]$$

该项可简化成：

$$\frac{n_1 + n_2 \mu}{n_1 + n_2} \left(\frac{\partial w_1}{\partial L_2} L_1 n_1 + \frac{\partial w_2}{\partial L_2} L_2 n_2 \right)$$
$$+ \frac{n_1 n_2}{n_1 + n_2}(1-\mu) L_1 v'\left(\frac{L_1 w_1}{w_2}\right) \frac{\partial(w_1/w_2)}{\partial L_2}$$

但是，其中

$$\frac{\partial w_1}{\partial L_2} L_1 n_1 + \frac{\partial w_2}{\partial L_2} L_2 n_2 = -l^2 f''(l) \frac{L_1 n_1}{L_2} + l f''(l) n_2$$

等于零。此外，f 的凹函数的特性意味着 $w_1(w_2)$ 是 l 的递增（递减）函数，因此也是 L_2 的递增（递减）函数。由此得：

$$\frac{\partial(w_1/w_2)}{\partial L_2} > 0$$

以及间接导数为正（因为 $\mu < 1$）。

因此，$(w_2 - v'(L_2))$ 必须在最优处取负值，而不是如 4.2.1 节那样，让 $v'(L_2) = w_2$，此时的 $v'(L_2) > w_2$。同样地，政府应保证生产率较高的工作人员所得到的税后工资率要高于雇主支付给他们的工资率，这就对生产率较高的工作人员给予了补助。

这个结论已由斯蒂格利茨证实。将影响工资决定的一般均衡效应纳入分析框架中，会引导政府去鼓励生产效率较高者更努力地工作。这样做将会对产量有较大的影响，也会减少税前工资的差别，并因此而放松对激励约束条件的束缚。由于一般均衡效应的存在，税收对个体的初次收入和可支配收入均会产生影响，而在米尔利斯模型中，只有后一种效应。

□ 4.3.3 作为保险工具的所得税

目前，我们已经假定纳税人在做出劳动供给的决策时，完全了解其生产率情况。如果我们将 L 定义为劳动供给，那么这一假设条件就是自然的；但是如果我们用 L 表示劳动努力程度，那么这一假设条件就站不住脚了，因为在这种情况下，经济人无法得知劳动力市场对努力程度的估计方法。针对这种情况，瓦里安（Varian，1980）和伊顿-罗森（Eaton-Rosen，1980）曾指出，税收可以充当一种保险工具。这一观点与第1章所描述的观点非常相似，即一国政府通过向纳税人的收入变动进行征税，来为他们提供一种保险，从而防范生产率风险。例如，假设所有纳税人都是同质的，其生产率均为 w；当每个纳税人都知道其生产率水平 w 时，最优税收水平就是一种简单的统一的定额税。但是，如果生产率 w 的分布是随机的，并且这一生产率对于不同代理人是相互独立的，那么最优税收水平拥有正的边际税率，从而使得政府能够共同承担由生产率 w 所代表的风险。

很明显，最有意思的情况是，所有代理人之间事先存在异质性，并且他们的生产率都是随机分布的。米尔利斯（1990）曾对这种模型进行过研究。他假设事先生产率为 w 的代理人的事后生产率为 wm，其中 m 表示一个随机变量，其服从单位期望值的恒等分布，并且在不同代理人之间是相互独立的。米尔利斯分析了最优的线性（仿射）税收模型，即

$$T(Y) = -G + tY$$

在这一税收水平上，纳税人 w 会选择提供数量为 $L(G,(1-t)w)$ 的劳动，从而最大化

$$E_m U(G + (1-t)wmL, L)$$

其中，E_m 表示变量 m 的期望值。

令 $v(G,(1-t)w)$ 表示上述模型的取值。如果该国政府具有功利主义倾向，那么其最大值就表示为 G 和 t 的函数，即

$$E_w v(G + (1-t)w)$$

其中，E_w 表示变量 w 的期望值。在下列约束条件下，

$$-G+tE_w(wL(G,(1-t)w))=R$$

米尔利斯进一步证明得出，对于 R 求一阶导数，可以得出最优边际税率，其值为

$$t=AVw+BVm$$

其中 A 和 B 是两个取值为正的系数，其值取决于偏好水平 U，Vz 表示随机变量 z 的方差。关于这一表达式需要说明几点。第一，最优边际税率的提高是不均等的，因为其是通过不同生产率的分布的方差来测算的。第二，我们再次发现，边际税率取值为正，尽管所有代理人都是事前同质的（$Vw=0$）。如果我们附加考虑存在不确定性的情况，边际税率往往会增加。尽管如此，如果劳动供给的弹性 ε_L 取值为正，那么我们能够证明 $A>B$。由此，在给定一个事后不均等水平（$Vm+Vw$）的情况下，随着事前不均等水平 Vw 的提高，最优边际税率也会不断提高。

这仍然是一个关于生产率风险的静态模型。实践中，纳税人面临对其长期积累的人力资源无法得到保险的风险：技术进步或经济中的其他变化，不断地改变不同技能劳动力的报酬水平。在过去的十多年里，大量的文献资料被积累，以在研究最优税收和社会保险过程中整合上述观点。我们将在稍后的章节验证这个"新动态公共金融"。

4.4 模拟

本章的核心问题显然是最优所得税税率表的形式。从亚当·斯密开始，古典经济学家们便认为税收应该只有一个税率，但是对那些所挣工资仅够维持最低生活水平（subsistance wage）的人来说，政府应该免税。这种免税做法导致了累进税的产生。[26] 而且递增的边际税率表概念也紧接着出现了。[27] 今天，所有发达国家都使用这种税率表，即使一些经济学家反对对个人免税而赞成只有一个税率的单一税制。

米尔利斯的目的之一就是计算最优税率表的累进度。为此，他用一种合理的方法来校准社会偏好、劳动供给弹性以及生产率的分布。由此他计算出了最优税率表。让他吃惊的是，他发现其结果和仿射函数（affine function）有着惊人的相似之处，这个函数的表达式如下：

$$T(Y)=-G+tY$$

该表达式中的边际税率独立于收入。[28] 很多学者做了自己的模拟并证明了米尔利斯的结果并不十分可靠。但是他们自己模拟的结果飘忽不定，以至如果不借助对模型参数的

经验估计，就很难得出一般的结论。

为阐明这一点，假定普通的效用函数是准线性的，但方式不同：$\mu(C)-L$。

在这个与我们一样的模型中，最优税率表从没有补贴劳动供给（$T'\geqslant 0$），不过，它也不一定在顶端（此处 $T'=0$）给其带来扭曲效应。我们能进一步深入讨论并证明，宣称 T' 不可能均匀地下降吗？或者宣称 T' 不可能上升，或先下降、后上升吗？或者，假如各类型劳动者享受均衡的社会福利，抑或我们选择了一个"合理的"函数 μ，我们能够将边际税率中形式古怪的变量排除出去吗？迈尔斯（Myles，2000）所做的模拟表明，这个答案是否定的：选择带有任何类型变量的边际税率 T'，便存在一个类型分布，此时最优税率表能体现这个模式。

尽管这是一个令人沮丧的结论，但是我们仍然对收入的分布情况甚为了解。给定一些辅助假设，我们就能够逐步建立起推断该类型分布的相关知识，不过这会对最优税率表产生约束。

最近戴蒙德（1998）将决定边际税率的因素分解成三个（如同在 4.2.4 节得到的一样），来论证税收必须在某个生产率水平之上是累进的。在缺乏劳动供给弹性随生产率变化的准确信息的情形下，戴蒙德假定它是一个常数，该常数与函数 v 的关系如下：

$$v(L)=AL^{1+(1/\varepsilon_L)}$$

在此情形下，计算边际税率公式中的第一项是一个常数。现在我们假定在某生产率 w_0 之上，生产率的分布可以用帕累托分布（Pareto distribution）[29]来高度逼近，其概率分布函数是：

$$f(w)=\frac{B}{w^{1+a}}$$

于是，在 w 大于 w_0 时，很容易检查出第二项：

$$\frac{1-F(w)}{wf(w)}\equiv\frac{1}{a}$$

因此在该区域，边际税率的形状完全由第三项决定，而我们知道第三项是递增的。因此对非常高的收入来说，边际税率必须是递增的。[30]

显然争论并没有到此为止。在米尔利斯论文发表后的 20 年里，对最优税率表的模拟常常依赖于对分布函数 F 的模糊修正。今天，显然人们似乎更钟情于使用个体数据来估计分布。其实这是很复杂的一件事。首先，我们仅仅有工资的数据，而工资依赖于生产率和由当前税制引致的劳动供给。为了从工资推导出生产率，我们不得不"倒置"现存的税收制度。其次，这种倒置对于那些失业者及懒惰的人来说是有问题的，根据定义，这些人不挣工资并且位于分布的底部，为数众多。最后，应税单位常常是居民家庭而非个人。我们知道，估计个人劳动供给弹性已相当困难，然而当我们面对的是一个家庭时，无论在实践上还是在概念上，这项工作都更加让人望而生畏。

我们对上面的争议持保留态度，尽管有这些保留，但是它也相当清楚。在生产率水平达到一定的高度之前，第二项

$$\frac{1-F(W)}{wf(w)}$$

看起来一直是递减的〔参见塞斯（Saez）2001 年基于美国数据所进行的研究工作〕。这表明如果偏好是罗尔斯式的，而且劳动供给弹性是常数，当收入由低水平向中等水平变化时，边际税率应是递减的。当然，这种趋势会受到政府再分配目标的抑制。只有对于高生产率而言，其分布函数 F 似乎可用帕累托分布来逼近，故此时戴蒙德论点才能成立。塞斯（2001）基于美国的数据模拟了一条边际税率曲线，该曲线在 75 000 美元/年（这个收入是相当高的）附近开始向上倾斜。因此边际税率对大多数纳税人来说应是递减的。

从最近的模拟中得到的另一个启示是，最优边际税率在人口分布的底部是相当高的：简单地说，这样的人为数不多，而且因为他们的生产率很低，即使他们减少工作也不会造成大的损失。我们尝试总结出以下结论：

(1) 在分布底部，最优税率非常高，不过仍然比现存一些税制中的税率要低。在那里，最低收入保障制度使边际税率高达 100%。

(2) 在现存税收制度中，边际税率往往比我们讨论的模型上升早得多。

渐近边际税率（asymptotic marginal tax rate）（即用于对最高收入征税的边际税率）是一个更易引起争论的问题。让我们回到戴蒙德曾经研究过的情形，即偏好是准线性的，而且分布函数 F 是一个参数为 a 的帕累托分布。令 g 表示最富有人群的社会权数（social weight），由下式定义：

$$g=\frac{\Psi'(\infty)}{E\Psi'}$$

显而易见，$g=D(\infty)/D(0)$。可立即计算得出：

$$T'(\infty)=\frac{(1+\varepsilon_L)(1-g)}{a\varepsilon_L+(1+\varepsilon_L)(1-g)}$$

对于给定的数据，$a=2$ 似乎应是帕累托参数的一个合理值。[31]于是，表 4—1 列出了一些对应于劳动供给弹性的"合理"数值的渐近边际税率。为了固定 g，表 4—1 给出的最优税率分别在 $g=0$ 和 $g=0.5$ 两种情况下取得。

需要注意的是，g 等于政府施加在最富有纳税人身上的权重与这些纳税人（个体）

所获得的收入的边际效用的乘积。因此，要实现罗尔斯目标函数，g 必然等于零，或者收入的边际效用无限趋近于零。

表 4—1　　　　　　　　　　　渐近边际税率

ε_L	$g=0$ 情形下的 $T'(\infty)$	$g=0.5$ 情形下的 $T'(\infty)$
0	1	1
0.1	0.85	0.73
0.25	0.71	0.55
0.5	0.60	0.43
0.75	0.54	0.37
1	0.50	0.33

从表 4—1 中可得出一个明显的结论：最优渐近边际税率随劳动供给弹性 ε_L 的变化而发生很大的变化，随 g 的变化而发生的变化稍微小一点。我们如何得到 ε_L 的值？

首先需要记住的是，L 实际上表示 Y/w，因此对于所有能够将收入能力转化为税前行为的那些行为，尤其是富有人群，可以将 Y/w 等同于劳动供给，这种操作是一种非常重要的简化分析的方法。这样说来，我们首先开始讨论劳动供给。

就如同我们在第 1 章所看到的，那里有大量关于劳动供给估计的文献。这些文献通常不忽略对收入效应的估计，但是本章忽略了。然而塞斯（2001）证明了如果用 ε_L 表示非补偿劳动供给弹性（uncompensated elasticity），用 η 表示收入效应（通常是负数），那么最优渐近边际税率是：

$$T'(\infty)=\frac{(1+\varepsilon_L)(1-g)}{a(\varepsilon_L-\eta)+(1+\varepsilon_L)(1-g+\eta)}$$

原则上，我们仅需在上面的公式中插入 ε_L 和 η 的一致估计（consensus estimates）即可。然而遗憾的是，即使对于高收入人群而言，目前也没有这样的一致估计。这意味着很难回答某些政治上引起强烈争论的问题。例如，考察拉弗曲线（Laffer curve）的最高点，该点就是使政府从高收入者那里征得最大税额的渐近边际税率 t^*。当 $g=0$ 时（当偏好是罗尔斯式的时候），就可得到 t^*。经过校正以及在没有收入效应的情形下，我们得到：

$$t^*=\frac{1+\varepsilon_L}{1+3\varepsilon_L}$$

表 4—1 中第二列的数值便是 t^* 的值。高税收国家的渐近边际税率约为 60%。于是，这个公式意味着当且仅当 ε_L 大于 0.5 时（也许正确，也许不正确）[32]，这些国家的最优渐近边际税率超出拉弗曲线的顶点。

像美国这样的低税收国家的渐近边际税率约为 45%，这会位于拉弗曲线的顶点，得到数值较大的 $\varepsilon_L=1.57$。

渐近税率是一个政治敏感问题，不过也因为一些简单的原因而备受关注，即在大多数国家，非常高额收入的纳税人承担了很大比重的个人所得税。例如，在美国，最顶端 1% 的纳税人承担了比重为 40% 的个人所得税。此外，对于高收入纳税人来说，对于劳动供给这一变量所通常采用的衡量方法也可能会产生误导。首要的原因是，在核算税前收入水平的过程中，诸如工作努力之类的不可观测的投入要素也起到了很大的作用。其次，高收入人群通常能够将其部分收入从高税率项目转移到低税率项目，这将会弱化劳动供给与应税收入之间的关联。

收入转移可以通过多种方式来实现。通常可能采用的方法是将一年的收入转移到下一年，从而降低税收变动所带来的影响。在许多国家，小规模或者中等规模的企业被允许将其收入和损失摊派给其股东们，继而由股东们将这部分收入或损失纳入个人所得税收入；当税率发生变化时，这一税收转移方式会在不同程度上变得更有吸引力。资本收益实现的早晚也取决于税收环境。

费尔德斯坦（Feldstein, 1995）认为政府的问题在于应税收入的弹性（elasticity of taxable income）：纳税人的税前收入是如何随税收变化而变化的？他通过分析税收申报表中的数据，比较了美国实施《税制改革法案》（TRA86）之后的两组人群应税收入的变化情况，以衡量上述问题。第一组包括了在 1985 年处于最高税级（tax bracket）中的居民家庭；第二组包含了具有次高税级的居民家庭。TRA86 减少了边际税率 T' [或者等价地，增加了"剩余率"（retention rate）$1-T'$]，但是第一组比第二组减少得多得多。将两组应税收入增量之差除以剩余率增量之差，费尔德斯坦得出应税收入的隐弹性（implicit elasticity）大约为 1，这是相当高的。

目前，基于这一研究形成了大量论文研究，它们都集中探讨了不同的方法论问题。[33]在此，需要区分短期弹性与长期弹性的问题。在收入转移容易发生的范围内，沿着短期弹性收入转移所产生的净影响可能会非常大。然而，许多经济战略不能够瞬间得到调整，因此长期弹性可能会比短期弹性高很多。在更为一般的情况下，收入转移的机会取决于收入本身的性质以及转移所经历的过程。科普齐克（Kopczuk, 2005）指出，在个人层面，当税收扣除更有可能实施时，应税收入相对于税率变动要敏感得多。

应税收入的弹性也不是一个充分的概念。尤其是，避税（合法性的）有时候与逃税（非法性的）非常相近，而逃税会受到罚金以及刑事处罚。逃税者一旦被抓捕，所缴纳的罚金就被收归国库，并且如果逃税随着税率变化而发生变化，当选择最优税率时，这一效应应该被予以考虑。

这一关于"新税收的影响能力"（new tax responsiveness）的文献指出，应税收入的弹性要大于劳动供给弹性，也大于时间的弹性，甚至对于高收入纳税人来说，应税收入的弹性会更高。其估计值介于 0.5 至 1 之间是合理的（Gruber & Saez，2002）。读者可以回顾表 4—1，来看一下在以 $g=0$ 为基准的情况下，最优渐近税率可能会落在 50％ 至 60％ 之间。

注释

[1] 我们称税率随课税对象数额的增加而提高的税为累进税。

[2] 本章使用这个术语是为了简化问题。

[3] 第 5 章将再次讨论多种消费品的情形。

[4] 边际主义者们在 1900 年左右经常使用"伯努利定理"（Bernoulli's law），即收入的效用由函数 $U(x)=\log(x)$ 给定，由此收入的按比例增加将导致效用的同等增加。故此我们可以说牺牲相等原则导致比例税，而比例牺牲相等原则则支持累进税。

[5] 约翰·罗尔斯的著作《正义论》（Theory of Justice，1971）是该领域中最重要的著作。

[6] 参见萨拉尼耶（2000，ch.1）关于公平理论的简短讨论，这些理论构成了这些陈述的基础。

[7] 本章忽略效用对于公共物品生产的依赖，这种依赖被认为是固定的。

[8] 稍后我们在分析米尔利斯模型时会看到该模型验证了该观点。

[9] 这隐含地假定生产函数显示技术间具备完全替代弹性特性。否则，每项技术的生产率会依赖于它和其他技术结合的形式。我们稍后再对此进行讨论。

[10] 不清楚以工作时间为条件的税收能否很好地运行，雇主会由于雇员的压力而报告增加的工作时间。

[11] 维克里（1945，sec.3）已经描述了构成这个模型的一些要素。

[12] 参见 Salanié（2005，ch.2）。

[13] 这也被称作斯彭斯-米尔利斯条件，是为了纪念米尔利斯 1971 年的论文在契约论中所起的奠基作用。

[14] 这些条件在这里是必要且充分的，因为 v 是凸的，且满足稻田条件。

[15] 没有人愿意在 $T'>1$ 点上选择他的劳动供给。不然的话，他可能通过减少劳动供给来增加劳动效用。如果 $T'=1$（如同在最低保障收入的情形），那么唯一的理性选择就是 $L=0$。

[16] 任何不能解决这个计划的税率表都可以被社会广泛偏爱的税率表所取代。

[17] 因为我们排除了收入效应，这些人不会改变他们的劳动供给。

[18] 注意 $f(w)/(1-F(w))$ 就是统计学家们所说的分布 F 的风险函数（hazard function）。

[19] 这些区间对应于边际税率 $T'(Y)$ 的不连续点，如同在实际所得税税率表中两个税级之间的转换一样；一群纳税人选择同一个点 (Y,C)。这种现象称为聚束（bunching）。

[20] 注意，如果 $L(w)=0$，这个公式一般也成立（trivially holds）。

[21] 在附录 B 中将对该原理做简要介绍。

[22] 用经济学推理也可以得到这个等式：对每个纳税人统一减税 1 美元则社会目标函数值增加（L）式的右端部分，而根据定义其成本则等于 λ。

[23] 显而易见，在罗尔斯偏好以及劳动供给弹性非递减情形下，当且仅当 $(1-F(w))/wf(w)$ 对 w 是非递增的时，二阶条件才成立。给定了可观察的收入分布，这在经验上似乎是有道理的。

[24] 如果一些具有低生产率的人发现他们不去工作是最好的，那么这个结论就不成立。也要注意在罗尔斯情形下，对于所有 $w>\underline{w}$，函数 $D(w)$ 为零；在 $\underline{w}$ 处不连续，这就解释了为何边际税率在 $\underline{w}$ 处不为零。

[25] 当然，为消除这种可能性，我们应该假定 $v'(0)=0$。当劳动供给弹性是大于 0 的常数时，即 $c>0$，通过构造（by construction）可以证明这个结论是正确的，因为这时 $v'(L)=BL^{1/c}$。

[26] 记住：当平均税率（未必是边际税率）随着收入增加而递增时，我们称之为累进税。

[27] 这是马克思和恩格斯在 1848 年完成的《共产党宣言》的纲领中的第二点，第一点是剥夺土地所有权。

[28] 如果 $G>0$，它仍然是累进的。

[29] 帕累托分布事实上在实证研究中常被用来确定收入分布的参数。

[30] 但是应注意，在罗尔斯偏好的情形下，第三项是常数；只有政府从高收入者那里再分配到中产阶级时，边际税率对于高收入者才是递增的。

[31] 在本小节中我们令 a 表示生产率的帕累托分布参数，而不是塞斯（2001）的收入分布参数。

[32] 对于这些国家来说，这将是一个利好消息，因为税率不断接近于拉弗曲线的顶端，则预示着存在帕累托改进的余地，这是税收政策中极为罕见的例子。

[33] 斯拉姆罗德（Slemrod, 1998）曾对此类问题进行过更深入的研究。

参考文献

Choné, P., and G. Laroque. 2005. Optimal incentives for labor force participation. *Journal of Public Economics* 89：395-425.

Diamond, P. 1998. Optimal income taxation: An example with a U-shaped pattern of optimal marginal tax rates. *American Economic Review* 88：83-95.

Eaton, J., and H. Rosen. 1980 Optimal redistributive taxation and uncertainty. *Quarterly Journal of Economics* 95：357-364.

Ebert, U. 1992. A reexamination of the optimal nonlinear income tax. *Journal of Public Economics* 49：47-73.

Edgeworth, F. 1897. The pure theory of taxation, Ⅲ. *Economic Journal* 7：550-571.

Feldstein, M. 1995. The effect of marginal tax rates on taxable income: A panel study of the 1986

Tax Reform Act. *Journal of Political Economy* 103: 551-572.

Kopczuk, W. 2005. Tax bases, tax rates and the elasticity of reported income. *Journal of Public Economics* 89: 2093-2119.

Mirrlees, J. 1971. An exploration in the theory of optimal income taxation. *Review of Economic Studies* 38: 175-208.

Mirrlees, J. 1990. Taxing uncertain incomes. *Oxford Economic Papers* 42: 34-45.

Myles, G. 2000. On the optimal marginal rate of income tax. *Economic Letters* 66: 113-119.

Piketty, T. 1997. La redistribution fiscale face au chômage. *Revue Française d'Économie* 12: 157-201.

Saez, E. 2001. Using elasticities to derive optimal tax rates. *Review of Economic Studies* 68: 205-229.

Salanié, B. 2005. *The Economics of Contracts*. Cambridge: MIT Press.

Slemrod, J. 1998. Methodological issues in measuring and interpreting taxable income elasticities. *National Tax Journal* 51: 773-788.

Stiglitz, J. 1982. Self-selection and Pareto efficient taxation. *Journal of Public Economics* 17: 213-240.

Varian, H. 1980. Redistributive taxation as social insurance. *Journal of Public Economics* 14: 49-68.

Vickrey, W. 1945. Measuring marginal utility by reactions to risk. *Econometrica* 13: 319-333.

第 5 章

混合税收

在第 3 章中，工薪税是按比例征收的，我们还讨论了最优间接税所具有的特征。在那一章里，我们考虑了一个最简单的情形（假设可以找到一个人能代表所有消费者，同时假设需求的交叉弹性为 0），各种产品的税率与它们的补偿性需求（函数）弹性成反比。而在本章中我们将看到，在最优直接税收（一般是非线性的）情形下，由最优间接税条件得出的结论将不复存在，在本章或其他一些情形下，间接税实际上变得多余。

这个结论就是广为人知的阿特金森-斯蒂格利茨不相关定理，这个定理赋予直接税和间接税两个不同的功能，这与传统分析的意愿相违背：间接税承担重新分配的功能，而直接税体现效率原则。更详细的分析表明，直接税可具有上述两种功能，至少大体上如此。尽管我们在上一章已看到，最优所得税的性质在很大程度上取决于行为弹性和社会福利函数，但是，不相关定理对所有的社会福利函数和所有的弱可分离性效用函数都成立。它可当之无愧地被视为最优税收理论文献中最有解释力的理论成果。这里将依次列出对其的初步评论。

在第 3 章，所有个体拥有相同的工资率 w（被标准化为 1）；在第 4 章，异质性的 w 发挥了中心作用。在假设劳务报酬个人所得税是线性的，并将 w 转换成固定的 w^i（政府可能知悉，也可能不知悉）的前提下，读者可回到第 3 章的有关争论中，并检验出它并没有修正拉姆齐公式，这将是有所裨益的。理由就在于：一旦我们运用线性工薪税和商品单一税的等同原则，通过 $L^i=w^iL^i$ 和 $U_i(X^i, L^i)=U_i(X^i, w^iL^i)$，工资率 ω^i 就可被纳入效用函数和劳动供给的定义中。

5.1 负所得税

我们首先介绍经济生活中的负所得税。现在消费者 i 需缴纳的工资税不是 $\tau w_i L^i$，而是 $\tau w_i L^i - G$，其中，G 是统一转移支付额，其值需在最优状态下取得（at the optimum）。这里将 τ 继续常数化为 0，相对应地把间接税率表示为参数 t'_j。于是政府的预算约束条件变为：

$$\sum_{i=1}^{I}\sum_{j=1}^{n} t'_j X_j^i(q,G) = T + IG$$

当统一转移支付额增加 dG 时，该等式左端将增加：

$$\sum_{i=1}^{I}\sum_{j=1}^{n} t'_j \frac{\partial X_j^i}{\partial R_i} dG$$

右端将增加 IdG。通过政府预算约束乘数 λ 来赋予上述两个增量差额一个权重，就可以得到社会目标函数的净成本，其值为：

$$\lambda \left(I - \sum_{i=1}^{I}\sum_{j=1}^{n} t'_j \frac{\partial X_j^i}{\partial R_i}\right) dG$$

然而，变化量 dG 增加了社会效用，因此社会目标函数的增加量为

$$\sum_{i=1}^{I} \frac{\partial W}{\partial V_i} \frac{\partial V_i}{\partial R_i} dG = \sum_{i=1}^{I} \beta_i dG$$

在最优状态下，这两项（社会目标函数的增量与社会目标函数的净成本）必然相等，故

$$\sum_{i=1}^{I} \beta_i = \lambda \left(I - \sum_{i=1}^{I}\sum_{j=1}^{n} t'_j \frac{\partial X_j^i}{\partial R_i}\right)$$

经过整理，我们可将其重新写成

$$\sum_{i=1}^{I} \left(\frac{\beta_i}{\lambda} + \sum_{j=1}^{n} t'_j \frac{\partial X_j^i}{\partial R_i}\right) = I$$

我们可以看到，公式左端就是所谓的净社会边际收入效用 b_i（net social marginal utility）。故此等式只是说明 b_i 的均值为 1，即：

$$\bar{b} = 1$$

在此等式的基础上，拉姆齐公式变为

$$-\frac{\sum_{j=1}^{n} t'_j \sum_{i=1}^{I} S^i_{kj}}{X_k} = -\theta_k$$

回忆一下，θ_k 是产品 k 的分配因子（distributive factor），亦即是 b_i 和产品 k 消费量之间的协方差（covariance）。故此，对于奢侈品而言，最优"抑制指数"（discouragement index）应该为正数，而对于必需品来说，它应该为负数。间接税应该鼓励最贫穷人的消费，而抑制最富有人的消费。尽管看似简单，但这还不是对拉姆齐公式十分标准的解释。

假如所有消费者可以加总成为一个具有代表性的消费者，那么对每一个产品 k 来说，θ_k 都是零，并且所有的抑制指数也都是零，同时也隐含着所有的税率 t'_j 必须等于零。但是既然我们已经将 τ 固定为零，政府又是如何取得财政收入的呢？答案很简单：它应该将 G 的值固定在 $-T/I$，并且仅通过征收相当于 $-G$ 的统一税来筹措资金。这种结果是相当明显的：我们知道总额税（lump-sum taxation）将导致最优状态，而总额税在所有消费者都平等的社会里是切实可行的。不过，一旦负所得税真的变得切实可行，那么逆弹性法则（inverse elasticity rule）的使用价值就会受到严重的质疑。但是我们并不清楚为何不可能有负所得税，所以，这是第一个对拉姆齐模型具有相当破坏力的打击。[1]

5.2 间接税有用吗？

我们已经看到，当所有消费者无差异时，引入负所得税将使间接税变得多余。但是，当消费者有差别时，间接税还是有用的。但我们很快就会看到，这一点也得不到保证。让我们回到米尔利斯模型来介绍间接税。为了最大限度地保持研究问题的一般性，我们给出效用函数的一般形式 $U(X, L, w)$。因此，个人偏好可能表现出很大的差别（通过 w 表现），并能显示各类收入效应，以及每一产品消费量 X_k 和劳动之间的交叉弹性。

如同在第 3 章所做的那样，我们将生产价格常数化为 1，这暗含假设生产收益不变。用 $T(\cdot)$ 表示直接税，用 t_j 表示间接税，则消费者 w 的预算约束条件是：

$$\sum_{j=1}^{n}(1+t_j)X_j(w) = wL(w) - T(wL(w))$$

而且向该消费者征收的税收总额是：

$$\sum_{j=1}^{n} t_j X_j(w) + T(wL(w)) = wL(w) - \sum_{j=1}^{n} X_j(w)$$

于是政府的预算约束条件可以写成：

$$\int_0^{\infty} \left(wL(w) - \sum_{j=1}^{n} X_j(w)\right) dF(w) = R$$

我们可以解决这个问题，如同阿特金森-斯蒂格利茨所做的一样，并且可以证明，对任意两种商品 j 和 k，$(t_j - t_k)$ 的符号就是

$$\frac{\partial \log(U'_j/U'_k)}{\partial w} - \frac{L}{w} \frac{\partial \log(U'_j/U'_k)}{\partial L} \tag{1}$$

的符号。若最优商品税税率是有区别的，那么商品之间的边际替代率必定是随消费者（通过 w 表现）而异，或者必定是一种劳动供给函数（通过对 L 的导数）。通常，边际替代率 U'_j/U'_k 可以被解释为商品 j 和商品 k 的边际相对价值。因此，我们可以从公式（1）中推导出如下结论：在 L 下降而 w 上升的情况下，若商品 j 比商品 k 更有吸引力，那么对商品 j 的征税税率必须高于商品 k。

用更正式的经济学术语来说就是，政府应该对那些与闲暇互补性高的产品或在生产率较高者消费偏好中占有更大权重的产品课以重税。这两点已经在第 3 章里提到过，不过这里的直觉有点不同。政府愿意对有不同生产率的人直接课以不同的税。由于生产率难以观察，所以政府便对那些能显示出消费者具有较高生产率水平的产品课以重税。显然，购买那些较高生产率者所偏爱的物品便属于这种情形。此外，政府对那些与闲暇互补性更强的物品课以重税会使工作更具吸引力，并因此放宽了对较高生产率者的激励约束条件。

现在假定所有消费者的效用函数都可以写成如下形式：

$$U(X, L, w) = \widetilde{U}(h(X), L, w) \tag{2}$$

这里 $h(X)$ 是一个纯量函数（scalar function），即一个"聚合体"（aggregator）[2]，因此该效用函数具有弱可分离性（weakly separable）。

于是产品间的边际替代率是：

$$\frac{U'_j}{U'_k} = \frac{(\partial \widetilde{U}/\partial h) h'_j}{(\partial \widetilde{U}/\partial h) h'_k} = \frac{h'_j}{h'_k}$$

因此其独立于 L 和 w。我们可以即刻从公式（1）推导出，对不同的产品必须有一个统一的税率（与 VAT 不同，VAT 是 "Value Added Tax" 的缩写，即增值税）。这个税率甚至可以为零，因为我们知道在该模型中产品的统一税等于工资的比例税，可以为最优直接税税率表 $T(\cdot)$ 所吸收。可是，在该模型里我们没有理由选择零商品税率而不

选择其他统一商品税。

因此，无论社会目标（函数 Ψ）是什么，如果直接税已经是最优的并且效用函数采取公式（2）的形式，那么间接税就是多余的。是阿特金森-斯蒂格利茨（1976）给出了这个令人吃惊的结论。这个结论对于传统的直接税和间接税分析方法而言，是一个沉重的打击。

更显著的是，拉罗克（2005）和卡普洛（Kaplow，2006）最近所做的研究工作都表明，给定一个如公式（2）中一样的弱可分性，那么任何一种税率因商品而异的税制都是帕累托主导型的，且都可以被一种对所有商品征收统一税的税制代替。因此，尽管当前的税制包括一个广泛的无效率的所得税，仍需要实施一种取消间接税的税制改革，以让所有人至少还算快乐，并且挣到更多的钱。

我们遵循拉罗克的证明。给定公式（2）中的假设，设想每个人在当前的税制下可从他消费的商品中得到效用，当他的税后收入为 C 时，可得到：

$$v(C)=\max_X\left\{h(X)\text{ s.t. }\sum_{j=1}^n(1+t_j)X_i=C\right\}$$

现在，让所有的 t'_j 为零，于是税后价格都等于 1。为了从商品中得到同样的效用 $v(C)$，每个个体需要得到一个与下式相同的税后收入：

$$\widetilde{C}=\min_X\left\{\sum_{j=1}^n X_j\text{ s.t. }h(X)\geqslant v(C)\right\}$$

这就界定了一个函数 $\widetilde{C}=K(C)$。设 $(Lw,(X_i(w)))$ 表示当前税制 $(T,(t_j))$ 下的劳动供给和消费向量。现在，考虑用一个根本不对商品征税的税制 $(\widetilde{T},(0))$ 来代替它，并且对所有的 Y，我们做如下定义：

$$\widetilde{T}(Y)=Y-K(Y-T(Y))$$

在这个新税制下，类型 w 的每个个体都选择适合他自己的消费和劳动供给，以在 $\sum_{j=1}^n X_j=wL-\widetilde{T}(wL(w))$ 条件下，使 $\widetilde{U}(h(X),L,w)$ 最大化。

但是，根据已知条件，等式右边部分是 $K(wL(w)-T(wL(w)))$。因此，对 L 的任一种选择，该个体都将获得与当前税制下来自商品 $h(X)$ 同等的效用。更不用说他将选择同样水平的劳动供给，并且他将因此位于相同的效用曲线上。

这看起来好像并不是一个成功的改革，直到我们考虑到税收收入。但是，再一次根据已知条件，对任意一个 w，既然 $h(X(w))\geqslant v(wL(w)-T(wL(w)))$，那么：

$$K(wL(w)-T(wL(w)))\leqslant\sum_{j=1}^n X_j(w) \tag{3}$$

不过要记住，在当前税制下，政府的预算约束条件为

$$\int wL(w)dF(w) = \int (\sum_{j=1}^{n} X_j(w))dF(w) + G$$

并且在新税制下：

$$\int wL(w)dF(w) = \int K(wL(w) - T(wL(w)))dF(w) + \tilde{G}$$

既然等式的左半部分没有什么变化，公式（3）意味着 $\tilde{G} \geqslant G$，于是，政府在税收改革后，至少能筹集到那么多税收。再者，若公式（3）对一个积极有为的个体严格不均等，税收收入必定增加，并且当 t_j 并不都等于初始值时，它总是成立的。

5.3 一些批评

让我们从两个技术性要点开始分析。人们也许想知道阿特金森-斯蒂格利茨的结论是否依赖于这样一个事实：我们考虑的是一个任意的非线性所得税或仅仅考虑线性间接税。显然，事实并非如此；论据只依赖于边际税率。假如产品 k 的税额为 $T_k(X_k)$，我们仅需将公式（1）中的 t_k 用 T'_k 替代即可。如果效用函数如同在公式（2）中一样具有弱可分离性，那么所有间接税的边际税率在最优状态下必须相等，而且人们可以选择使它们等于零。

通过将生产价格固定为 1，我们就隐含地假定生产收益不变。但是，人们可以验证，如果政府以一种武断的方式对利润征税，即使没有上述约束，阿特金森-斯蒂格利茨的结论也依然成立。这个论点和我们在第 3 章所讨论的非常相似。

更有趣的可能是造成结果的机制。注意，在这个模型中，个体间存在的唯一的异质性来自他们的生产率。给定满足公式（2）的函数，他们生产率方面的差别仅表现在收入领域，而并不体现在他们对商品的相对需求上。于是，"目标原则"就与经济学家那种坚持只应对收入征税的建议相似。例如，对廉价商品采用低税率，可能是减少不平等性的合理方式，但是，因为像这样一个对商品的相对补助的唯一理由就是济贫，所以，将部分税收收入重新分配给穷人，可能更为有效。

通过对立推理（contrario），我们知道，如果存在多维的异质性或者如果对公式（2）要求太严格，那么阿特金森-斯蒂格利茨的结论就不成立。为了说明第一种可能性，假定当事人在继承财富方面也不同，并假定遗产税只能部分地缓解这种不公平。于是对奢侈品征税（根据定义，奢侈品通常为富人所购买）就成为消除异质性的第二根源的唯一途径（Cremer-Pestieau-Rochet, 2001）。

对第二个可能性的说明是通过一些微观经济计量学的研究而得出的,例如布朗宁-梅格尔（Browning-Meghir, 1991）的研究便否定了公式（2）。首先,产品间的边际替代率的确依赖于工作时间。在第3章里我们已经看到一些产品是闲暇的互补品（如滑雪板）,而其他的则是工作的互补品（如城市交通工具）。克里斯琴森（Christiansen, 1984）的研究表明,正如人们所预期的那样,通过在边际上（at the margin）对滑雪板征税以及对城市交通工具补助来代替削减所得税,那么社会目标就会得到改进。为了更准确地说明这一点,可以借助波拉克（Pollak, 1969）的条件需求函数来分析问题。它们是下述规划的解 $X(q, R, L)$：

$$\max_{X} U(X, L),\text{条件是 } q \cdot X \leqslant R$$

如果 U 具有弱可分离性,那么这些条件需求独立于 L。克里斯琴森的研究表明,当且仅当 $X_j(q, R, L)$ 随 L 递减时,人们才应提倡对产品 j 征收少量税 $dt_j > 0$。

尽管对与闲暇互补性较强的商品征重税的争论并不令人反感,但是相关的数量似乎并不能证明过分偏离对商品统一征税是合理的。许多国家（尤其是欧盟）对不同的商品分别实施15%～20%的正常税率、5%～10%的递减税率以及超递减税率,这种税率变化的幅度比我们估计的对闲暇的交叉弹性的数值要高得多。

到目前为止,我们一直假设当事人对他们的生产率了如指掌。然而,人们应该把不确定性得到揭示前就已消费的产品和不确定性得到揭示后才消费的产品区分开来（Cremer-Gahvari, 1995）。在第4章里我们看到,税收减轻了当事人承受的风险,但是这种保险对于那些不确定性得到揭示前就已消费的产品而言毫无价值。这说明,像住房服务这样的产品应该被征收相对较轻的税,因为居民在其生命周期的早期就开始消费它们。

人们也不能排除那些天生就幸运地具有高生产率的当事人会有特殊的嗜好。如果在美酒和高生产率之间存在着正相关,那么就应该对美酒课以重税（上帝不容!）。当然,很难说这种与公式（2）相背离的情况是否会导致一阶或二阶条件违背阿特金森-斯蒂格利茨的结论。

限定所得税税率表的形成,当然会重新要求实施一种不统一的间接税。例如,若所得税有两个不同的税率,那么对商品差异化征税将是最优选择。相似地,若政策考虑限制了所得税的累进性,对那些穷人过度消费的商品增税将是有益的。再次声明,我们很难评估这些反对意见的权重。

本章我们假定在加总的生产函数中,各种不同的技能相互之间可以完全替代。奈托（1999）指出,如果一个大的生产部门包括几个小的次级生产部门,这些次级部门根据变化的比例使用不同层级技能的劳动者,那么不管其偏好怎样,对商品征收非统一税将是最优的选择。例如,可以假定仅存在两个层级的技能,即熟练劳动和不熟练劳动,如同我们在第 4 章中所探讨的斯蒂格利茨模型中的那种情形。生产部门也有两个，并各自使用两种层次技能的劳动，生产出两类消费品。从我们第 2 章中对哈伯格模型的讨论可知，在这样的情形下，对技术密集性最强的部门所生产的消费品征收极小的税收，将会降低熟练劳动者的相对工资，并因此减少工资差别。正如 4.3.2 节所示，这将放宽激励条件并因此提高社会目标。应将这个一阶收益与通常的二阶亏损做比较（参见第 1 章中有关社会福利损失的讨论）。如此看来，政府应该用对技术密集型产品征收的商品税代替所得税，以减少事前的不平等。

然而，对税收计划的扭曲不止一个：从长远来看，人们决定对人力资本进行投资，将其看作一个与劳动力市场等同的收益功能。接下来，对累积的技能征税（通过对更多的技术密集型产品采用较高税率的方式），最终将减少技能型劳动的相对供给，并提高其相对工资。塞斯（2004）设想了一个模型，在该模型中，每个个体都各不相同，例如天赋不同、获得技能的能力不同，并且他们根据与技能相匹配的税后收入来对自己的人力资本进行投资。塞斯证明了，若所有个体的效用函数都如这一章所定义的那样是弱可分的，那么，阿特金森-斯蒂格利茨的结论可以信赖，即间接税是多余的。

为结束关于阿特金森-斯蒂格利茨结论的探讨，必须指出，相关结论只在对实际操作进行抽象概括的理论模型中成立，在真实的世界中，税收的行政成本和逃税风险是关于税赋选择的两个重要的决定因素。在这方面，增值税有一些实实在在的优点。

在大多数国家，它是通过一种被称为"减量法"的方式来筹集的，即厂商纳税时申报从其他厂商那里购买商品的数额，以便从它们自己的销售额中扣除那部分。增值税管理成本低，并且逃税易于被察觉。然而，所得税的征收成本高，而对其逃税更容易。因此，较好的方法是：至少用增值税方式征收部分税收（无论如何，统一的增值税仍然没有违背阿特金森-斯蒂格利茨的结论）。[3]

实际上，许多发展中国家开征了所得税，但是它们脆弱的税务当局发现很难征收这种税。因此，在实际中，这些国家在相当大的程度上依靠间接税，即关税和增值税的组合税来支撑其公共开支。

注释

[1] 即使在这个代表性当事人模型里，如果价格受到约束，对某些产品征税可能也是有好处的，就如同贝纳尔和基亚波里（Bénard and Chiappori, 1989）所研究的那样。因此，如果租金受到控制，对住房的替代品（比如旅馆）进行补助以及对互补品（比如家具）进行征税是有用的。

[2] 此外，这个函数概括了在第 4 章里所研究的准线性情形，因为劳动的负效用（disutility of la-

bor) 现在可以依赖于生产率的大小：$U(X,L,w)=h(X)-v(L,w)$。

[3] 鲍德威-马钱德-帕斯蒂尔（Boadway-Marchand-Pestieau，1994）较为详细地讨论了这个观点。

参考文献

Atkinson, A., and J. Stiglitz. 1976. The design of tax structure: Direct versus indirect taxation. *Journal of Public Economics* 6: 55–75.

Bénard, J., and P.-A. Chiappori. 1989. Second-best optimum under Morishima separability and exogenous price constraints. *European Economic Review* 33: 1313–1328.

Boadway, R., M. Marchand, and P. Pestieau. 1994. Towards a theory of the direct-indirect tax mix. *Journal of Public Economics* 55: 71–88.

Browning, M., and C. Meghir. 1991. The effects of male and female labour supply on commodity demands. *Econometrica* 59: 925–951.

Christiansen, V. 1984. Which commodity taxes should supplement the income tax? *Journal of Public Economics* 24: 195–220.

Cremer, H., and F. Gahvari. 1995. Uncertainty and optimal taxation: In defense of commodity taxes. *Journal of Public Economics* 56: 291–310.

Cremer, H., P. Pestieau, and J.-C. Rochet. 2001. Direct versus indirect taxation: The design of the tax structure revisited. *International Economic Review* 42: 781–800.

Kaplow, L. 2006. On the undesirability of commodity taxation even when income taxation is not optimal. *Journal of Public Economics* 90: 1235–1250.

Laroque, G. 2005. Indirect taxation is superfluous under separability and taste homogeneity: A simple proof. *Economics Letters* 87: 141–144.

Naito, H. 1999. Re-examination of uniform commodity taxes under a nonlinear income tax system and its implication for production efficiency. *Journal of Public Economics* 71: 165–188.

Pollak, R. 1969. Conditional demand functions and consumption theory. *Quarterly Journal of Economics* 83: 70–78.

Saez, E. 2004. Direct or indirect tax instruments for redistribution: Short-run versus long-run. *Journal of Public Economics* 88: 503–518.

第 6 章

时间与风险

在第 4 章中，我们对最优直接税的讨论聚焦于一期模型，这明显有局限性：在任一给定年份的劳动所得税均会对储蓄产生影响，相应地，也就影响来年的劳动供给。当面临如何平衡好效率与公平之间的关系，以求得最佳效果的决策时，政府必须对上述这些跨期效应予以考虑。我们也在第 4 章给出假定，即在大多数情况下，纳税人在选择工作量的时候面临不确定性。然而，我们也在 4.3.3 节发现，若一些纳税人确实面临不确定性，可以运用税收制度向他们提供生产率风险的保险补贴。[1]

本章设定了这样一个经济体，在该经济体内，纳税人面临一系列对其人力资本价值无法进行保险的冲击。尽管这听起来可怕，我们也仅对第 4 章中的模型做一些改动，即赋予每个纳税人一系列不确定的盈利能力 $(w_1, w_2, \cdots)$，而不是一个确定的数字 w。由于纳税人不能简单地求助于私有性的保险公司，并对其与日俱减的盈利能力买全险，所以，这些相关的冲击至少在一定程度上是无法得到有效保险的。

对这个基本模型的扩展功能的重要性怎么强调也不为过。人力资本价值在绝大多数经济主体的财富中占有较大的比重，并使其源源不断地获得生活所需的收入。不过，那些经济主体难以控制的事件，时常改变了他们的相对工资，有时这种改变的幅度相当大：比如，可以设想一些像信息技术替代劳动技能或国际贸易改变生产要素报酬的情形。劳动者保护其人力资本价值免受冲击的选择，实际上是非常有限的。也许他们可以对其若干劳动技能组合进行投资，可以储蓄或借款，也可以求助于他们的社会网络、私营保险企业或政府。整个世界范围内的经济个体和团体已经设计了多种相关的组合式工具。在整个20世纪所增长的诸多税收，就是对更多的社会性保险的知觉需求的一个有效回应。

在介绍米尔利斯模型中的时间与风险（如同戴蒙德-米尔利斯1978年的模型一样）方面，一些最优税收理论的早期贡献者首开先河。然而，这些问题仅在过去的十年内得到深入的研究，并由此催生了有时被称为新动态公共金融的理论分支。

由Kocherlakota所著的同样标题的书，对该理论分支予以彻底而精妙的简述。在本章，我将运用该理论分支的一些简化的假设。假设所有经济主体都有无限期的生命，政府能够制定实施跨期的一系列税收计划：每个经济主体都准确地知道，在现在和将来某个不确定的时期，政府将如何对其收入征税。如同这个文献中的大部分内容所述，假定私人保险市场被隔离，以强调政府的社会保险动能，并且除了米尔利斯模型中的劳动收入外，政府对每个经济主体的储蓄情况都了如指掌。这些假设相当清晰，但绝不是平淡无味的。在本章的结束部分，我将会简要地讨论基本框架的扩展部分。

将时间与风险因素引入米尔利斯模型，这带来了一个重要的政策问题：如何对储蓄征税？像往常一样，储蓄只是一种将一个时期的购买力转移到另一个时期的手段。为便于阐述，假设存在一个不变的利息率 r，以及可忽略的遗产，于是，一个有盈利能力（w_1，w_2，…）的、向市场提供劳动（L_t）以及消费商品（C_t）的工薪阶层消费者，其短期预算约束条件为：

$$\sum_{t=1}^{\infty} \frac{C_t}{(1+r)^t} = \sum_{t=1}^{\infty} \frac{w_t L_t}{(1+r)^t}$$

这就使得仅对劳动收入征收的税收收入等同于对消费征收的税收收入。因此，在这个背景下，对消费征税无异于将利息收入从税基中排除出去。

正像我们将在本章中看到的那样，新动态公共金融为政策制定者提供了一个微妙的答案。它推演出一个普遍而引人注目的结论：最优税率表抑制储蓄。对这个结论的直觉是，政府有能力将整个经济体内的风险"池集"起来，如果是那样，可视之为风险中性的保险者，它赋予税收能量。既然政府对风险漠不关心，它就能通过减少经济主体未来消费风险的方法，最有效地提供激励，反过来，那也就意味着减少了未来的消费。

乍一看，对利息收入的征税似乎只是一个抑制储蓄的简单工具。然而，与静态模型环境相比，设计一套最优税收体系显得十分艰难。理由是：经济主体既要选择劳动供给，又要选择储蓄，且税收制度必须在两个维度起到激励相容的政策效果。文献中已提出几项税收方案用以实施最优税收。这些方案包含了令人鼓舞的特征：当劳动收入较低时，就必须以高税率对储蓄征税。尤其是，Kocherlakota（2005）指出，对储蓄征税的额度以总体上不影响政府收入为原则。

6.1 无风险国家的储蓄税

首先，我们来回顾一下从第 3 章到第 5 章就储蓄税给出的有关结论。这一节将从不确定性中抽象出一种短期视角来纯理论化地解读一些问题。由此，我们设具有无限期生命的劳动者在其出生时便拥有一系列盈利能力。为进一步简化分析，再假定只有可获得的生产技术拥有不变的收益，且资本的净边际生产率等于利息率。

正像我们在第 1 章中看到的，相对于当前消费水平而言，对储蓄收入的征税势必会提高未来消费品的消费。鉴于此，关键的问题就在于，未来的消费税是否应该高于当前水平。在第 3 章中，拉姆齐对间接税的分析表明，假定对劳动收入征收线性税，那么，对所有消费品的最优税率的确定，应该考虑分布要素的抑制指数。坦率地说，应更多地抑制经济主体的 t 期消费，使得在 t 时期倾向于多消费的经济主体总体上变得更富有。若经济主体延期消费，那么，对储蓄的抑制措施将是最优的选择。观察表明，与贫困群体相比，富裕阶层有更高的储蓄倾向，这为拉姆齐模型中对储蓄征税的原理提供了经验支持。[2]

或者假设一个代表性的消费者，然后，我们就可以运用拉姆齐结论中的科利特-黑格的分工原理（见第 3 章）。相对于当前消费，若未来消费与闲暇相比更具有互补性，则应该有序地对未来消费征收较高税收。一般来说，这是一个可以验证的经验性命题：在固定效用下，长期增长的工资能转换为小于当前消费增长水平的未来消费吗？遗憾的是，关于这个问题，我们还没有一个令人信服的答案。

进一步地，钱颖一（Chamley, 1986）和贾德（Judd, 1985）已经指出，在无限期的背景下简单地移植拉姆齐的结论，事实证明具有相当的误导性。让我们做这样的假定：储蓄收入的征税税率为 τ，于是，对储蓄征税引起了长期消费品相对价格的变化，且由如下一个因子决定的 $(t+T)$ 期消费水平的相对价格亦发生改变：

$$\left(\frac{1+r}{1+r(1-\tau)}\right)^T$$

若 τ 为非零数，且 T 趋向于无穷大时，这个数字趋向于零或无限大（取决于 τ 的正负符号）。于是，对资本征税或补贴，都将以一种激烈的方式改变当期与未来消费的相关选择。拉姆齐模型带来一些税收扭曲效应，但是这些效应并非无穷无尽。钱颖一和贾德将这种直觉公式化。他们指出，从长远来看，无论一个有无限时期的市场主体的偏好如何，对其储蓄征税都不可能取得最优效果。

解释这个模型的一个简单方法是，假设经济体内存在仅有一个时期的多代人经济主体，他们工作与消费，储蓄并给孩子留下遗产。他们如此行事的动机是动态的：t 代消费者的效用直接取决于他们孩子的效用。在这种情况下，钱颖一和贾德的结论显示，对遗产的最优税率为零，对计划赠与的遗产税至少如此。当经济主体具有无限生命期，阐明这一结论的另一种方法是对上述给出的直觉予以详细的解读：如果生命时段遥遥无期，高资本税率的正当性就变得难以证明。当然，这给数量上的分歧留下了探讨与矫正的空间。

这一切都还不错，但是正如我们在第 4 章中看到的，拉姆齐模型实际上有很大的局限性，这是因为该模型只考虑了比例劳动所得税。现在，让我们回到第 5 章的阿特金森-斯蒂格利茨的结论，它设定了一个政府能够实施非线性收入税方案的更为现实的世界。它告诉我们，如果消费者的效用函数是弱可分的，则效用函数可被写为：

$$U(C_1, C_2 \cdots; L_1, L_2, \cdots; w_1, w_2, \cdots)$$
$$= \widetilde{U}(h(C_1, C_2, \cdots); L_1, L_2, \cdots; w_1, w_2, \cdots)$$

那么所有的消费都应该按相同的税率进行征税，并且不应该按最优税率对储蓄收入进行征税。根据该可分离性假设，目标原理的有关内容如下：富裕阶层储蓄更多，但这是由他们较高的生产能力而带来的较高收入所致。因此，仅通过对劳动收入征税，可实现效率与公平之间的最优均衡。

我们在第 5 章中对阿特金森-斯蒂格利茨的结论提出了批评。在本章的情境下，假设弱可分性积累到一定程度，以至要求所有的经济主体在消费期内具有相同的偏好，而不论其盈利和劳动供给状况如何。尤其是在一个给定的时期内，它排除了在消费和闲暇之间的任何形式的互补性，以及在盈利能力与时间偏好之间的任何相关性。如此强的假设不可能与现实相吻合。然而将盈利能力风险引入跨期模型时，弱可分性为我们认识问题提供了一个有效的参照，在本章其余部分，我们将继续对其加以运用。

6.2　一个随机的经济体

设经济体包括一个规模收益不变的生产部门，一个政府和 N 个集消费、工作和储蓄行为于一身的经济个体。一个劳动者的能力序列 w_t^i 可从市场参与者的独立而等同分布的随机过程中推导出来。为便于阐述，我们用工资指代盈利能力，不过，我们需要记住的是，只有在完全竞争市场上，当各种富有效率的劳动相互之间可完全替代时，劳动生产力的盈利参数以及盈利才可以与工资等量齐观。[3]

在时期 t 开始,每个工人被告知其当前的工资为 w_t^i,而且,若工资具有系列关联性,这将引导他改变对未来工资的已有看法。给定一个当前和未来无限期的政府税收实施方案,那么,每个工人将据此决定供给多少劳动 L_t^i、消费多少以及储蓄多少。

举一个简单的例子,且看 Albanesi-Sleet（2006）所做的相关分析,在该分析框架中,各经济主体的工资 w_t^i 在所有期限内呈现独立同分布:于是对每个工人而言,其未来工资都面临相同的风险。另一个例子是:戴蒙德-米尔利斯（1978）对那些可能终生残废的工人在其任何期限内任一时间的行为予以分析:于是,直到 w_t^i 在随机点 T_i 降至零时,w_t^i 与恒定时间下的 w^i 相等。

对那些有相同的弱可分性偏好的工人而言,赋予一个 β 贴现因子,若工人 i 的消费水平为 C_t^i,劳动供给为 L_t^i,他的效用将会是:

$$U^i = \sum_{t=1}^{\infty} \beta^{t-1}(u(C_t^i) - v(L_t^i))$$

此处的 u 是递增且凹的,而 v 是递增但凸的。

现在,我们使储蓄工具简化:仅劳动要素参与了商品的生产,并且所有的经济主体都能按一个外生的税前世界利率 r 来自由地储蓄和借款。在6.5.2节,我们将引入物质资本,也将储蓄收益率与资本的边际生产率联系起来。

令 $Y_t^i = W_t^i L_t^i$ 表示工人 i 的有效劳动供给,生产部门则利用加总的高效劳动生产 Y_t 单位商品,其中 $Y_t = \sum_{i=1}^{N} Y_t^i$。请注意,如果假定加总的生产函数的规模收益保持不变,我们就不必为利润如何重新分配而担忧——在均衡状态下其利润额为零。

在每一时期,经济主体消费完加总的产出量 Y_t 和过去的储蓄 S_{t-1}。一个外生给定的政府 G 提供公共物品,其余部分则用来储蓄,我们有:

$$S_t = Y_t + (1+r)S_{t-1} - \sum_{i=1}^{N} C_t^i - G \tag{1}$$

也要指出,这里我们使用的 r 是税前收益率,其对整个经济主体是一个约束条件,而对单个经济主体则不是。对储蓄征收的税收进入政府的国库后,通常被用来购买公共物品。

可以用一个社会福利函数来描述政府的偏好:

$$W(U^1, \cdots, U^N)$$

当我们想推导出独立于再分配的社会偏好条件的结论时,只能假定 W 是递增的。

为完成对经济体运行机理的描述,我们也需要对初始条件做具体的专门规定。我们假定工人在时期1开始自己的生活,但此时没有任何储蓄。

6.3 逆欧拉条件

我们的首要任务是运用模型,推导出一个非常必要且有用的受约束的帕累托最优条件,即逆欧拉条件。

这里,受约束的帕累托最优条件指的是政府只能观察到交易情况的假设,如同米尔利斯模型中描述的那样。[4]这个模型中含有税前劳动收入 Y_t^i 以及消费水平 C_t^i。在米尔利斯静态模型中,受约束的帕累托最优化函数就是一个税率表 $T(Y)$,或将 $C(Y) = Y - T(Y)$ 从税前劳动收入等价地映射到消费领域。在我们的动态模型中,这种映射在 t 时期适用于政府在过去的时期所观察到的所有领域,即消费和税前收入。

为简化标记,放弃上标 i,并且对任意变量 Z 表示直到 t 时期的 $Z^t = (Z_1, \cdots, Z_t)$ 的数值。于是,一个受约束的政府公共政策表现为如下映射:

$$C_t = C(Y_t; Y^{t-1}; C^{t-1}) \tag{2}$$

这样的映射对经济体而言必须是可靠的。在静态模型中,其可靠性通过如下条件得到保证,即:

$$\int Y(w) dF(w) = \int C(w) dF(w) + G$$

在复杂的经济体中,要获得可靠性,也仅要求在无限时期内,经济体的消费水平不高于其产出水平。该条件可表示如下:

$$\sum_{t=1}^{\infty} \frac{C_t + G}{(1+r)^t} \leqslant \sum_{t=1}^{\infty} \frac{Y_t}{(1+r)^t}$$

给定(S),总体的要求归结为储蓄水平不能过分透支,即

$$\lim_{t \to \infty} \frac{S_t}{(1+r)^t} \geqslant 0$$

注意,方程(2)中的映射以两种方式概述了静态税收。其一,它考虑到了 t 期的劳动所得税是由过去和现在的劳动收入 Y 共同决定的。有趣的是,目前的税收也取决于过去的消费水平,并且因为储蓄就是劳动收入与消费之差,所以方程(2)中的参数 C^{t-1} 考虑了对储蓄征收的税收和补贴。

至此,很明显的是,计算受约束的帕累托最优值是一个非常艰巨的任务。幸运的是,我们借助常规方法就可以得到非常有用的一阶条件:从一个最优化的假设开始,界定一个大小为 ε 的可靠偏差值,如果这样的话,他们只能获得关于社会福利的二阶效

应。这样做需要从受约束的帕累托最优的映射函数 C 以及相关联的储蓄路径开始。这就是激励问题中经常出现的情形。应用显示性原理是容易的，这里加以运用，理由大致在于：根据假设，政府能充分地有所作为，并且纳税人无权逃脱或再协商。由此，通过直接的显示性机制，可贯彻受约束的帕累托最优原则。这样的机制对 $C_t(\hat{w}^t)$ 以及与自我申报工资（$\hat{w}^t$）相关的 $Y_t(\hat{w}^t)$ 的功能进行了专门的规定。如此这般选择，就能使已经了解其 t 期工资水平（w^t）的经济主体发现，最好的选择就是如实报告其工资水平，即使得 $\hat{w}^t = w^t$。于是（S）就能给出储蓄的相关路径。

现在，我们考虑转换到一个新的 $(\overline{C}_\tau(\hat{w}^\tau), \overline{Y}_\tau(\hat{w}^\tau))$ 的机制，其仅在 t 和 $t+1$ 这两个时期内与 $(C_\tau(\hat{w}^\tau), Y_\tau(\hat{w}^\tau))$ 有差异。新机制根本就不改变 Y（值）。函数 $\overline{Y}_\tau$ 和 Y_τ 在每个时期都相吻合，然而，通过一个工资水平报告的微函数 $\varepsilon(\cdot)$，它提高了 t 期内消费的总效用，即：

$$u(\overline{C}_t(\hat{w}^t)) = u(C_t(\hat{w}^t)) + \varepsilon(\hat{w}^t)$$

于是，根据贴现条件，并通过降低（$t+1$）时期与函数 $\varepsilon(\cdot)$ 一样多的消费效用，它得到了补偿：

$$u(\overline{C}_{t+1}(\hat{w}^{t+1})) = u(C_{t+1}(\hat{w}^{t+1})) - \frac{\varepsilon(\hat{w}^t)}{\beta}$$

记住，Y 并没有做任何修改。于是根据定义，当经济体给出系列报告 $\hat{w}^{t+1}$ 时，其得到的效用在 t 时期贴现后，并未有任何改变。因此，新机制同样是激励相容的：经济主体仍然报告其真实的工资水平，他消费的基本面有所变化，然而他的劳动供给水平未有变化。

例如，令 ε 为正数。因为经济主体在 t 时期被允许有一个较高的消费水平，所以其储蓄水平就会低于通常的标准。但是，在 $t+1$ 时期被减少的消费，倾向于推动 $t+2$ 时期的储蓄回升。更确切地说，经济主体的数量很大，以至不同的 w^{t+1} 正好按照其概率得以体现，进而将人口总量规模标准化为 1。于是，经济主体的总量与 w^t 过程中期待的水平一样多——让我们回顾一下，原机制与新机制都是激励相容的，因此，经济主体势必如实报告其工资水平，即 $\hat{w}^t = w^t$。（$t+1$）时期的储蓄随消费的预期增长而下降，即：

$$S_{t+1} - \overline{S}_{t+1} = E(\overline{C}_t(w^t) - C_t(w^t))$$

在随后的时期，产出水平却并未改变。[5] 储蓄水平的改变来自过去较低的储蓄量以及消费量的下降：

$$\overline{S}_{t+2} - S_{t+2} = (1+r)(\overline{S}_{t+1} - S_{t+1}) - E(\overline{C}_{t+1}(w^{t+1}) - C_{t+1}(w^{t+1}))$$

当函数 ε(·) 仅取非常小的数值时，

$$u'(C_t(w^t))(\overline{C}_t(w^t) - C_t(w^t)) \backsimeq \varepsilon(w^t)$$

于是，

$$S_{t+1} - \overline{S}_{t+1} \backsimeq E\frac{\varepsilon(w^t)}{u'(C_t(w^t))}$$

此外，根据同样的参数：

$$E(\overline{C}_{t+1}(w^{t+1}) - C_{t+1}(w^{t+1})) \backsimeq -\frac{1}{\beta} E\frac{\varepsilon(w^t)}{u'(C_{t+1}(w^{t+1}))}$$

为简便起见，去掉参数 w^t 和 w^{t+1} 的符号，重新整理公式后，我们得到：

$$\overline{S}_{t+2} - S_{t+2} = -(1+r)E\frac{\varepsilon(w^t)}{u'(C_t)} + \frac{1}{\beta}E\frac{\varepsilon(w^t)}{u'(C_{t+1})}$$

现在，令 E_t 是 w^t 的期望条件，再根据迭代期望值原理可得：

$$E\frac{\varepsilon(w^t)}{u'(C_{t+1})} = E\left(\varepsilon(w^t) E_t \frac{1}{u'(C_{t+1})}\right)$$

结果是，

$$\overline{S}_{t+2} - S_{t+2} = E\left[\varepsilon(\omega^t)\left(E_t \frac{1}{\beta u'(C_{t+1})} - (1+r)\frac{1}{u'(C_t)}\right)\right] \tag{3}$$

尽管在上述讨论中，我们用到了一个正的 ε，但 ε 也可以为负值。给定 w^t 的任意值，我们可以选择 $\varepsilon(w^t)$ 与下列公式有相同的符号：

$$E_t \frac{1}{u'(C_{t+1})} - \frac{\beta(1+r)}{u'(C_t)} \tag{4}$$

于是，方程（3）的右边也是正值。但是，这意味着我们已经发现原有机制有了改变，不过这个改变建立在原有经济主体效用不变以及高储蓄水平的条件之上。较高的储蓄水平显然可以被用来提高经济主体的效用。举例来说，可通过增加政府公共物品水平的途径加以实现。这看起来似乎与我们可带来一个受约束的帕累托最优的初始机制的假设相矛盾，也就是说，除非方程（4）中的公式项对所有的 w^t 都精确为零。

扼要重述一下：若一个资源分配是约束帕累托最优，那么对 w^t 的任意值来说，方程（4）中的公式项必须为零。这建立了逆欧拉条件，其作为约束帕累托最优的必要条件而存在：

$$\frac{\beta(1+r)}{u'(C_t)} = E_t \frac{1}{u'(C_{t+1})}$$

6.4 抑制储蓄

在这个经济体中只有一种储蓄方式：通过牺牲一单位消费，并将它投向国际金融市场，按税前收益率 r 获得报酬。如果政府允许经济主体自由借款和储蓄，并且免其税收，那么经济主体当期消费的边际效用，将与由储蓄带来的未来消费的边际效用相等。相似的欧拉方程将成立：

$$u'(C_t) = \beta(1+r)E_t u'(C_{t+1})$$

逆欧拉条件看起来与之十分相像。事实上，若不是 E_t 算子的运算符号，它们确实相等。现在回忆一下，这个算子曾经代表一个基于 w_t 的 w_{t+1} 的期望值。若一个经济活动主体在 t 时期知道他在未来 $t+1$ 时期的工资状况，那么，我们可以放弃 E_t 这个算子，并且对该经济主体来说，逆欧拉条件与标准的欧拉条件相一致。它意味着，在任一个约束帕累托最优水平下，政府应该允许经济主体以税前利率自由借款和储蓄：给定弱可分性偏好，对任何一个未来工资风险为零的经济活动主体来说，最优的储蓄税率为零。

这个结论比新动态公共金融理论还早，参见奥多弗-费尔普斯（Ordover-Phelps，1979）。当然，更有趣的情况是，经济活动主体并不十分清楚其未来的工资情况，如果是这样，这两个方程就不等价。詹森（Jensen）的不等同原理告诉我们，若 X 是非零方差的随机变量，则 $E\frac{1}{X} > \frac{1}{EX}$，在 $\left(x \to \frac{1}{x}\right)$ 区间内，其为凸函数，将其代入逆欧拉条件，用 E_t 替代 E，$u'(C_{t+1})$ 替代 X，则可得：

$$u'(C_t) < \beta(1+r)E_t u'(C_{t+1})$$

因为 u' 是一个减函数，这启示我们，无论何时，一个经济主体都不清楚其未来的工资情况，如果允许他按照税前利率自由地储蓄和贷款，那么最好的政策就是让其尽可能地消费商品。在这个意义上，最优税率表是抑制储蓄的。

乍一看，这种政策处方与经济学中某些古老的教义相抵触。[6] 但是，回忆一下米尔利斯模型的一些基本逻辑，具有高盈利能力的人，因为其富有生产率，就必定会被劝说更加努力地工作。并且，也只有让其能够享受高水平的消费时，他们才会如此行事。在随机的经济体中，情况亦如此：在 t 时期享有高工资 w_t 的经济活动主体会分得较多的资源。当其想熨平高消费的波动时，就会将"意外收获"中的一部分存储起来，而这又使其在未来的 $t+1$ 时期拥有更多的资源。但是，因为边际效用递减，如果该经济主体已经将"意外收获"的盈利中的部分储蓄起来,那么提供一些激励,其在 $t+1$ 时期努力工作的代价将更加昂贵。而抑制储蓄的政策,就使得政府能够以较低的成本提供一些促进经济主体努力工作的激励手段。

将其放到简单的条件下,假设一个两时期的例子,经济主体仅在第二个时期工作,并且 w_2 可取 a 与 b 两个数,$a<b$,概率分别为 p 和 $1-p$。

一个给定的约束帕累托最优条件要求,经济主体应获得贴现效用,即工作的净成本,$U(a)<U(b)$:

$$u(C_1)+\beta u(C_2(a))=U(a)$$
$$u(C_1)+\beta u(C_2(b))=U(b)$$

政府想让 $U(a)$ 和 $U(b)$ 的成本最小化,但是,这些成本是以降低资本累积水平的消费形式出现的,即:

$$C_1+\frac{1}{1+r}(pC_2(a)+(1-p)C_2(b))$$

读者容易检验,在两个效用约束条件下求这个表达式的最小值,将使我们得到逆欧拉条件:

$$\frac{\beta(1+r)}{u'(C_1)}=\frac{p}{u'(C_2(a))}+\frac{1-p}{u'(C_2(b))}$$

6.5 最优税收

逆欧拉方程是由 Golosov、Kocherlakota 和 Tsyvinski(2003)推导出来的。[7] 就像我们刚看到的,它意味着两个边际效用之间"跨期楔子"的存在:

$$\tau_t=1-\frac{u'(C_t)}{\beta(1+r)E_t u'(C_{t+1})} \tag{5}$$

是正数。现在记住,在米尔利斯静态的模型中,

$$T'=1-\frac{v'(L)}{wu'(C)}$$

劳动收入的边际税率引入了位于消费边际效用与劳动边际负效用之间的"跨期楔子"。类似地,将税率为 τ_t 的储蓄税与任意一个约束帕累托最优联系起来,作为一种税收制度来贯彻最优税原则,也是颇具吸引力的。

假定劳动所得税的确能使经济主体选择其劳动供给,进而产出由最优原理规定的 Y_t^*

产量。并且假设经济主体可以按其心愿进行储蓄和贷款，同时我们可以知道他们需要缴纳财富税。按定义，财富税意味着本金和利息都是征税的对象。因此，若一个经济主体在 t 时期存储 S_t，财富税税率为 τ_t，则在 $(t+1)$ 时期，他将重新获得 $(1-\tau_t)(1+r)S_t$ 数量的财富价值。

运用方程（5），我们建议，财富税税率等于"跨期楔子"。确切地讲，政府希望实施的约束帕累托最优值为 $(C_t(\hat{w}^t), Y_t(\hat{w}^t))$。于是，我们设定一个税率，使得 t 期每一个可能的能力 Y_t 序列 $\hat{w}^t$ 为：

$$\tau_t(\hat{w}^t) = 1 - \frac{\mu'(C_t(\hat{w}^t))}{\beta(1+r)E_t u'(C_{t+1})}$$

这里的 $E_t u'(C_{t+1})$ 表示取决于政府信息状况的期望水平：

$$E_t u'(C_{t+1}) = E(u'(C_{t+1}(w^{t+1})) | w^t = \hat{w}^t)$$

注意，经济主体以不同的税率纳税，这取决于他们当前的收入状况。举例来说，如果一个经济主体声称其在 t 时期处于消费可能下降的状态，那么，我们就会期待他未来的边际效用要高于当前水平。如此，他将面临一个较高的未来财产税率。

如果这种财产税具有激励相容的机制，那么标准的欧拉条件在约束帕累托最优水平上成立：

$$u'(C_t(w^t)) = \beta(1-\tau_t(w^t))(1+r)E_t u'(C_{t+1})$$

并且，看起来我们好像发现了一个分散最优值的途径，即运用精心挑选的财产税。不幸的是，设计一个有效的贯彻最优分配原理的税收制度，被证明比最优分配原理本身还要艰难。

与在米尔利斯的静态模型中不同，当前的税收制度必须在两个维度运行：它必须能激励经济主体提供最优数量的劳动且按照最优途径安排储蓄。现在，我们选择征收财产税，如果经济主体在应该提供最优数量的劳动时这样做了，这就进一步使其在应该储蓄的时候进行储蓄。用劳动所得税来补充财产税也是比较容易的，它使得经济主体在储蓄最优的前提下，其劳动供给也达到最优水平。但是，在这种组合税收下，通过对劳动供给与储蓄的共同偏离，一些经济主体有可能获得较高的贴现效用。要理解这一点，一个简便的分析思路是：由于 u 函数是凹函数，因而劳动供给产生了一些财富效应。因为改变储蓄而偏离最优点的经济主体也改变了自己对劳动供给的态度。

这并不是说，不存在一个贯彻最优原理的简单方式。实际上，有许多方法可以奏效。文献中已经提出的一些税收制度具有一个重要特征：当劳动收入较低时，对来自储蓄的收益按高税率课征税收。通过这样做，他们使储蓄成为劳动盈利风险的一个不良的对冲工具，并且使共同的偏差更严重。现在，我们开始转向一个这样的税收制度。

6.5.1 零加总财富税

Kocherlakota（2005）给出了一个一般的方法，以正确地分散最优化数值。为达到这一目标，他根据（$t+1$）时期的工资状况来决定同期财富税如何征收。

令

$$\tau_{t+1}(\hat{w}^{t+1}) = 1 - \frac{1}{u'(C_{t+1}(\hat{w}^{t+1}))E_t\left(\frac{1}{u'(C_{t+1})}\right)}$$

这里，再次设 E_t 表示取决于 t 期政府信息状况的期望值：

$$E_t \frac{1}{u'(C_{t+1})} = E\left(\frac{1}{u'(C_{t+1}(w^{t+1}))} \mid w^t = \hat{w}^t\right)$$

现在，我们采取 τ_{t+1} 的税率，对（$t+1$）时期经济主体的财富课税，运用逆欧拉方程

$$E_t \frac{1}{u'(C_{t+1})} = \frac{\beta(1+r)}{u'(C_t)}$$

并且，标准欧拉条件沿着最优化路径成立：

$$u'(C_t) = \beta(1+r)E_t((1-\tau_{t+1})u'(C_{t+1}))$$

需要更多条件，并做很多的努力，才能证明与精心挑选的劳动所得税互补的财产税是贯彻了最优化原理的，所以这里我们不那样做。然而，让我们指出财产税的一些有趣的特征。根据定义，它的期望值正好是零，即：

$$E_t \tau_{t+1} = 0$$

进一步地，它得到的税收额也为零。为弄清楚这一点，选一组恰好都在 t 时期有相同 w^t 经历的经济主体作为分析对象，既然他们的情况大体相同，也就积累了相同数量的财富。不过，因其得到的 w_{t+1} 有差异，他们在 $t+1$ 时期仍然将会被征收不同的财富税。按照大数定律，他们被开征的财富税的平均税率为零，所以，从这些经济主体所征得的税收总额也为零。对所有的经济主体来说，情况就更是如此了。

我们对此的讨论，从证明应该抑制储蓄开始。并不能明显地看出，总体为零的财富税可以支持储蓄应被抑制这一论点。风险厌恶型经济主体不仅关注风险的平均值，也关注风险的分布情况。从经济主体的视角来看，征收财富税使得储蓄变成一种风险投资，尽管这样做并不改变平均收益率。现在，从储蓄税的定义可以发现，当 $\frac{1}{u'(C_{t+1})}$ 比 t 时期的期望值小时，税率为正，反之，税率为负。

既然$1/u'$是一个增函数,那么当经济主体消费水平较低时,就按较高税率对其财富征税:财富税收额与经济主体的财富水平成比例,但是对当前那些消费水平低的经济主体来说,征收的税率是较高的。

从这个意义来说,财富税是累退的,不过其理由充分。储蓄可以被看作一种应对未来消费风险的对冲工具,当消费水平较低时,通过降低储蓄收益率,财富税使得储蓄对冲风险的功能衰退了。

6.5.2 引入生产资本

在美国这样的大经济体内,储蓄的税前收益率不可能作为一种给定的外生变量而存在,因为它由资本的边际生产率决定。将此纳入考虑范围,可改变分析,但是这种改变是微小的。设K_t表示t时期的生产资本,$F(K_t,Y_t)$表示净产出。为简化标记,这里我们用"净"来表示"净折旧额"。随着资本以δ比率折旧,更常用的产出量概念将变为$F(K_t,Y_t)+\delta K_t$。我们就不必为利润如何重新分配而担忧了,因为在均衡状态下其值为零。

正如新古典增长理论所示,在每一时期,没有被消费的那部分净产出增加了资本存量,减去一个被用来提高公共物品的给定的外生变量G,可得到:

$$K_{t+1}-K_t=(F(K_t,Y_t)-\sum_{i=1}^{N}C_t^i)-G \tag{6}$$

约束条件(6)代替了方程(1),既然负的资本存量无法带来产出,我们就不必在无限期的未来增添一个约束条件。我们设初始资本存量为K_1,再次假定无任何储蓄的工人在1时点开始自己的生活。

首先我们给出一个假设的最优水平,并考虑在6.3节中所采用的相同的扰动函数。$(t+1)$时期的资本存量随着以下预期消费的增加而减少:

$$K_{t+1}-\overline{K}_{t+1}=E(\overline{C}_t(w^t)-C_t(w^t))$$

在接下来的时期内,资本存量水平的变化也来源于生产的收缩以及消费的减少:

$$\overline{K}_{t+2}-K_{t+2}=(\overline{K}_{t+1}-K_{t+1})+(F(\overline{K}_{t+1},Y_{t+1})\\-F(K_{t+1},Y_{t+1}))-E(\overline{C}_{t+1}(w^{t+1})-C_{t+1}(w^{t+1}))$$

注意,方程式的右边增添了第二项:当所有的经济主体一如既往地努力工作时,$\overline{Y}_{t+1}=Y_{t+1}$,资本存量的减少也就导致较低的产出。

简单地相加,可得到:

$$K_{t+1}-\overline{K}_{t+1}\varpropto E\frac{\varepsilon(w^t)}{u'(C_t(w^t))}$$

再设 $F_K(t+1)$ 代表 $(t+1)$ 时期的资本边际生产率,则

$$F(\overline{K}_{t+1}, Y_{t+1}) - F(K_{t+1}, Y_{t+1}) \backsimeq F_K(t+1)(\overline{K}_{t+1} - K_{t+1})$$

重新整理,我们得到:

$$\overline{K}_{t+2} - K_{t+2} = -(1 + F_K(t+1))E\frac{\varepsilon(w^t)}{u'(C_t)} + \frac{1}{\beta}E\frac{\varepsilon(w^t)}{u'(C_{t+1})}$$

如此,该方程与 6.3 节相比,唯一的变化就是用资本的边际生产率 $F_K(t+1)$ 替代了世界利率 r。逆欧拉方程现在可写成:

$$\frac{\beta(1+F_K(t+1))}{u'(C_t)} = E_t \frac{1}{u'(C_{t+1})}$$

记住,存在大量的经济主体,他们仅面临异质风险,于是,资本的边际生产率是无风险的。可拓展阅读考虑了宏观风险因素的 Kocherlakota 书中的有关内容。

再者,若经济主体能够按照税前收益率购买并消费生产部门产出的一部分商品,那么可得到的相似形式的欧拉方程为:

$$u'(C_t) = \beta(1+F_K(t+1))E_t u'(C_{t+1})$$

与前述相一致,该方程意味着应该抑制储蓄。例如 Kocherlakota 的财富税收总额为零的原理,可重新用来贯彻最优税收方案。

☐ 6.5.3 一些说明

有其他一些方法可以分散最优税收规模。首先,征税时期可以改变,如政府可以发行债券,也可以推迟债务;经济主体也可以按照税后利率进行储蓄和贷款。其次,上面描述的财富税,其税率的设定依赖于整个过程中工资变化的情况,即 τ_{t+1}^i 依 $(w_1^i, \cdots, w_{t+1}^i)$ 的情况而定。Albanesi-Sleet(2006)指出,若工资变化状况独立于时间变量,那么就可以实施最优税收方案,并替代那种与当期劳动收入和当期财富水平是非线性决定关系的税收制度。

当劳动收入增加时,财富的边际税率再次下降,但是,财富的边际税率的期望值可负可正的情况,依据参数的条件而变。

Golosov-Tsyvinski(2006)重温了戴蒙德-米尔利斯(1978)早期探讨的案例,在那里,工资序列会一直下降,直到永远处于最低值 $\underline{w}$。例如,它可能是永久的残废状态。政府想以伤残抚恤金的形式向其提供保险,但因其不能观察到他们工资的真实状况,也就是说,不能确定申领伤残福利的人是否就是真正的残疾人。政府所能做的就是对那些劳动收入过高,以致与伤残者收入特征不相符合的人的伤残系列申请予以拒绝。

拒绝的理由当然是不充分的，因为一个经济主体完全可以靠他们长期积累的储蓄而生存。这对于潜在的联合偏差是一个不错的解释：一个经济主体工作和积累储蓄，然后装作残疾人而停止工作，并且在节省储蓄的同时，享用伤残抚恤金。Golosov-Tsyvinski指出，对那些储蓄超过给定的门槛额度的经济主体的伤残抚恤金申请予以委婉的拒绝，政府借此可以防止这样的偏差行为，并实现最优分散化。像这样一种"资产测试"，实际上是现已存在的许多福利计划的特征之一。

总　结

本章指出，将跨期与风险因素纳入分析框架，不可避免地会带来资本税的问题。资本收入是一个异质性的项目：它包括企业所得税、房产税，以及一系列广泛的被以不同方式征税的金融和非金融资产。这里，我们仅增加一些相关的讨论。

资本收益的风险是众所周知的，与本章模型中描述的情形有所不同。在本章中，r和$F_K(t+1)$并不是随机的。这带来了相当麻烦的问题，因为不同的经济主体在对其资产进行投资时[8]，可能会变得更好，并且部分风险投资收益也有可能被投资者抽取。风险收益更可能因创业资本而出现。创业努力催生与众不同的收益，且这些独特的收益仅部分为创业者所享有（例如，因为新技术的外溢效应或者专利有效期限制等因素）。因此，应对创业资本的收益给予补助，至少与其他形式的资本收入相比较而言（Albanesi，2001）。

本章我们假设政府是唯一能给经济主体提供保险的实体，但是在真实世界中，居民也可能求助于私人保险商。实际上，若私人保险市场是完全竞争的，并且私人保险商是风险中性的，那么它们能够有效掌握经济主体的消费和劳动供给情况，并能与其签约。于是，它们也就能充分地开展保险业务。那么，在这个情况下，政府与私人保险商的作用可以完全相互替代。

在实际生活中，私人保险商和政府都不能刚好符合这一系列假设条件：因为它们的行为和能力有限，观察经济活动主体交易活动的能力也同样有限。思考一下政府应该抑制储蓄的理论，若经济主体将其储蓄秘密地放置到中介手中，那么政府将更难征税，税收因此变得更缺乏效率。Golosov-Tsyvinski（2007）详细地阐述了这一点。然而，如果政府不能够做出令人信服的承诺，则私人保险企业将在阻止税收合同违约方面发挥积极的作用（Bisin-Rampini，2006）。举一个极端的例子，政府对现有财富实施一项百分之百的税收方案总是事后有效率的，但是对这样的税收的预期将阻止财富积累，使经济体运行效率更低。减免所得税则可能会提升经济绩效。

更一般地，本章假设政府能够在经济主体无限生命期内实施最优税率表，这显然是不现实的。选举可以创造一个政府，也可以推翻一个政府，且政客以食言而著称。Sleet Yeltekin（2006）设想了一个政府，其致力于将经济主体的贴现福利最大化，但是难以付诸政策操作。这些都表明，为使其税收政策可信，这样的政府会像一个寅吃卯粮式的政府那样行事。

政府的无可奈何表明了这样的政府将会抑制储蓄，并且很少遵循逆欧拉条件所蕴含的规则。假借一个税制的选择，Farhi-Werning（2008）采用了政治均衡这样一个另类方法和模型。随着财富的积累，选民更可能希望政府对富人征收更多的税收。这些都表明，若政客需承担成本（例如避免损害其声誉）才能改变现有税收政策，则均衡的财富税收将是累进的。

注释

[1] 也可参考本教材第1章关于多马-马斯格雷夫效应（Domar-Musgrave effect）的讨论。

[2] 读者需要注意的是，当宏观经济学提及"拉姆齐模型"时，通常是指拉姆齐（Ramsy, 1928）提出的经济增长模型，而不是第3章中所提到的间接税收模型。当二者交叉出现时容易被混淆，就像此处。

[3] 关于这一点的深入学习，可参考4.3.2节。

[4] 尽管如此，如果政府也能够观察到工资水平（w_t^i），那么也就能够实现完全帕累托最优状态。

[5] 回顾一下，所有代理人的劳动情况与往常完全一样，那么 $\overline{Y}_{t+1} = Y_{t+1}$。

[6] 作为众多案例中的一个，亚当·斯密（Adam Smith）指出"[……]每个'败家子'似乎都是一个公共敌人，每个节俭者都是一个公共恩人。"（《国富论》，Ⅱ.3.25。）

[7] 在戴蒙德-米尔利斯（1978, eq.19）中就已经出现过逆欧拉方程。罗格森（1985）也曾经指出，当道德风险反复存在时，委托人在能够操作的情况下应该对其代理人的储蓄存款进行约束（Salanié, 2005, sec.6.4）；但是，对于私人部门关系来说，代理人并非理想的承担者。

[8] 尤其令人信服的情况是，在对其资产进行管理时，有些经济个体相对于其他经济个体的表现更加逊色。

参考文献

Albanesi, S. 2011. Optimal taxation of entrepreneurial capital with private information. Mimeo. Columbia University.

Albanesi, S., and C. Sleet. 2006. Dynamic optimal Taxation with Private Information. *Review of Economic Studies* 73: 1–30.

Bisin, A., and A. Rampini. 2006. Markets as beneficial constraints on the government. *Journal of Public Economics* 90: 601–629.

Chamley, C. 1986. Optimal taxation of capital income in general equilibrium with infinite lives, *Econometrica*, 54, 607–622.

Diamond, D., and J. Mirrlees. 1978. A model of social insurance with variable retirement. *Journal of Public Economics* 10: 295–336.

Farhi, E., and I. Werning. 2008. The political economy of non-linear capital taxation. Mimeo. Harvard University.

Golosov, M., N. Kocherlakota, and A. Tsyvinski, A. 2003. Optimal indirect and capital taxation. *Review of Economic Studies* 70: 569–587.

Golosov, M., and A. Tsyvinski. 2006. Designing optimal disability insurance: A case for asset testing. *Journal of Political Economy* 114: 257–279.

Golosov, M. and A. Tsyvinski. 2007. Optimal taxation with endogenous insurance markets. *Quarterly Journal of Economics* 76: 973–992.

Judd, K. 1985. Redistributive taxation in a simple perfect foresight model. *Journal of Public Economics* 25: 59–83.

Kocherlakota, N. 2005. Zero expected wealth taxes: A Mirrlees approach to dynamic optimal taxation. *Econometrica* 73: 1587–1621.

Kocherlakota, N. 2010. *The New Dynamic Public Finance*. Princeton: Princeton University Press.

Ordover, J., and E. Phelps. 1979. The concept of optimal taxation in the overlapping generations model of capital and wealth. *Journal of Public Economics*. 12: 1–26.

Rogerson, W. 1985, Repeated moral hazard. *Econometrica* 53: 69–76.

Salanié, B. 2005. *The Economics of Contracts: A Primer*. Cambridge: MIT Press.

Sleet, C., and S. Yeltekin. 2006. Credibility and endogenous social discounting. *Review of Economic Dynamics* 9: 410–437.

第 7 章

矫正税

在本章之前,我们已经集中讨论了无税收情形下的经济是有效率的情况。在这种经济体中,税收可以说是一种必要的邪恶:税收必须为政府开展活动而提供资金支持,提供公共物品或参与收入再分配;但是,因为像总额转移支付这样的理论目标在现实中无法执行,所以税收制度往往使得经济运行偏离最优状态。

长期以来,一个清晰的事实证明,真实世界的经济体遭受了多种多样市场失灵的困扰,其中,不完全竞争、外部效应、不完全市场及信息不对称尤为突出。[1]

在评估市场失灵并采取针对性强的政策方面,经济学家和政策制定者之间的差异也是明显的。矫正税(corrective taxation)在许多有关市场失灵的讨论中可谓扮演了中心角色。矫正税试图将经济运行状态从次优带回到最优的帕累托边界。在一个备受市场失灵困扰的经济体内,价格机制无法有效地发挥资源配置的功能。不过,因为税收能够影响价格,所以我们仍期待能通过制定一套适宜的税收政策机制来恢复正确的价格机制。

经济学导论课通常会提到两个有关矫正税的典例:其一是推动垄断商增加产量的税收补贴;其二是对外部性征收庇古税(Pigovian taxation)。对垄断商给予税收补贴(通常属于不完全竞争的情况)的理由在于,它们的边际收益低于商品价格。具体而言,是因为垄断商在边际成本与边际收益相同的那一点生产并提供商品,这就会限制生产规模,从而导致产量低于最优规模的水平。因此,给其生产性补贴,其值恰好等于边际成本和边际收益之差，从而促进垄断商的产量最优化。

庇古税蕴含的逻辑与上述税收补贴相似，我们将在这一章对此予以关注。这里，我们仅对简单的经济体，即其中只存在由外部性导致的市场失灵的情况加以探讨，而排除不完全竞争、不完全市场和非对称信息等其他情形。要对这个问题有更一般的分析和了解，读者需要参阅格林沃尔德-斯蒂格利茨（Greenwald-Stiglitz，1986）等有关文献解读。我们的分析将从简单的局部均衡原理开始，接着转向一般均衡分析，最后重新思考此前涉及外部性的相关章节的最优税收问题。

外部性是经济学中一个最为普遍的概念，许多市场失灵都可以通过外部性而得到深入的解释。为更具体地认识问题，我们用污染作为引导性例子，并且是我们有时谈到的绿色税收问题。围绕环境税也引发了许多有趣的问题，这与税收归宿有关，或者与对污染征税的边际收益的估算有关，也与前面提到的旨在管控污染以遏制全球变暖的国际努力有关。更具普遍性的是，这是一个有关管控污染的政策工具选择的古老争论。除了税收，也建议采用一些标准工具、贸易配额、补贴减持以及像科斯（1960）所说的私营性经济主体之间的协商机制等。

在第 10 章，我们将回到对当前环境税的政策讨论中。为获得更全面的了解，读者应该从桑德莫（Sandmo，2000）或鲍温勃格-古尔德尔（Bovenberg-Goulder）等新近的政策解读中寻找答案。

7.1 局部均衡中的庇古税

征收矫正税的思想可追溯到庇古（1920［1952］，p.192），显然，目前我们认为的私有性与社会性的边际产品之间的差异，不可能通过对任何两个契约方之间的契约关系的优化调整而减少。这是因为，分歧源于给居民带来的效用或无效用，而不是契约方。然而如果政府那样选择，可通过对任意领域采取特别鼓励或特别限制的投资政策，来消除该领域的私有性与社会性的边际产品之间的分歧。当然，可以假定这些特别鼓励或特别限制的政策工具的最普遍形式是政府的赏金或者税收。

在局部均衡中，争论是非常简单的。考虑一种污染性商品，即会因其消费而降低环境品质的商品。本章描述了乘小车旅行是如何污染空气的。消费商品既带来了可通过呈反比关系的需求函数加以评估的私人边际收益（PMB），也产生了因环境污染而导致的边际损失。

代数数值代表社会边际收益（SMB），位于供求曲线所决定的 *PMB* 的下方。如图 7—1 所示，社会边际收益的最优水平数值位于 *SMB* 和边际成本曲线 *MC* 的交点。市场均衡水平由 MC 和 PMB 曲线的交点决定,由此决定了某种污染物的产量 q^O。当 $q^E > q^O$ 时,就会生产出更多的产品以及污染。假如我们让政府对污染物品的消费征收特别税,并将该税的价值设定为:

$$t^p = PMB(q^O) - SMB(q^O)$$

于是,在市场达到均衡状态时,会得到一个 q 水平的产量,即:

$$PMB(q) - t^p = MC(q)$$

因此,当 $q = q^O$ 时,庇古税 t^p 将使经济运行回到最优状态。显然,从公式中可以发现,t^p 就是因污染而导致的边际损失。此时我们说,税收把外部效应内部化了。

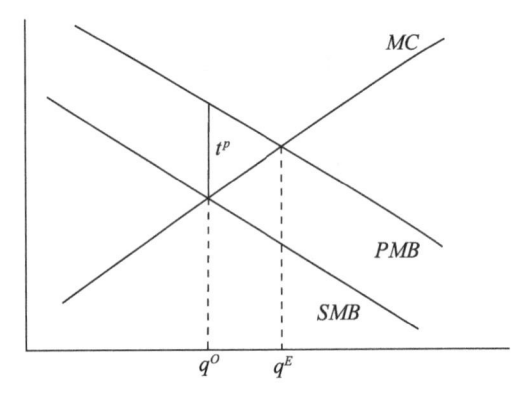

图 7—1 庇古税

上述简单的事例提出了几个难题,对此我们将在本章的其他部分予以讨论。我们想弄清楚,对一般均衡而言,当其他税种存在且引发相应的扭曲效应时,会发生什么状况。让我们举一些在政策探讨中提出的显而易见的理念。对污染物的替代产品的消费应该予以补贴,以减少环境污染——如用乙醇代替汽油。再次考虑汽油产品,如果穷人过度消费,并且对汽油征收直接税无法实现最优再分配,那么污染物品就不是好的征税对象。此外,对污染物品征税带来一些收益,并可以减轻对清洁产品的课税。为正确评估这些政策建议,我们需要寻求一个更为一般性的模型。

7.2 最优绿色税收

这一节将用一般均衡模型来分析问题,该模型曾在第 3 章中被引入用来讨论间接税。记住,在这个模型中,效用函数为 $U_i(X^i, L^i)$ 的 I 个工薪阶层消费者的生产能力相同,都面临被征收同样的线性税,即对 n 种商品的税率为 t_k,对劳动供给的征税税率

为 τ。公司每使用 1 单位的劳动力，可生产出 1 单位商品 j。于是，若我们将工资常数化为 1，商品 j 的生产价格也是 1，消费价格则是 $(1+t_j)$。这样，若他从政府那里获得总额转移支付 T_i，经济主体 i 面临的预算约束条件为：

$$\sum_{k=1}^{n}(1+t_k)X_k^i = (1-\tau)L^i + T_i$$

此时，政府也需要提高征税额，为弥补总额转移支付与 G 单位劳动力工资的支付缺口而筹资。

现在我们假定商品 1 属于污染物品，其总消费对环境品质产生的损害为 e，通常称此现象为大气外部效应。

设 $X_k = \sum_{i=1}^{I} X_k^i$，然后我们界定 $e = f(X_1)$，这里的 f 表示一个平滑的递减函数。显然，迄今为止，环境质量只与市场主体的关切紧密联系，所以我们将效用函数改为 $U_i(X^i, L^i, e)$，其中，U_i 随 e 而增加。再次考虑作为乘小车旅行的 X^i，其在获得私人效用的同时也带来了空气的污染。我们假定工薪消费者数量 I 足够大，以至单个个体对 e 的影响可以忽略不计。为简化起见，假定生产集合不受环境质量的影响，如此，我们将满足 $R>1$ 条件的所有产品称为清洁产品。

□ 7.2.1 最优问题

在这一节，我们从致力于获得最优解的边际条件的探讨开始。这可以通过选择一组帕累托权重 (v_i) 并最大化 $\sum_{i=1}^{I} v_i U_i(X^i, L^i, e)$ 而得到。

给定 $e = f(X_1)$ 和生产约束条件，也就如同 $\sum_{k=1}^{n} X_k + G \leqslant \sum_{i=1}^{I} L^i$。设 μ 表示生产约束的乘数，于是 X_1^i 的一阶条件为 $v_i \dfrac{\partial U_i}{\partial X_1^i} + \sum_{j=1}^{I} v_j \dfrac{\partial U_j}{\partial e} f'(X_1) = \mu$。

对其他商品 $(k>1)$，一阶条件为

$$v_i \frac{\partial U_i}{\partial X_k^i} = \mu$$

最后，L^i 的一阶条件为 $v_i \dfrac{\partial U_i}{\partial L^i} + \mu = 0$。

用前两个一阶条件替代最后一个一阶条件，我们可以得到清洁产品的一阶条件公式

$$-\frac{\partial U_i/\partial X_k^i}{\partial U_i/\partial L^i} = 1$$

这是一个标准化的条件，其关于商品和闲暇之间的边际替代率必须等同于边际技术替代率。与此相反，我们可得到污染物品的一阶条件公式：

$$-\frac{\partial U_i/\partial X_1^i}{\partial U_i/\partial L^i} - \left(\sum_{j=1}^{I} \frac{\partial U_j/\partial e}{\partial U_j/\partial L^j}\right) f'(X_1) = 1$$

这个一阶条件不同于普通的商品，原因在于污染物品的消费量增加，加重了环境的污染，由此催生出边际负效应。因此，对污染物品与闲暇品之间的边际替代率被矫正。方程的左边被称为社会边际替代率。更为普遍的是，存在外部效应时的帕累托最优解的边际条件，要求社会边际替代率必须等于社会边际技术替代率。

假设政府可以通过差别化的总额转移支付来自由地重新配置资源，那么，上述的帕累托最优解的特征可以通过采取合适的税收制度加以分散化。

让我们设想一个均衡状态下的边际条件，在消费价格为 q、净工资为 $1-\tau$ 时，这表明对所有的 i 和 k，

$$-\frac{\partial U_i/\partial X_k^i}{\partial U_i/\partial L^i} = \frac{q_k}{1-\tau}$$

正如在本书第 3 章中，我们选择将税收制度标准化，从而使得 $\tau=0$，$q_k=1+t_k'$，这里的 t_k' 是对商品 k 的税率。于是，我们可选择当 $k>1$ 时，$t_k'=0$，并且在帕累托最优状态下计算

$$t_1' = \left(\sum_{j=1}^{I} \frac{\partial U_j/\partial e}{\partial U_j/\partial L^j}\right) f'(X_1)$$

的值。容易发现，通过替代，这样一个税收制度将帕累托最优分解了。

当政府能自由使用总额转移支付时，税率 t_1' 是一般均衡框架下的庇古税数值。通过让污染环境的市场行为主体承担污染所带来的社会成本，从而将外部效应内部化，由此使得局部均衡与一般均衡框架下的庇古税体现同样的理念。

需要指出，因为 U_j 随 L^j 的增加而减小，并随 e 的增加而增加，又因为 f 是递减的，所以 t_1' 是正值。然而，t_1' 的价值随不同的帕累托最优解而变化：不同的社会权重 v_i 意味着劳动供给水平的不同，以及对污染物品的消费总量的不同，因此也对应着不同的庇古税率。

还需要注意的是，环境质量由每个消费者对污染物品的消费决定，并且两者之间呈非线性的关系，而不是由总消费状况 $e=f(X_1^1,\cdots,X_1^I)$ 决定。

于是，政府必须采用个性化的庇古税，这里，公式中的 $f'(x_1)$ 被 $f_i'(X_1^1,\cdots,X_1^I)$ 代替，以决定对消费者课征的税率。这是否会成为严重的困难，取决于环境，我们将在第 10 章重新回到对这一点的讨论。

7.2.2 次优解

正如本书中反复争论的,政府可以借助总额转移支付来自由地重新配置资源的假定是不现实的。信息难题使得政府难以超越统一的一次性转移支付的资源重新配置方式。于是,政府不再能够实现最佳的效果,其所能做的最好方法是针对商品 t' 选择税率向量(此处,我们再次将工薪税税率最大化为零),并且选择统一的一次性总额转移支付 T,以在政府的预算约束条件下将柏格森-萨缪尔森的间接税 $W(V^1, \cdots, V^I)$ 最大化。政府的约束性条件如下:

$$IT + G \leqslant \sum_{k=1}^{n} t'_k X_k$$

这里,通过最大化 $U^i(X^i, L^i, e)$,每一个间接效用函数 $V^i(q, e, T)$ 都被予以界定。给定的预算约束条件为

$$q \cdot X^i \leqslant L^i + T$$

并且我们回到大气外部性的假设条件:环境质量 $e = f(X_1)$ 仅取决于对污染物品的消费总水平。

这与我们在第3章研究的问题非常相似,q_k 的一阶条件可表示为

$$\sum_{i=1}^{I} \frac{\partial W}{\partial V^i} \left(\frac{\partial V^i}{\partial q_k} + \frac{\partial V^i}{\partial e} f'(X_1) \frac{\partial X_1}{\partial q_k} \right) = -\lambda \left(X_k + \sum_{l=1}^{n} t'_l \frac{\partial X_l}{\partial q_k} \right)$$

同往常一样,设 α_i 表示消费者 i 的边际收入效用,而 β_i 表示其社会边际收入效用:

$$\beta_i = \alpha_i \frac{\partial W}{\partial V^i}$$

于是可以得到

$$\sum_{i=1}^{I} \beta_i X_k^i = \lambda \left(X_k + \sum_{l=1}^{n} t'_l \frac{\partial X_l}{\partial q_k} \right) + \left(\sum_{i=1}^{I} \frac{\partial W}{\partial V^i} \frac{\partial V^i}{\partial e} \right) f'(X_1) \frac{\partial X_1}{\partial q_k}$$

现在,再假设

$$\Gamma = \frac{1}{\lambda} \sum_{i=1}^{I} \frac{\partial W}{\partial V^i} \frac{\partial V^i}{\partial e}$$

且在 $t''_k = t'_k$(当 $k > 1$ 时)和 $t''_1 = t'_1 + \Gamma f'(X_1)$ 的条件下,界定商品的新税收制度,于是上述的一阶条件变为

$$\sum_{i=1}^{I} \beta_i X_k^i = \lambda \left(X_k + \sum_{l=1}^{n} t''_l \frac{\partial X_l}{\partial q_k} \right)$$

这正是我们在本书第3章中得到的方程,差别仅在于这里的 t' 被 t'' 所代替。如果我们再次设

$$t_1^p = -\Gamma f'(X_1)$$

为正,最优税率 t' 与拉姆齐最优税率 t^R 不同,如下所示:

$$t_1' = t_1^R + t_1^p$$

且当 $k>1$ 时,

$$t_k' = t_k^R$$

这个"可加性质"首先被桑德莫(1975)推导出来。尤其是,它意味着政府不应试图通过对污染物品的互补商品课以重税的方式来阻止环境污染,即便在次优状态下,情况亦如此。

然而,需要记住的是,各种税率以复杂的方式互动,以鼓励或阻碍对不同商品的消费。显而易见,正如所期待的那样,对污染物品征收庇古税的确阻碍了人们对其互补品的消费,然而却促进了人们对其替代品的消费。实际上,第3章所得到的最优抑制指数的公式对于 t'' 依然成立:

$$-\frac{\sum_{j=1}^{n} t_j'' \sum_{i=1}^{I} S_{kj}^i}{X_k} = 1 - \bar{b} - \bar{b}\theta_K$$

它可以被重写为

$$-\frac{\sum_{j=1}^{n} t_j' \sum_{i=1}^{I} S_{kj}^i}{X_k} = 1 - \bar{b} - \bar{b}\theta_k - t_1^p \frac{\sum_{i=1}^{I} S_{k1}^i}{X_1}$$

因为 t_1^p 是正值,且作为商品1的替代品的 S_{k1}^i 也为正值,而作为商品1的互补品时为负值,可以得出结论:政府应更多地阻止对污染物品的互补品的消费。加法原理具有令人惊奇的属性:通过对污染物品本身征税,政府就能获得政策效果,而不需要另外对其互补品征税,或对其替代品加以补贴。回到那个令人鼓舞的例子,加法原理启示我们,与其补贴乙醇,不如对汽油征税。

给定第5章中的阿特金森-斯蒂格利茨原理,当政府可以获得最优的非线性所得税时,你可能会对这些结果是否还能站得住脚感到疑惑不解。Kopczuk(2003)指出,在那种环境下[2],不仅加法属性仍然成立,实际上,它仅要求对污染物品征收间接税成为可能,而不论其他税收工具是否可以得到。外部性以一种不同寻常的机制影响着这些另类税收政策工具的最优税率表。

最后，Micheletto（2008）发现，在外部性不成气候的条件下，如果能够征收个性化的绿色税收，那么加法属性总体上还是成立的。然而，若按照同样的税率对经济主体消费的污染物品收税，那么污染物品的税率就不仅仅体现为拉姆齐税率和庇古税率的数值了。

7.3 存在双重红利吗？

在一般均衡中，一种绿色税的社会价值取决于其课征后的收入如何使用。例如，皮尔斯（Pearce，1991）所传播的一个概念表明，这种绿色税收可以用来削减像劳动所得税这样的扭曲性税种，这会减少扭曲并因此而产生间接性的福利效应。由此，我们将获得由绿色税产生的双重红利：其一是环境质量的提高，其二是采用其他税后，扭曲效应减少而带来的第二个红利。不幸的是，一般性均衡分析工具不能为环境带来双重红利的乐观见解提供支持。

与以总额转移支付的方式直接返还现金给纳税人相比，通过减少扭曲性的税收来从绿色税收中取得收入也许是一种更好的办法。理由在于，按照定义，采用前一种方式，并未减少经济活动的扭曲行为。

然而，绿色税却在所有市场滋生扭曲效应。可以通过其在劳动力市场上的影响情况加以例证。根据已积累的共识，征收绿色税造成污染物品价格更昂贵，但是消费者迫于无奈，仍然继续购买，这就降低了他们工资的购买力，并因此阻碍劳动力的有效供给。因此，绿色税税率的提高会恶化劳动力市场的扭曲效应。用来自绿色税的收入来降低对劳动收入的征税，会在另一个相反的方向产生积极效果。但是，没有理由可以让人相信，由此产生的影响将会带来让人期待的福利改善的第二种红利。

事实上，第二种红利更具有负面特征。对此，直觉相当清晰：因为根据定义，拉姆齐税收是筹集收入的最有效率的课税方式。庇古税对课征环境税是有效的（这是第一种红利），但是，它比劳动力税收带来的扭曲效应要大。[3] 用可计算的一般均衡模型（Bovenberg-Goulder，1996）进行加总，可以发现，其不仅仅是一个理论精细点，绿色税的最优规模水平低于其他扭曲性税种。

为结束讨论，我们提出两个注意事项。其一，相对于一些清洁产品，许多不发达国家存在对污染物品补贴的税收制度。于是，第二种红利可能是正的。其二，一些存在失业的经济体，尤其当其污染物品的生产部门属于资本密集型时，通过对污染物品征税，可以产生就业红利，不过，人们对此种观念的争论也非常大。

注释

[1] 例如，可参见 Salanié（2000）。

[2] 如同 Cremer-Gahvari-Ladoux（1998）所证明的那样。

[3] 例如，关于这一点更详细的分析，可参考 Bovenberg-de Mooij（1994）。

参考文献

Bovenberg, L., and R. de Mooji. 1994. Environmental levies and distortionary taxation. *American Economic Review* 84: 1085–1089.

Bovenberg, L., and L. Goulder. 1996. Optimal environmental taxation in the presence of other taxes: General equilibrium analyses. *American Economic Review* 86: 985–1000.

Bovenberg, L., and L. Goulder. 2002. Environmental taxation and regulation. In A. Auerbach and M. Feldstein, eds., *Handbook of Public Economics*, vol. 3. Amsterdam: North-Holland, 1471–1545.

Coase, R. 1960. The problem of social cost. *Journal of Law and Economics* 3: 1–44.

Cremer, H., F. Gahvari, and N. Ladoux. 1998. Externalities and optimal taxation. *Journal of Public Economics* 70: 343–364.

Greenwald, B., and J. Stiglitz. 1986. Externalities in economies with imperfect information and incomplete markets. *Quarterly Journal of Economics* 101: 229–264.

Kopczuk, W. 2003. A note on optimal taxation in the presence of externalities. *Economics Letters* 80: 81–86.

Micheletto, L. 2008. Redistribution and optimal mixed taxation in the presence of consumption externalities. *Journal of Public Economics* 92: 2262–2274.

Pigou, A. 1920 [1952]. *The Economics of Welfare*. London: Macmillan.

Salanié, B. 2000. *The Microeconomics of Market Failures*. Cambridge: MIT Press.

Sandmo, A. 1975. Optimal taxation in the presence of externalities. *Swedish Journal of Economics* 77: 86–98.

Sandmo, A. 2000. *The Public Economics of the Environment*. Oxford: Oxford University Press.

第8章　对最优税收的一些批评

我们用了四章来研究最优税收问题，一些经济学家可能觉得这太费笔墨了，我们将在本章对他们这样认为的原因予以简要说明。

第一类批评来自该理论本身。即使我们赞同最优税收的观点，但是我们也会发现它的若干假设值得商榷。我们也讨论了其中许多有异议的观点，这里，我们将集中探讨两类更为外在的对最优税收理念的批评。

8.1　有代表性的社会偏好

把类似于伯格森-萨缪尔森函数这样复杂的偏好归到政府头上，是否现实？伯格森-萨缪尔森函数隐含地假定，政府可以对任意两个经济个体征收的一美元税收的社会成本进行数值比较。仔细考虑如下问题：政府应该从一个年收入50 000美元的人那里征收50美元税收，并给最低工资收入者10美元的补贴吗？我们很难对这类问题给出简单的答复。

对这一批评的第一个答案是最优税收理论中的一些重要结论，如阿特金森-斯蒂格利茨的间接税不相关定理，在任何一组社会权重系数下都成立。然而，它在计算最优税率的实际数值时并不起作用。我们可以将简单的政治上更可行的偏好归给政府，而不是假定政府（或政治过程）按照一套既定的社会权重行事。因此，坎布尔-基恩-图奥马拉（Kanbur-Keen-Tuomala，1994）假设政府试图将贫困线的标准定到最低。他们指出，最优税率表补贴了最贫困者的劳动供给，但是他们的模拟研究表明，这种影响在实际中微乎其微。[1]

在缺乏一个共识性的"恰当的"社会福利函数的情况下，政策分析家只能紧随帕累托改进的税收改革方向，也就是说，渐进式税收改革中没有输家，只有一些赢家。

在第5章中我们看到，给定准可分性的偏好，通过消除间接税和适当地改变直接税方案，让所有人的生活状况都得到改善，在总体上是可能的。我们将对那些着眼于节奏微妙的渐进式税制改革的理论文献予以简要的总结。选择渐进式改革模式在某种程度上是对批评最优税收理论的一个回应。对最优税收理论的另一个批评认为，它隐含地假定税收制度可以从头开始（Feldstein，1976；Guesnerie，1977）。实践中，政治机器需要连续运转，因而税收改革必须一步一步地渐进式推进。

回顾一下我们对有关公平的两个概念的区分。纵向公平根据个人的盈利能力而总结其所有特征。问题的中心，即最优税收问题的核心，于是就体现为如何平衡效率与富人（具有较高的盈利能力）和穷人两类人之间的资源再分配的问题。理论上，通过假定应税单位仅因为生产力差异而各不相同，例如，设他们都是富有的年轻单身汉，证明最优税收对于实现纵向公平是独有的。而实践中，决策者不可能无视应税单位之间的其他差别，如家庭成员构成情况、伤残和偏好。因此，对横向公平的关注成为当前许多争论的中心，关于这一点，我们将在以下部分探讨。

8.1.1 税制改革

渐进式税制改革的文献通常具有相当的技术性。这里我们仅对相关的方法予以简述。读者可以参阅迈尔斯（Myles，1995，ch.6）或古森瑞（Guesnerie，1995）的相关内容以更详细地了解。运用第3章的有关结论，这里我们研究间接税。于是，该经济体包括I个工薪消费者，其马歇尔需求函数为$X_i(q,R)$，此处的q表示消费价格，而R是一个统一的总额转移支付。加总产量的集合由下式表示：

$$F(y) \leqslant 0$$

令$X = \sum_{i=1}^{I} X_i$代表超额需求的加总量。我们再次假定对利润100%征税，并且存在一个可支持均衡水平的生产价格p（最后这个假设被证明是苛刻的）。

从一个积极有效的均衡状态(p, q, R)开始，结果如下：

$$F(X(q,R))=0$$

让我们考虑一个幅度极微小的税制改革，它改变消费者的消费价格和统一的总额转移支付 $dz=(dq, dR)$。该项改革导致加总的超额需求发生 dx 幅度的变化，只有当经济体居于加总的产量集合内时，它才是可靠的。因此，我们必须有下列条件：

$$F' \cdot dX \leqslant 0$$

但是，因为 p 支持均衡，所以 F' 必须与 p 成比例。进一步地，我们可得到：

$$dX = \frac{\partial X}{\partial q} \cdot dq + \frac{\partial X}{\partial R} dR$$

于是，仅当 $Adz \leqslant 0$ 时，改革才是可行的。此处的 A 是一个向量，

$$A = \left(p \frac{\partial X}{\partial q}, p \frac{\partial X}{\partial R}\right)$$

消费者 i 的间接效用在下列条件下递增：

$$\frac{\partial V_i}{\partial q} \cdot dq + \frac{\partial V_i}{\partial R} dR$$

给定罗伊恒等式，上述条件也可写作：

$$\frac{\partial V_i}{\partial R}(dR - X_i dq)$$

对每个消费者 i 来说，要获得帕累托改进的税制改革，必须满足 $B_i dz > 0$，此处的 $B_i = (-X_i, 1)$。

现在我们要做的就是必须找到一个向量 dz[2]，以使 $Adz \leqslant 0$，且对所有的 $i=1, \cdots I$，有 $B_i dz > 0$。

运用法卡斯引理（Farkas's lemma），我们能够发现：只有当 A 不属于由 B_i 生成的圆锥体 B 时，一个具有帕累托改进效应的可靠的税制改革才会存在。也就是说：

$$B = \left\{\sum_{i=1}^{I} \lambda_i b_i, \lambda_i \geqslant 0 \text{ 且 } b_i \in B_i \forall_i\right\}$$

为表示这个条件，请注意，通过区分预算约束条件 $q \cdot X_i(q, R) = R$，我们可以得到：

$$q \cdot \frac{\partial X_i}{\partial q} + X_i = 0，\text{以及} q \cdot \frac{\partial X_i}{\partial R} = 1$$

设 $t = q - p$ 表示税收向量，将上述有关公式改写成如下形式：

$$p \frac{\partial X_i}{\partial q} = -X_i - t \frac{\partial X_i}{\partial q} \text{ 和 } p \frac{\partial X_i}{\partial R} = 1 - t \frac{\partial X_i}{\partial R}$$

由此可得：

$$A = \sum_{i=1}^{I} B_i - \left(t\,\frac{\partial X}{\partial q}, t\,\frac{\partial X}{\partial R}\right)$$

尤其是当 $t=0$ 时，$A = \sum_{i=1}^{I} B_i$ 属于圆锥 B（即在圆锥体 B 内），并且可以预期的是，当起初的经济体只拥有总量税收时，就不会产生帕累托改进的税制改革。现在，假设所有的消费者都是相同的，于是 $B_1 = \cdots = B_I$，并且只有部分 B 是由 B_1 产生的。由此，容易发现，当 t 是非零数值时，A 并不属于 B，因此，存在一个可行的帕累托改进的税制改革。

图 8—1 展示了这个结论，为简化起见，我们设定一个只有两种商品和两个消费者的经济体的情形，并且假定 $dR=0$，商品 1 是闲暇品，在均衡状态时其供给量过度，而商品 2 是由劳动创造的消费品。于是，向量 B_1 和 B_2 位于图的右下角。我们假定 A 不属于 B，因而就存在一个帕累托改进的可行的税制改革：向量 dq 就是一个例子。需要注意，推出这样一个改革并不难，仅需要给出需求和局部弹性的信息就可以了。

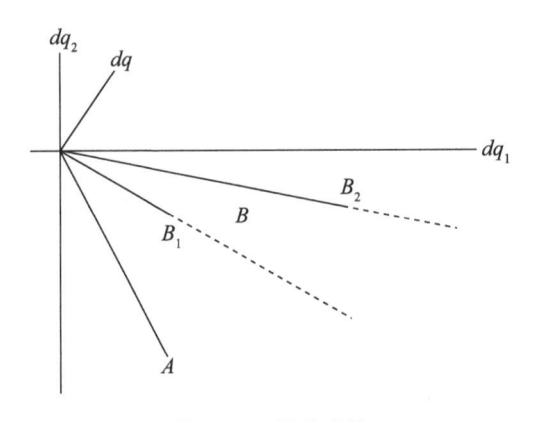

图 8—1 税收改革

我们设立了与间接税相关的问题，但是可能会扩展到混合税，即具有线性的商品税和非线性的所得税的情形。科内什（Konishi，1995）发现，在这种情况下几乎总是存在一个可靠的帕累托改进的税制改革。对该结论的直觉是，正是所得税的非线性特征留下了大量的"弯头"空间。如果某项仅影响商品税率的税制改革损害了一部分消费者的利益，那么，通过巧妙地控制所得税来补偿这些消费者损失的方法，总是可能存在的。

最后，需要注意的是，虽然上述文献似乎较为抽象，但其某些结论具有较强的经济内涵，例如科利特-黑格（1953）、克里斯琴森（1984）、奈托（1999）等学术论文以及本教材前面的章节。古森瑞（1995，ch.4）运用一般经济理论解释了其他的一些案例。

8.1.2 横向公平

横向公平有时被定义为"公平地对待每一个平等者",这听起来无可非议,但不是一个易于操作的概念。也有一些人将其视为纵向公平的镜像物:正如纵向公平要求那些高收入者缴纳高税收的理念一样,横向公平将使得每个给定收入水平下的纳税人都面对相同的税务账单。

第二个定义比较精确,尽管它引出了一些问题。首先,需要对"纳税人"、"相同的收入"和"相同的税务账单"这些术语进行含义的界定。比如,家庭是最常见的应税单位,但是,正如我们将在8.2.1节看到的,许多税收制度以这样或那样的方法,对已婚夫妇和单身者区别对待,或根据拥有孩子的数量对已婚夫妇区别对待。这些是否违背了横向公平的原则?所得税的累进性意味着在生命期限内,收入保持不变的纳税人比收入可变的纳税人支付较少的税收。我们这里所说的横向公平似乎意味着,生命期限内的收入应成为税基,不过这在实践中很难操作。这里也存在其他一些微妙的问题,例如,女性养老金领取者是否应当得到与男性同样多的救济,尽管她们生命周期更长,并因此而得到一笔较大的贴现值?

更加普遍的是,让收入相同的纳税人缴纳相同数量的税收并不显得那么有吸引力。举例来说,它们似乎排除了伤残抚恤金(因为伤残者的盈利能力降低了,所以他们只需支付较低税收)。我们或许需要一种理论,将对纵向公平与横向公平的关注因素都囊括其中。我们通过如下条件对横向公平的含义予以界定:税收制度对某个纳税人的影响不随与其毫不相干的人的特征而改变。当然,困难的是,我们怎样能够决定哪些特征应被视为不相关的? 道德理论的一个经典教义是机会平等,在罗纳德·德沃金(Ronald Dworkin)的著作中可找到它的根源,并且它被以约翰·罗默(John Roemer)为代表的经济学家推广到经济学领域(Roemer,1998,2002)。机会均等政策致力于提供一个相同水平的舞台。为此,它必须保证人的经济产出水平尽可能少地受到他所无法掌控的条件的约束。为表述此点,机会均等政策的支持者认为,每个人都不应该被不幸的经济状况过度伤害,但是他们承认,对机会的自由选择,同样也可能导致个体之间的一些不平等。

上句中的"尽可能少"和"过度"两个词,指的是效率平等的均衡。回到标准的最优税收模型,天生的盈利能力 w 显然可归入人们所无法掌控的条件的范围。当他享受效用时,事情就变得棘手起来,但是,我们要假设一个社会决心将机会均等政策执行到一种人们要对其体验负责的程度。这样,我们能将第 4 章的效用函数 $U(C,L)$ 改写成 $U(C,L;a,b)$。这里,主要的效用函数 U 对所有个人都相同,并且每个人对他自己的 a 负责,但不对与体验相关的经济状况 b 负责。例如,工作努力与否是条件 a 的一部分，而伤残连同那些影响效用函数和可能被个人早期的环境所同化的任何因素则被纳入条件 b 中。这里，"负责"这个词的税收含义是指，若没有对劳动供给的抑制因素，社会将允许的 a 值不同的个体之间存在的不平等状况。但是，在 a 值相同、w 或 b 不同的情况下个体之间存在的不平等，是社会不能容忍的。

第 4 章中的标准化最优税收模型假设应缴纳的税收取决于收益 wL。但是，a 和 b 的一些组成要素也是可以被察觉的，并且税率表可能根据它们加以调节。在任何情况下，我们设 T 代表一种所得税税率表。

给定 T，经济主体 (a, b, w) 将选择劳动供给函数 $L(a, b, w, T)$，并且得到一个间接效用 $V(a, b, w, T)$。第 4 章并没有 a 和 b，我们只是在所有可靠的预算税率表中选择 T，以对一些社会福利函数 Ψ，求解 $\int \Psi(V(w, T)) dF(w)$ 的最大值。

特别是，罗尔斯原理促使我们将 $\min_w V(w, T)$ 最大化。

机会均等意味着我们也要在"体验环境"参数 b 中求得最小值，其道德地位与盈利能力 w 的地位相同。然而，由于 a 是一种个体选择，所以我们在利用 a 的最不利数值求个体的间接效用最大值方面并不感到有被强迫的压力。在 a 的所有数值中，给定一社会福利函数 Φ，我们将选择一个预算可行的 T 值，以求 $\int \Phi(\min_{w,b} V(a, b, w, T)) dG(a)$ 的最大值。

这是一种能表达机会均等理念的公式化形式，参见 Fleurbaey-Maniquet（2006）基于公理化方法对公平所得税的研究论文。这篇论文中没有类似我们讨论的 b 这样的术语，但是他们指出了最优税收制度（仅基于税前盈利）致力于将"工作勤奋的穷人"的税后收入最大化："工作勤奋的穷人"是指那些税前盈利恰好等于经济体中生产能力最弱者的全时盈利能力的人。

我们举一个来自曼昆-温齐尔（Mankiw-Weinzier，2010）的挑衅性例子来结束本节的这个讨论。经验研究表明，给定年龄、种族、性别的美国人，他们的身高每增加 1 英寸，则其平均收入提高幅度为 1%～2%。既然身高容易被观察到，且盈利能力似乎取决于它，那么所得税税率表可用身高来描述。这样的政策改革对大多数人来说似乎没有多少吸引力，尤其是当它被扩展到其他领域时，如那些面容姣好的人会更快乐且拥有更高的盈利能力。它看起来对许多人是不公平的，然而，就像上面界定的那样，身高是一个明显的可察觉指标，而自由选择这样的要素却不是。并且，我们早期的探讨表明，它恰恰与天生的盈利能力一样，应被同等对待。当然，也存在其他一些理由，说明对身高征税为什么不是一个普遍适用的命题：如此行事会被视为一种政治谬误。

8.2 实际工作中的税收理论

正如政策分析家所知,政策的实行需要考虑诸多因素:政治的、行政的、信息的以及其他因素。仁慈的计划者的创意几乎是所有最优税收理论文献赖以建构的逻辑始点。正如熊彼特(1949,p.208)所指出的:

> 政策是一种政治,而政治是一件非常理智的事。无论是站在自身立场上创造某种形而上的被称为"利益共同体"的实体,还是创造一个超自然的、高高在上的置身于人类纷争和团体利益之外的所谓的"国家",并对其顶礼膜拜,都是没有意义的。

每个政府都会屈服于能够扭曲税制的利益集团的说法未必正确。不过,政府是被那些希望极大地改善自己经济状况的联盟推上台的说法仍然是正确的。如果新一届政府的上台仅意味着社会目标函数要发生改变,那么有关最优税收的文献还应包括政治性的变化因素。如果新政府意欲惠及某些横向集团,如公务员群体、钢铁产业、农民群体等,那么事情就会变得更加棘手。

尽管最近政治经济学有所发展,但是经济理论在税制因素的内生化问题上还没有达成共识,现有的多数模型依赖于中性选举者定理,这或多或少地减少了单向度选择的政治议程。经济学家看不惯的东西,政治官员们却奉为圭臬。自亚当·斯密以来,经济学家一直坚持认为,良税的归宿应该是清晰的,但是,假如其归宿清晰,那么输家就很可能组成一个持反对意见的游说团体。从政治视角来看,创造一种归宿不透明的税收,其归宿模糊到一定程度,是比较好的,因为如果归宿模糊到一定程度,广泛的抗议就会消散。[3]从这个意义来说,政治官僚们如此钟情于目标税收支出就不奇怪了:他们培养了一批怀有感激之情的投票者,并在大量的难以动员起来的无差别投票者中间稀释了成本。更为普遍的是,对税收决策问题的研究应该成为每一位优秀的专业经济学家所授课程的一部分。但是,政治经济学的文献是如此浩瀚,以至我们在这里只能对一些相关的问题予以关注。

我们几次间接地提到了行政成本的重要性,这些成本形成了三个主要种类:

(1)逃税行为的发生,使得我们有必要对诚实的纳税人增加税率,这会使税赋变得难以接受。注意,应该正确区分逃税和避税:逃税是一种非法行为,而避税仅是某些幸运的纳税人利用税收的漏洞所进行的财务上的最大化手段。[4]

(2)在严格意义上,行政成本是征收和处理税收收入的成本,比如,它包括税收当

(3)执行成本是因纳税人的一些行为因素而生成的,如当纳税人寻求税收最优惠的投资时,为专业化的建设而付费时(特别是对于厂商和富有的纳税人),以及填写各种特别形式的纳税报表而浪费时间时。

上述这些成本的总值并非一个小数目:在美国,这个数值估计接近税收的7%,或者说每年超过1 000亿美元。然而,我们应该认识到,出于对公平的关切,税收制度的这些复杂性是不可避免的。毕竟,世界上成本最低的税收制度依赖于人们自愿地缴税。但是这种制度几乎是不公平的(并且可能也不是非常有效率)。最大的成本可能并不是那么明显。因此,拥有几个税收等级几乎不会把仅能查阅税率表的纳税人的工作搞复杂。大量的免税和其他各种税收支出,可能导致更为严重的成本。

当建立或重组一个税制时,这些成本仍然必须加以考虑。正像我们在第4章中所指出的,增值税在那个方面经常面临过高的税率。用"减法方法",每个厂商必须申报其购销情况,尽管这是一项十分简单的工作:差别在于非投资性的增值,它是增值税的基础。因此,厂商A从厂商B购买一台电脑的报告,使得税收当局可以检查厂商B报告的真实性。这种制度有效地抑制了逃税行为。与此相似,支付工资时扣缴所得税制度的普遍化,使得反避税工作聚焦到非工资性收入的领域。

为结束本章,我们将简要地讨论税收政策实施领域存在的两个突出问题:许多税收在家庭层面课征的事实,以及最近在行为经济学方面的发现,可以解释税务从业人员的行为特征。

☐ 8.2.1 对家庭征税

到目前为止,我们假定经济体是由许多独立的个体组成,每个人都是应税单位。而在实践中,应税单位通常是家庭,并且,即使对个人单独征税,家庭成员也拥有部分收入。这至少带来两种结果:首先,它引发了对与结婚和生育相关的税收制度中性原理的关注。[5]其次,每个家庭成员的劳动供给对税收的回应差异很大,并且我们也希望按不同税率对每个成员征税。

为简化分析,我们假定存在单身和已婚夫妇这两类家庭,且两类家庭都没有孩子。许多人相信,横向公平需要两个条件:其一,税制的实行不能妨碍结婚的决策;其二,它也不能在收入相同的单职工和双职工家庭之间有所歧视。第二个条件要求对已婚夫妇按其总收入征税,当妻子的收入为Y_W,丈夫的收入为Y_H时,则其应纳税额为$T_M(Y_W+Y_H)$。相应地,前一个条件意味着若两个单身者结婚,他们的总税负不改变。[6]设T_S代表单身者的税率表,对所有的(Y_W, Y_H)要满足$T_S(Y_W)+T_S(Y_H)=T_M(Y_W+Y_H)$的条件。

设 $Y_H=0$ 表示 T_M 和 T_S 两个函数的差异仅表现在术语方面，而 $Y_W=Y_H$ 则意味着常数应为零。因此，T_M 和 T_S 必须是相同的线性函数。

$$T_M(Y)=T_S(Y)=tY$$

并且税率表不能是累进的。这种现象通常被称为婚姻不可能性定理，它有助于人们理解为什么对"婚姻惩罚"会存在周期性的激烈的争论。

例如，美国税制以对个人免税原则为基础，夫妇通常共同提出纳税申请，对无孩子的夫妇的纳税函数为

$$T_M(Y_W+Y_H-2E_M)$$

如果情侣保持未婚，则他们的应纳税额为：

$$T_S(Y_W-E_S)+T_S(Y_H-E_S)$$

当前一类税收负担比后者的税负低时，大多数夫妇实际上得到了婚姻奖励金。再者，美国政府现在允许已婚夫妇选择分开申报纳税。[7]

实际上，共同承担税负的做法并非完全有吸引力。以每个家庭的夫妇都没有孩子作为例子，通过设定 (w_1,w_2) 表示夫妇双方的盈利能力，且求解最优税收 $T(w_1L_1,w_2L_2)$，我们可以重写最优直接税率表函数。

现在，赋予每对夫妇一个基于其总收入和劳动供给的效用函数，博斯金-谢辛斯基（Boskin-Sheshinski, 1983）所做的分析表明，到目前为止，已婚妇女的劳动供给弹性大于男性，因此，应按低于男性的税率对妇女的劳动收入征税。最近，这已经作为一项政策建议在意大利被重新实施，该国的劳动参与率相当低。

克莱文-克雷纳-塞斯（Kleven-Kreiner-Saez, 2009）重温了这类问题，并且聚焦于无孩子夫妇的数量分析。在该分析框架中，主要收入者、次要收入者都可提供劳动力。而主要劳动力可以选择究竟工作多长时间，次要劳动力则选择是否要参加工作，当他们如此行事时，假定所有的次要劳动力得到同样的工资，那么，税率表仅取决于主要劳动力的收入和次要劳动力是否工作这两个因素。当次要劳动力选择工作时，利息问题就与应纳税额是否偏高相关，或者，也许同应纳税是否更具累进性相关。克莱文-克雷纳-塞斯指出，这个答案取决于次要劳动力停止工作的原因。若妇女[8]因为家庭生产率低而选择去工作，那么对于双职工家庭来说，这是不幸的，他们应受到某种援助，比如说基于家庭的转移支付（不过，该援助在次要劳动力的收入增加时会逐渐退场）。如果情况相反，在他们工作的固定成本较低时，妇女选择参加工作，则与单职工家庭相比，应对双职工家庭征收较高的低累进性税收。

为结束讨论，读者应该注意到，所有这些结论依赖于单一模式的家庭，以及一个虚

147

构的"池集"所有收入的单向决策者。由基亚波里（Chiappori，1988，1992）改进的一种家庭集体决策方法已经取得经验性成果。这表明在解释单一模式家庭的相关结论时应小心为妙。

8.2.2 行为经济学和税收

行为经济学家获得大量的发现，指出人们在许多情况下做出的决策，并未展现出基于税收理论模型而揭示的那种理性。其中的某些发现，例如双曲线贴现（Laibson，1997），对广泛存在的问题的破解具有重要意义。其他一些发现就更直接地用来解释税收问题。因此，马德里安-谢伊（Madrian-Shea，2001）发现，当雇员拥有延期储蓄期权时，他们会充分使用税收优惠储蓄账户。在这样的情况下，来自税后收入的储蓄弹性，就起到如我们本书第1章所给出的那种中心作用。切泰-卢尼-克罗夫特（Chetty-Looney-Kroft，2009）发现，如果商品税被纳入牌价中，而不像美国那样在销售点予以增加，那么商品税会对需求水平产生较大的影响。

尽管这个证据对理解个体行为十分有用，但将最优税收模型整合到分析框架中是不容易的。当人们不按经济人的规则行事时，界定政府应该最大化收益的目标，就会带来概念上的难题。问题的关节点在于：正如选择模型所揭示的，完全理性的经济人模型将个人偏好加总，聚合成福利标准，而这可能不被"行为"主体所接受。

一种观点认为，人们犯错误是因为他们不爱动脑筋，或由于需要解决的问题相当复杂。因此，正如孙斯坦-塞勒（Sunstein-Thaler，2008）所指出的，假如这些群体能充分理解他们所处的环境，那么政府也许应该帮助他们做出符合其意愿的决策，"推动"他们前进。以储蓄行为惯性领域的研究发现为例，假如许多人为应对将来退休而积累的储蓄过少，那么，也正如孙斯坦-塞勒所述，秉持自由主义的家长作风，政府就会提出建议，给这些人赠送选择性期权。其中蕴含的理念是，人们按照"决策效用"行事，而政府应该将适用于他们的"真实的效用"观牢记在心。

为计算一个最优税率表，我们需要一个更为一般的方法，比如，伯恩海姆-兰热尔（Bernheim-Rangel，2009）认为，人们通常能够在选择情境中识别出那些影响自身行为但并不会对政府的福利产生重要影响的辅助条件，例如，切泰-卢尼-克罗夫特（2009）所述的销售税的特点。福利计算可由选择模式来体现，这些选择模式对所有的辅助条件都是相同的。这或许只能带来一个局部的福利排序，但是，若存在关于知情选择的有利的辅助条件，也许当销售价格被纳入牌价中时，才会如此。似乎可以公平地说，现有的文献仍未对此取得一个合乎情理的一致同意的方法。

注释

[1] 更一般地说，在标准的最优税收模型中，工作只通过两种途径影响政府行为：工作产出可再分配剩余以及其通过工人的劳动负效用被纳入社会福利函数。政府赋予代理人劳动内在正的价值的模型更加富有政治现实意义，但是无法解决难以计算最优税率这一难题。

[2] 正如在第3章里，瓦尔拉斯定律（Walras's law）意味着政府的预算约束条件得到满足。

[3] 法国路易十四的财政部长科尔伯特（Colbert）曾说过："征税是一门拔鹅毛的艺术，其试图以最小数量的嘶叫声为代价来获取最大数量的羽毛。"

[4] 常言道："穷人逃税，富人避税。"

[5] 婚姻中性的支持者通常呼吁横向公平。但是，是否选择婚姻是自由的，并且这两种概念是否应该加以区分也并不明确。

[6] 回顾一下，在这种情况下夫妇们都没有孩子。

[7] 少数国家（包括法国）采用分摊收入的方式。在这种简化的情况下，税收数量为

$$T_M(Y) = 2\, T_S\left(\frac{Y}{2}\right)$$

因此，如果已婚夫妇中有一人能够获取不同来源的收入，那么他们将会从税收中获益。

[8] 次要劳动力通常为妇女。

参考文献

Bernheim, D., and A. Rangel. 2009. Beyond revealed preference: Choice-theoretic foundations for behavioral welfare economics. *Quarterly Journal of Economics* 124: 51–104.

Boskin, M., and E. Sheshinski 1983. Optimal tax treatment of the family: Married couples. *Journal of Public Economics* 20: 281–297.

Chetty, R., A. Looney, and K. Kroft. 2009. Salience and taxation: Theory and evidence. *American Economic Review* 99: 1145–1177.

Chiappori, P.-A. 1988. Rational household labor supply. *Econometrica* 56: 63–89.

Chiappori, P.-A. 1992. Collective labor supply and welfare. *Journal of Political Economy* 100: 437–467.

Christiansen, V. 1984. Which commodity taxes should supplement the income tax? *Journal of Public Economics* 24: 195–200.

Corlett, W., and D. Hague. 1953. Complementarity and the excess burden of taxation. *Review of Economic Studies* 21: 21-30.

Feldstein, M. 1976. On the theory of tax reform. *Journal of Public Economics* 6: 77-104.

Fleurbaey, M., and F. Maniquet, 2006. Fair income tax. *Review of Economic Studies* 73: 55-83.

Guesnerie, R. 1977. On the direction of tax reform. *Journal of Public Economics* 7: 179-202.

Guesnerie, R. 1995. *A Contribution to the Pure Theory of Taxation*. Cambridge: Cambridge University Press.

Kanbur, R., M. Keen, and M. Tuomala. 1994. Optimal nonlinear income taxation for the alleviation of poverty. *European Economic Review* 38: 1613-1632.

Kleven, H., C. Kreiner, and E. Saez. 2009. The optimal income taxation of couples. *Econometrica* 77: 537-560.

Konishi, H. 1995. A Pareto-improving commodity tax reform under a smooth nonlinear income tax. *Journal of Public Economics* 56: 413-446.

Laibson, D. 1997. Golden eggs and hyperbolic discounting. *Quarterly Journal of Economics* 112: 443-477.

Madrian, B., and D. Shea. 2001. The power of suggestion: Inertia in 401 (k) participation and savings behavior. *Quarterly Journal of Economics* 116: 1149-1187.

Mankiw, N., and M. Weinzierl. 2010. The optimal taxation of height: A case study of utilitarian income redistribution. *American Economic Journal: Economic Policy* 2: 155-176.

Myles, G. 1995. *Public Economics*. Cambridge, UK: Cambridge University Press.

Naito, H. 1999. Re-examination of uniform commodity taxes under a nonlinear income tax system and its implication for production efficiency. *Journal of Public Economics* 71: 165-188.

Roemer, J. 1998. *Equality of Opportunity*, Cambridge: Harvard University Press.

Roemer, J. 2002. Equality of opportunity: A progress report. *Social Choice and Welfare* 19: 455-471.

Schumpeter, J. 1949. The Communist Manifesto in Sociology and Economics. *Journal of Political Economy* 57: 199-212.

Sunstein, C., and R. Thaler. 2008. *Nudge*. New Haven: Yale University Press.

第三部分

当前的若干争论

本书第三部分将利用前两部分所提供的材料来讨论当前有关税收政策的若干争论问题。这里我们将主要讨论收入补贴计划（income support programs）、消费税以及环境税等。不过，在新闻报道中也出现了其他一些话题，诸如税收竞争（tax competition）等，它在欧盟是个热门话题。

考虑到这些问题的复杂性，读者不应该期求在这里找到清晰的结论。有些时候，我们必须停止对理论的依赖，而应该对理论本身、实证结论以及制度因素等做一个全面的审视。理想的情形是，每个读者在分析了这些争论并对它们的相对分量进行一番研究后，应该建立起自己的判断。这看起来似乎是一个难度较大的任务，但请记住彼得原理（Peter's Principle）的提出者*所说的：

一些问题是如此之错综复杂，以至你必须具有高度的智慧和完备的信息才可以面对它们，然而即使如此，你可能对它们仍然一知半解。

---

* 指 Laurence J. Peter，他是一位已故美国教育家。——译者注

第 9 章 低收入援助

即使在一个没有任何政府干预或者任何其他经济扭曲行为的完全竞争的经济中，市场的自由运转也可能会产生一些低收入者。首先，一些低生产率的个体只能得到低工资；一些劳动的负效用相对大于其工资的人，也许会拒绝工作。即使在理想化的经济中，也会出现两类贫穷的群体：有工作的穷人和非就业的穷人。当然，现实经济里的扭曲行为会影响这两类群体的规模。例如雇主的买方垄断力量可以压低工资，因而使一些雇员陷于贫困。另外，造成失业的非完全市场也会产生非就业的穷人。最后，就像我们将要看到的那样，税收政策本身也可能制造"贫困陷阱"（poverty traps）。

左派与右派政治家，总体上都赞同减少贫困，尽管他们在具体的方式上分歧很大。公共行动的所有组分都可在减少贫困中发挥作用。因此，致力于充分就业和劳动力市场改革的宏观经济学政策会增加就业量，并且稀释非就业的贫困阶层。不过，很显然的是，税收政策在治疗贫困症状中发挥关键作用的同时，也成为致贫的原因。这个理念引导许多现代发达国家创造了一个发放福利救济的复杂系统。国际组织也鼓励发展中国家为本国人口建立一张"安全网"。

对发达国家现行税收制度的研究表明，它们的再分配效应在很大程度上是由它们的福利救济因素引起的。通常税收本身只对高收入者是累进的，而福利救济就其本质而言是针对低收入者的，福利救济能够为收入分布底端的 1/5 的人增加 50%～100% 的收人。一些福利救济，如家庭救济部分地回答了横向公平的问题。不过，大部分福利救济是为了反贫困，以及当社会面临各种风险（如健康、失业等）时，为保持社会稳定而设计的。本章的目的在于研究分析税收制度为何以及应该怎样保障低收入群体的生活。

9.1 贫困的衡量

如何定义贫困是一项困难的工作，这不但有概念上的原因，也有技术性方面的原因。虽然方法有很多，但没有一种方法是完全让人心悦诚服的。第一种方法是用绝对量来定义贫困：如果一个家庭对某些"必需"品的消费低于公认的可接受的最低标准，它就是贫困家庭。这个标准原则上是多维的，但通常会退化为单一的收入标准，即当一个家庭的收入不足以购买这些最低消费水平的必需品时，该家庭就属于贫困家庭。这是美国使用的衡量方法，对于一对没有孩子的夫妇，美国的贫困线（poverty line）是年收入为 14 500 美元左右，或者说比全职最低工资收入的 15％多一点。根据这个标准，约有 13％的美国人口被定义为穷人。

欧洲国家采取的是一种相对方法，这种方法涉及的与其说是贫困，倒不如说是不公平。首先利用一个均等尺度[1]来把家庭中地位同等的成年人数量定义为"消费单位"（consumption units）。如果其每消费单位的收入低于社会每消费单位中等（或有时是平均）收入的一半，则这个家庭被称为贫困家庭。在这种度量贫困的方法下，人们自然可以想象到这样的情形，即所有家庭每消费单位的收入很多，然而"贫困"家庭的比例却在增加。因此，这种定义方式意味着贫困是一个相对概念，它取决于社会的平均收入。按照这个定义，欧洲大国的贫困率从 13％（法国）到 19％（英国和意大利）不等。

无论衡量贫困的方法是绝对的还是相对的，在绝大多数情况下，它都具有即时性：一个家庭在某一年的收入低于贫困线，则该家庭在这一年是贫困的。事实上，也许该家庭在第二年就脱离了贫困，而从此以后再也不属于贫困家庭。因此，即时贫困指数（instantaneous poverty indexes）应该用收入变动度量作为补充，遗憾的是这种度量也很困难。一些研究表明大约 1/4 的（传统定义的）贫困家庭其实只是短时间的贫困。

一旦定义了贫困线，贫困的衡量方法就是多种多样的。最简单的一种就是计算处于贫困线以下的家庭所占的比例。人们也可以使用贫困差距（poverty gap）的方法，这种方法是计算为了使每个贫困家庭处于贫困线之上而应该支付给每个贫困家庭的平均货币量。因此第二种方法考虑到了贫困家庭间的收入分布。一些研究试图将衡量贫困的方法公理化，比如森（Sen, 1976）得到了一个依赖于总人数、贫困差距以及基尼系数的更加复杂的公式。[2]

如果确定了贫困和收入的分布情况，那么人们就可以使用社会福利函数（social welfare function）。阿特金森（1970）和达斯古普塔-斯塔雷特（Dasgupta-Starrett，1973）的研究表明，在对两类均值相等的收入分布进行比较时，当且仅当分布 A 的洛伦兹曲线比分布 B 的洛伦兹曲线更接近于对角线（即第一象限的平分线）时，对于所有的严格准凹性且对称的社会福利函数来说，分布 A 比分布 B 更加可取。这通常是一个更加主张平等主义的收入分布的概念。显然，它也不过是仅仅定义了其中的一部分。

9.2 主要救济方式

有两类转移支付可以用来作为减少贫困的手段：实物救济（in-kind benefits）和现金救济。当救济只能花销在某一类特殊产品上时，我们称之为实物救济。比如在美国，发给贫困家庭的食物券（food stamps）只能用来购买食品，而不能兑换成货币。美国医疗补助计划（Medicaid）向贫困人群支付医疗费用；开端教育计划（Head Start program）向贫困家庭的儿童提供教育资金。这些都是规模非常大的救助计划，大于许多现金救济；Currie（2006）曾指出，这些实物救济计划是美国福利体系中非常重要的组成部分。美国和其他一些国家发放只能用来支付租金的住房救济（housing benefits）。

经济学家们往往对实物救济持谨慎态度。首先，管理该类救济计划的成本是昂贵的——例如，美国政府必须确保食物券不被兑换成货币。其次，运用标准的微观经济学理论可以证明，当一个消费者得到的是实物救济，而不是等量的现金时，他的效用会降低，而在现金救济情形下，他可以根据自己的偏好而在所有的产品间重新配置其消费。Guesnerie-Roberts（1984）曾经首次指出，在次优状态下，这一观点实际上是难以站住脚的。经济主体对一种商品的消费量被迫小幅减少所产生的负面效应是二阶效应项；但是如果消费者所支付的商品价格不同于商品的社会价值，那么这种变化将会产生正面的一阶效应。当然，税收具有相同的特性，如果能够采取专制的非线性税收，那么就没有必要实施实物转移支付。然而，对于税收制度所施加的限制条件可能会使得实物转移支付更加有效。关于这一点更详细的讨论，可以参考 Currie-Gahvari（2008）。

正像美国的例子所表明的那样，这些反对实物救济的论点并不能让人信服。公众似乎对带有家长式作风的做法有所依赖。这种做法认为，如果让被救济者自己做决定，他们不会消费足够的（诸如食品和住房那样的）必需品（或称优值品，merit goods）。于是，政府必须进行干预，以修正他们的选择。借助穷人消费优值品对所有公民效用具有正外部性（positive externality）的假设，我们可以证明上述做法在经济上的合理性：我们宁愿住在一个邻居们（尤其是他们的子女）都丰衣足食的环境中，即使他们更愿意消费其他产品。但是，对实物救济的质询在于：一些贫困家庭实际上的确做出了一些伤害他们孩子的选择。[3]

本章集中讨论常用来促进收入增长的现金救济方式，而不是对各种支出进行补贴。但是，读者应该牢记，它只是构成安全网的一部分。我们也将用十分正式的术语来描述这些救济方式，而不坚持用他们给予的方式。许多这些救济项目给接受者施加了较大的成本，举例来说，原因在于证实和维持享受救济的资格是一件难事，并且该程序看起来是流线型的。尼科尔斯-扎克豪泽（Nichols-Zeckhauser，1982）称这些特征是折磨机制。各种实证研究已表明，它们降低了救济本应承担的功能。资格成本也可以被看成是一种筛选装置：经历过困难的接受者，更可能是真正符合资格条件的那些人。[4]

□ 9.2.1 最低收入保证

第一种方法是保证每个家庭有一个最低收入 G，救济金是总收入 Y 的函数，Y 由下式定义：

$$\max(G-Y,0)$$

历史上英格兰率先在1795—1834年间使用一种叫作"斯宾汉姆兰制度"（Speenhamland system）的制度，又叫济贫制度。这样一种制度具有一个明显的缺点：当总收入 Y 低于 G 时，受益者（被救济者）要按100%的税率纳税。这些受益家庭得到的救济额 $(G-Y)$ 会随着总收入的增加而逐渐减少。这可能会对劳动供给产生较大的抑制效应（disincentive effects）。[5]另外，该制度也可能鼓励受益者从事地下经济活动或者故意少申报收入来回避该制度的缺陷。不过，在美国，这种差别化分配（differential allocation）制度一直沿用到1996年有子女家庭补助计划（Aid for Families with Dependent Children，AFDC）实施为止，而法国直到2009年还在使用［在法国是最低收入津贴（Revenu Minimum d'Insertion）］这种制度。有时，最低收入保障救济也给予特殊阶层的受益者，如那些没有养老金的老人或者有残疾的人士。

□ 9.2.2 负所得税

很多有着截然不同的政治背景的经济学家对负所得税的做法是一致赞同的，在这些经济学家中既有货币学派的米尔顿·弗里德曼（Milton Friedman），又有凯恩斯主义学派的詹姆斯·托宾（James Tobin）和詹姆斯·米德（James Meade）。我们将负所得税定义为统一转移支付 G 和收入所得税的组合。这种定义常常和一个不变的边际税率结合在一起（Atkinson，1995）。于是人们建议的税率表就是：

$$T(Y)=-G+tY$$

因此，总收入 Y 小于 G/t 的家庭的确支付负所得税。

对这些鼓动者而言，负所得税能够确保所有家庭可以维持最低生活水平，而避免对劳动供给产生大的抑制效应。到目前为止，没有一个大国采取负所得税的做法，但是正如我们即将看到的，在美国，一些有限的尝试已经完成。

注意，（过去那个）负所得税并不是"单一税"，后者通常与免税水平相联系，以 $T(Y)=t\max(Y-E, 0)$ 的形式出现。欧洲一些前共产主义国家自20世纪90年代开始采取这样的单一税。单一税不同于负所得税，原因在于它并不是提供普遍的补助，并且，若不是 $E=0$，它就不会开征。

□ 9.2.3 低工资补贴

第三种反贫困措施的目标就在于，通过对从事低报酬工作的个体进行补贴而使工作变得更加有吸引力。最著名的例子可能是美国的劳动所得税退税（earned income tax credit，EITC）计划。美国在1975年实施了劳动所得税退税计划，并在20世纪90年代进行了广泛的推广。EITC使大约20%的美国家庭受益，它每年大概要花费450亿美元，这是一笔数目相当庞大的税费支出。如果从该计划的名称来看，是有些令人困惑不解，因为它不仅仅对缴纳所得税的家庭给予税收退还，而且给那些没有缴纳所得税的家庭退税。

图9—1总结了EITC的工作机理，支付的福利救济就是位于实线和虚线间的数量。EITC是由政府根据个人的最高工资而支付的，只要这些工资在一个上限之下。例如，2010年，对一对有两个孩子的夫妇来说，每美元工资的补贴是40美分，这是该计划的导入（phase-in）阶段，直到他们的工资达到一年12 600美元为止。[6]然后，补贴就稳定在每年5 000美元，直到他们的工资达到一年16 500美元为止。最后，补贴随着工资（边际税率为21%）的增加而减少，这是计划的退出（phase-out）阶段，直到年工资达到大约40 500美元时变为零。对于只有一个孩子的家庭而言，补贴会稍微少一点。另外，它对没有孩子的家庭提供的补贴就更少了。22个国家用它们的劳动所得税减免制度补充了美国的劳动所得税退税计划。

在英国，相应的福利计划是1971年设立的家庭减免制度（family credit），后来它在1999年演变成了工薪家庭减免退税制度，并于2003年最终演变为工薪减免退税制度（Working Tax Credit，WTC）和儿童减免退税制度（Child Tax Credit，CTC）。其中，工薪减免退税制度适用于一位成年成员每周工作时间超过16小时（如果该家庭没有孩子，每周工作时间超过30小时）的低收入家庭；儿童减免退税制度向有孩子的家庭提供援助。当收入水平达到临界值之后，该家庭所享有的工薪减免退税和儿童减免退税均

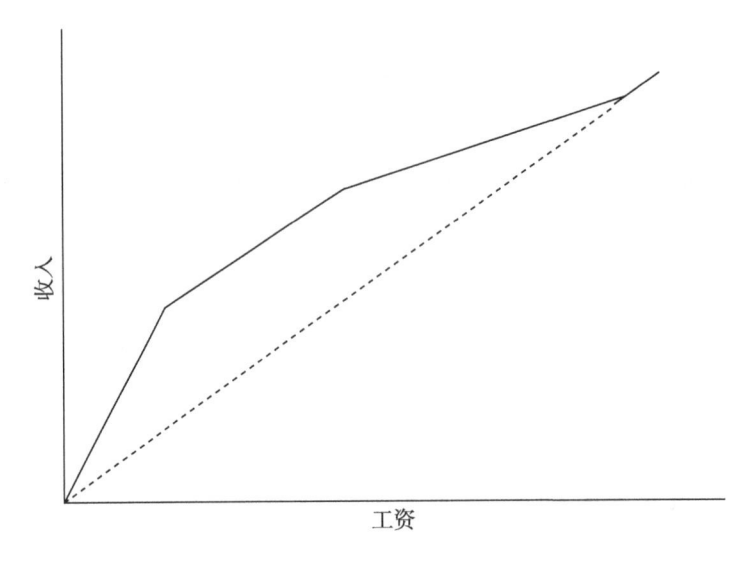

图9—1 劳动所得税退税计划

会终止。法国退出其所实施的最低收入保障计划（Guaranteed Minimum Income, RMI）经历了两个步骤：在2001年实施了就业津贴（Prime pour l'Emploi），在2007年实施了劳动补助收入（Revenu de Solidarité Active），从而代替了就业津贴。这两个阶段都旨在保障最低收入水平以维持劳动积极性，这是许多国家进行社会福利改革的核心主题。关于这一点，接下来我们还会看到。

根据定义，设计低工资补贴制度的本意是为了鼓励人们工作，所以，这种补贴不能帮助那些非就业贫困者，至少，当他们不接受某项工作时，情况就是如此。因此，还必须针对非就业者设计一个安全网作为补充。

9.2.4 最低工资制

世界上很多国家已经采纳了覆盖所有或者部分工薪阶层的最低工资制。最近，一些国家采用了这个政策（英国于1999年开始采用），而其他国家则没有（如德国）。严格地说，最低工资制不属于税收制度，不过我们还是将其列入本章，原因有两个：首先是因为它常被认为是反贫困的一种手段；其次是因为它能够减少低技能者的就业，这些人也是社会最低收入保障以及其他财富审查福利救济的主要受益者。所以，研究最低工资制与这些转移支付制度是如何相互影响的，就显得十分重要。

针对最低工资的法律制度在各个国家间有很大的不同，有时它们会将某类人群，比如年轻人排除在外。而且最低工资水平也因地而异。这里需要将最低工资总额（gross minimum wage）和最低工资净额（net minimum wage）区别开来。把两个最低工资最低国家（美国和英国）与一个最低工资最高国家（法国）作为例子来说明情况。由于生活标准的差异和汇率的波动，对不同国家的购买力进行比较总是一件难事。不过，这三个国家的最低工资净额大体相同。因此，我们可以得到支付最低工资雇主承担的成本与支付中等水平工资雇主承担的成本之间的比例占比。从雇主的视角来看，这是测度最低工资如何切入工资分布的一个简便方法。该方法同时也排除了汇率波动的影响。两者的比值在法国比美国或英国高四分之一，这是由于法国的社会缴款分量较重。

9.3 从理论得到的启示

除了最低工资制外，上面谈到的各种低收入保障制度都可以按照非线性所得税来分析，这样我们就可以运用本书第二部分的最优税收理论来研究它们。我们马上会看到，最优税收理论以及更一般的经济学理论将以什么样的方法来阐明这些福利救济制度。

9.3.1 负所得税

负所得税的情形看上去似乎是最简单的。在第4章里我们看到最优非线性直接税税率表 $T(Y)$ 有一个介于 0 和 1 之间的边际税率。另外，可以证明，如果政府不需要征收太多的净税收收入（net tax revenue），那么有 $T(0)<0$，并且模拟结果表明，对于所有参数的合理取值，其情形都是如此。理论似乎证明了负所得税的合理性，至少在一般形式下是这样的。但是由阿特金森（1995）倡导的基本收入/单一税（basic income/flat tax）理论表现又将如何？在这个系统中（用BI/FT来表示），税收的特征可以描述为：在对每个人支付基本收入 G 的基础上，按税率 t（单一税）对收入征收比例税。这样税率表就是：

$$T(Y)=-G+tY$$

我们将人口分成两个组别。假定人口的一部分 γ（A组）由于种种原因其盈利能力为零。[7] 令 $u(C, L)$ 表示每个人的效用函数。于是 A 组的成员即使不工作也能领取基本收入 G，并得到间接效用：

$$V(0,G)=u(G,0)$$

B组占人口的比例是 $(1-\gamma)$，其生产率由区间 $[0, +\infty)$ 上的一个概率分布函数 f 给出。该组中生产率为 w 的个人选择劳动供给 $L(L\geqslant 0)$，使其下面的效用最大化：

$$u(wL(1-t)+G, L)$$

令 $L(w(1-t), G)$ 表示这个规划的解，而 $V(w(1-t), G)$ 表示其值（它只是间接效用)。注意 $L(w(1-t), G)$ 可能为零,这样非就业人群既包含了 A 组的所有人,也许还包含了 B 组中生产率最低的人。

如果政府的再分配函数可以用伯格森-萨缪尔森函数 Ψ 表示,而且政府希望得到税收收入 R,那么它会选择一对值 (G, t),以使下式最大化:

$$\gamma\Psi(V(0,G)) + (1-\gamma)\int_0^\infty \Psi(V(w(1-t),G))f(w)dw$$

其预算约束条件是:

$$(1-\gamma)\int_0^\infty twL(w(1-t),G)f(w)dw \geqslant R+G$$

令 $\lambda \geqslant 0$ 表示与预算约束相联系的乘数。首先考虑对 G 的一阶条件,可以得到如下形式:

$$\gamma\Psi'V'_G + (1-\gamma)\int\Psi'V'_G f = \lambda\left(1-(1-\gamma)\int twL'_G f\right)$$

在通常的概念下,V'_G 表示收入 α 的边际效用,而 $\Psi'V'_G$ 表示收入 β 的社会边际效用。于是上式左端正好是 β 在人口中的期望值。既然 A 组的 $w=0$,通过重新整理各项,我们可以将此式重新写为

$$E\left(\frac{\beta}{\lambda} + twL'_G\right) = 1$$

但 $\left(\frac{\beta}{\lambda} + twL'_G\right)$ 正是第 3 章所说的收入 b 的净社会边际效用。最后得到等式:

$$Eb = 1$$

上面的等式之所以在这里成立并不奇怪,是因为在第 5 章里我们就已经在相似的条件下推导出了该式。

现在讨论对 t 的一阶条件:

$$\int\Psi'V'_t f + \lambda\int(wL + twL'_t)f = 0$$

根据罗伊恒等式,有:

$$V'_t = -\alpha wL$$

再根据斯卢茨基恒等式(如同在第 2 章里那样),有:

$$L'_t = -wS - wLL'_G$$

其中

$$S = \left(\frac{\partial L}{\partial w}\right)_U \geqslant 0$$

是斯卢茨基矩阵（Slutsky's matrix）的普通项。重新整理各项并再次利用收入 b 的净社会边际效用，得到：

$$\int (1-b)wLf = \int w^2 tSf$$

现在引入劳动供给的补偿弹性（compensated elasticity of labor supply）

$$\varepsilon^C = \frac{w(1-t)S}{L} \geqslant 0$$

于是上式的右端变成

$$\frac{t}{1-t}\int wL\varepsilon^C f$$

另外由于 $Eb=1$，所以上式的左端等于 b 和 wL 的协方差的相反数。最后我们得到：

$$\frac{t}{1-t} = -\frac{\mathrm{cov}(b,wL)}{E(wL\varepsilon^C)}$$

这个经典公式给出了最优线性直接税的税率。分数的分母部分是正数；分子部分通常是负数，因为总收入 wL 对 w 是递增的，而收入 b 的净社会边际效用对 w 则是递减的。因此，最优税率就介于 0 和 1 之间。当劳动供给缺乏弹性（ε^C 小），以及当政府更厌恶不公平（因而 b 随着 w 而快速减少）时，最优税率就较大。为更好地理解该公式，我们考虑准线性个人偏好：

$$u(C,L) = C - AL^{1+1/\varepsilon}$$

这样 ε^C 是一个常数并且等于 ε。同样假设政府是"仁慈的保守派"（charitable conservative），它只希望在 A 组和 B 组之间进行再分配。因此它将收入 b_0 的净社会边际效用分配给 B 组的每个人，而把收入 ab_0 的净社会边际效用分配给 A 组的每个人，这里 a 是大于 1 的正数。于是有：

$$E(wL\varepsilon^C) = \varepsilon E(wL)$$

以及

$$-\mathrm{cov}(b,wL) = E(1-b)wL = (1-b_0)E(wL)$$

另外，$Eb=1$ 意味着有：

$$\gamma ab_0 + (1-\gamma)b_0 = 1$$

这里：

$$b_0 = \frac{1}{\gamma a + 1 - \gamma}$$

最后，我们可以得到：

$$\frac{t}{1-t} = \frac{1}{\varepsilon} \frac{(a-1)\gamma}{\gamma a + 1 - \gamma}$$

因此，税率对 ε 递减而对 γ 递增。当 $a = 1$ 时，政府是功利主义的，并且 $t = 0$：和我们预料的一样，在这种个人偏好的情形下，最优线性税是统一的总额转移支付。另外，当 $a = +\infty$ 时，政府是罗尔斯主义的，并且我们得到如下经典公式：

$$\frac{t}{1-t} = \frac{1}{\varepsilon}$$

这个公式也可以在政府预算约束条件下，通过对基本收入 G 求最大值而得到，同时还需假定 $L'_G = 0$。任何大于 $1/(1+\varepsilon)$ 的 t 值都会落在拉弗曲线（以 t 为自变量的税收函数图形）顶端之外。在此情形下，政府既能降低 t，又可以增加 G，最终实现促进帕累托改进的税制改革目的。

反对该制度（实施负所得税）的焦点主要集中在许多模拟的政策建议上，这些模拟的结论是，政府支付体面的基本收入（decent basic income）G 的唯一方法就是用高税率 t 来征税。假若这种税制改革建议被政府采纳，部分中产阶级就会面临边际税率增加的局面，这将会阻碍其劳动供给——更不必说由此而带来的政治困境。假如政府希望征收的税额占总收入的比例为 r，支付的基本收入 G 占平均总收入（average gross income）的比例为 s。于是税率表是：

$$T(Y) = -sEY + tY$$

并且政府的预算约束条件是：

$$rEY = ET(Y)$$

由此得到 $t = r + s$。如果 $s = 0.4$，$r = 0.1$，那么 $t = 0.5$，这似乎是高了点。为了缓解这个困境，阿克洛夫（Akerlof,1978）建议使用做标记（tagging）的方法，即转移支付 G 的大小要随可观察到的个体特征的变化而变化。例如，假定 A 组成员的特征可以识别，因为他们都是老人或者是残疾人士。于是我们可以对这类人维持基本收入 G。

对于 B 组成员来说，其税率表变为：

$$T(Y) = tY$$

并且此时，根据政府预算约束条件，有 $t = r + s\gamma$，这可能很低。更一般地，如果政府有能力识别 A 组成员的特征，那么政府的最优选择就是给予 A 组成员更高的基本收入，即使 $G_A > G_B$。为理解这一点，简单地假设偏好是准线性的，这意味着劳动供给不依赖于收入。于是应该选择一组值 (G_A, G_B, t)，以使下式最大化：

$$\gamma \Psi(V(0, G_A)) + (1-\gamma)\int_0^\infty \Psi(V(w(1-t), G_B)) f(w) dw$$

其预算约束条件是：

$$(1-\gamma)\int_0^\infty twL(w(1-t))f(w)dw \geq R + \gamma G_A + (1-\gamma)G_B$$

于是 G_A 的一阶条件是：

$$\Psi'(V(0, G_A))V'_G(0, G_A) = \lambda$$

而 G_B 的一阶条件是：

$$\int_0^\infty \Psi'(V(w(1-t), G_B))V'_G(w(1-t), G_B)f(w)dw = \lambda$$

因为 Ψ 是凹函数，并且在准线性偏好下收入的边际效用 V'_G 是 1，于是有：

$$\int_0^\infty \Psi'(V(w(1-t), G_B))V'_G(w(1-t), G_B)f(w)dw < \Psi'(V(0, G_B))$$

根据两个一阶条件以及上述推导，可得：

$$\Psi'(V(0, G_A)) < \Psi'(V(0, G_B))$$

再次，函数 Ψ 的凹性使我们得出结论 $G_A > G_B$。

从直觉上看，这个结论很简单。在最优税收问题上，政府希望帮助非就业的穷人。不过，政府这么做的能力将受到下述风险的限制，即生产率较高者会因政府帮助穷人的倾向辞去工作，转而要求政府提供财富审查福利救济。但如果穷人可以被识别出来，则可以通过放松激励约束条件，进而较容易地给予穷人较高的福利救济。

实践中做标记的方法显然并非十全十美，每组成员是否真正具备相应的资格并不能够完全观察出来。例如，如果 $G_A > G_B$，B 组成员有可能会受到诱惑而伪称自己隶属于 A 组。格鲁伯（Gruber，2000）的研究表明，在加拿大，当对残疾人士的救济增加时，那些要求得到残疾救济的人数就会显著增加。萨拉尼耶（2002）则证明，即使对这两种类型的人（外生）的分组存在偏差，对已经标记了的人群支付较高的基本收入仍然是最优的选择。

9.3.2 低工资补贴

根据定义，低工资补贴为税率表带来的是负的边际税率（对一对有两个孩子的夫妇来说，EITC下的比例为40%）。事实上，对某些有收入的阶层来说，最终的税率表仍可能带有负的边际税率。在美国，一个只根据其最高工资领取EITC（在其导入阶段）且不支付任何所得税的家庭，其情形正是这样。

这种现象似乎和理论相反，因为我们在第4章看到，最优边际税率通常是正数。但是模型中的一些变量推翻了这个理论上的结果。在第8章中，我们已经提到过坎布尔-基恩-图奥马拉（1994）的研究结论：如果一个政府欲将贫困尺度降到最低，那么它就应该对那些处于最优工作状态而生产率最低的个人采用负的边际税率。同时，米尔利斯的研究也表明，如果一个有工作的人的生产率很低，这个人的最优边际税率应该为零。现在，如果将社会福利函数最大化的目标替换成贫困最小化，劳动负效用就不再纳入政府的目标函数之中了。因此，为了鼓励人们工作，进而脱离贫困，政府希望推行负的边际税率似乎就顺理成章了。

正如4.3节的相关讨论，有关异质个体偏好的最优税收扩展文献也表明：负的边际税率也是可以允许的。肖恩-拉罗克（2010）的分析揭示了：对处在薪酬规模底部的工作人员进行补助，的确是个最优选择。

9.3.3 最低收入保证

最低收入保证提出了一个截然相反的难题：它导致100%的边际税率，这难以和正边际劳动负效用理论调和。不过，贝斯利-科特（Besley-Coate，1995）的研究表明，如果辅以工作福利制（workfare）［亦即福利受益者有为公益事业工作（public interest jobs）的义务］，最低收入保证可以成为最优反贫困计划的一部分。但是，当政府具有伯格森-萨缪尔森目标函数时，这个结论就不成立了。

9.3.4 最低工资制

在最优税制问题中，我们可以把最低工资当成政府施于市场参与者（private agents）身上的一项约束条件，而将其模型化。一些论文试图找到施加这一约束的最佳条件。一个原因是它给政府提供了能力方面的信息，因为根据定义，每个雇员必须拥有高于最低工资的盈利能力（Boadwag-Cuff，2001）。李-塞斯（2010）设想了一个经济体，在那里，工人对技能改善进行投资，不过生产过程中技能并非完全可以相互替代。如果最低工资的设定高于完全竞争市场上低技能工人的均衡工资，就会造成他们失业。倘若雇主开除那些工人，那么由此带来的社会损失是小的，于是，工资（率）将改变以补助给低技能劳动者。如此看来，设定一个最低工资对他们而言，可能是重新分配的一个好方法。

更为传统的证明最低工资合理性的理由依赖于雇主的垄断权。如果雇主具有市场垄断力（market power），他就会把工资率和就业水平都定在竞争水平之下。于是，将最低工资定在垄断工资和竞争工资之间，既可以增加就业，又可以提高工资，进而使经济运行更接近于社会最优状态（social optimum），图9—2说明了这一点。在竞争市场中，劳动供给将在 C 点达到均衡。为了避免工资增加，雇主的市场垄断力量使其很容易降低对劳动的需求，如垄断均衡可在 M 点形成。此处的工资和就业规模均低于竞争均衡水平；由于劳动的边际生产率大于它的边际负效用，所以垄断均衡处的就业水平不是社会最优的，由此而带来的社会福利损失可用三角形 CMD 来测度。现在假定政府在垄断工资和竞争工资之间引进一个最低工资水平，于是均衡工资等于最低工资。如同竞争一样，雇主垄断面临的是固定工资，但是由于它的雇佣能力受到劳动供给的限制，所以新的均衡点在 m 处。该点的工资和就业水平都大于垄断均衡下的水平，因此社会福利损失较小。很显然，最优政策就是将最低工资确定在竞争均衡水平上。注意，这个论点不能说明最低工资高于竞争性工资就是合理的。再者，用定量的方式说明最低工资的合理性还依赖于劳动供给的弹性，而我们知道对于男性来说，劳动供给弹性是相当小的。

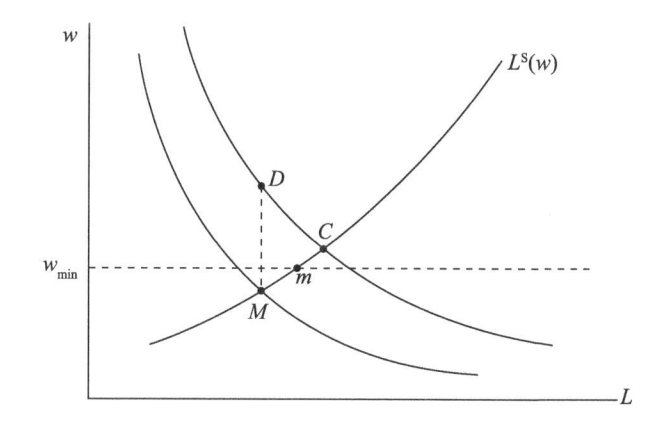

图9—2 垄断工资和最低工资

工资谈判模型（model of wage bargaining）从另外一个方面说明了这个论点。现在假设一个雇主和一个生产率为 p、保留工资（reservation wage）为 r 的人进行谈判。在没有最低工资的情形下，工资 w 可以由一般纳什谈判模型（model of generalized Nash bargaining）来决定：

$$\max_{w}(\rho-w)^{1-\alpha}(w-r)^{\alpha}$$

这意味着，如果 $\rho > r$，该人就被雇佣，并且得到的工资是：

$$w^* = a\rho + (1-\alpha)r$$

如果政府制定了一个最低工资 m，那么上面的最大化问题必须在约束条件 $w \geqslant m$ 下进行。简单的计算表明，如果 $\rho > r$，会出现以下三种情形：

(1) 如果 $\rho < m$，该人不被录用。
(2) 如果 $w^* < m < \rho$，该人被录用并得到最低工资 m。
(3) 如果 $w^* > m$，该人将被录用并得到工资 w^*。

然而在情形（3）下，最低工资不起作用。在情形（1）下，最低工资减少了就业。另外，雇主的垄断权在情形（2）下发挥了作用：最低工资制增加了中间层次的雇员的工资。制定最低工资可以提高雇员的整体福利水平[8]，不过这有赖于政府再分配的形式。

9.4 实证评估

一个好的低收入保障制度应该在社会可承受的成本水平上增加穷人的收入。为达此目的，在制度设计上，要使其对劳动供给的抑制作用降到最低程度，而尽可能地激励人们的劳动供给，并且这样一种制度能把转移给穷人的公共资金（public money）降到最少。因此，对各种政策的实证评估已经非常细致地考虑了它们对劳动供给的影响。

我们已经提到，没有一个国家将形式为 BI/FT 的负所得税作为全国性的税收制度来实施。但是在过去 30 年里，美国已经进行了一些这方面的试验。每次试验都挑选了几千个中低收入家庭，并在此后几年里对这些家庭以 BI/FT 的形式，而不是以当前的税制征税。通过对这些试验进行分析（Robins, 1985），其结果表明，负所得税对劳动供给，特别是妇女的劳动供给具有抑制效应。这个结论似乎相当可靠：它既可以由基本收入中的收入效应（该效应是不受欢迎的）得到解释，也可以通过将单一税的税率提高到一定程度，以便在财政上支持该制度而得到说明。

一些研究已经检验了美国 EITC 制度产生的效应。例如，伊萨-利布曼（Eissa-Liebman, 1996）比较了单身母亲和无子女单身妇女在工作参与率方面的变化。前者是 EITC 的主要受益者，而后者得到非常少的 EITC 福利救济。伊萨-利布曼的研究表明，在 EITC 的扩张期，单身母亲的工作参与率比无子女单身妇女的工作参与率增加得快得多。这说明 EITC 对单身母亲的参与率具有正效应。迈耶-罗森鲍姆（Meyer-Rosenbaum, 2001）将美国单身母亲工作机会的大幅度提高归因于 EITC。另外，EITC 似乎降低了已婚妇女的工作参与率，其中很多人处于 EITC 的退出阶段，在这个阶段

EITC不断提高边际税率。总的来说，EITC对劳动供给产生的或许是正效应。

人们经常通过就业效应来研究最低工资问题，这里有三种主要方法。第一种方法是回归分析，就是在最低工资水平上，对一部分人（经常是青少年）的就业率进行研究，有时以获得最低工资人数的百分比为权数。这些回归分别利用了国家、地区和行业三个层次上的时间序列（time series）。它们经常得出这样的结论：最低工资对某类最具风险的人（如青少年）具有负效应。然而估计的结果似乎不那么可靠。事实上，宏观经济数据或许不足以用来分析最低工资对就业的影响。最低工资的变化的确相当之小，与其他宏观经济冲击（macroeconomic shocks）所引起的就业率变化相比，由最低工资变化引起的就业率变化几乎可以忽略不计。因此，在宏观经济层面上，很难确定最低工资对就业的影响。

第二种方法是自然试验法。卡德-克鲁格（Card-Krueger，1994）说明了这个方法，他们利用了最低工资在美国各州间不相同的事实。特别地，新泽西州在1992年提高了它的最低工资标准，而与其相邻的宾夕法尼亚州的最低工资标准一直没有变化。卡德-克鲁格估计出了新泽西州提高最低工资水平之后的几个月里，两个州在快餐连锁行业[9]就业上的变化。他们发现，事实上新泽西州的就业增加量比宾夕法尼亚州还要高；其结论是，最低工资的增加看来会增加就业，至少在这个个案里是这样。这个研究是很有争议的（Neumark-Wascher，2000；Card-Krueger，2000）。自然试验法经常受到的批评是：控制组（control group，这里是宾夕法尼亚州的快餐连锁行业）可能面临与实验组（treatment group，这里是新泽西州的快餐连锁行业）不同的冲击（shocks）。根据定义，卡德-克鲁格（1994）使用的方法将1992年新泽西州和宾夕法尼亚州之间在就业方面的所有不同变化都归因于最低工资的增加，但是根据卡德-克鲁格（2000）更新数据后的研究结果，上述两州快餐连锁业的相对就业量（relative employment）波动很大，即使在两个州最低工资都维持不变的时期也是如此。

第三种方法是利用单个家庭数据。阿波德等人（Abowd et al.，2001）根据法国和美国的数据说明了这个方法。这些学者比较了当最低工资成本由s_0增加到s_1时，两组人保持工作的概率。一组雇员在最低工资增加前能获得从s_0到s_1不等的劳动报酬，而另一组是工资高于s_1的控制组。他们的结果表明，第二组保持工作的概率显著地高于第一组。

拉罗克-萨拉尼耶（Laroque-Salanié，2002）采取了更加结构化的方法来分析问题，他们对法国的最低工资制和税收福利制度（tax-benefit system）之间的相互作用进行了量化。拉罗克-萨拉尼耶从妇女劳动供给模型入手，该模型几乎考虑到了税收福利制度的方方面面。在该模型里，假定一个妇女所承担的税负和得到的福利是已知的，只有当净收入增幅足够大时，她才会去工作。此外，拉罗克-萨拉尼耶还指出，想工作的妇女只有当她的市场工资高于最低工资时,她才去工作。他们的模型可以模拟各种政策的就业效应,其研究发现最低工资的增加对妇女的就业有很强的负效应。这些结果与卡德-克鲁格对美国数据研究的结果截然不同,这可能是因为法国雇主支付的最低工资成本要远大于其美国同行的缘故。

最低收入保证对就业影响的研究主要集中在美国,美国从 1982 年至 1996 年间实行的 AFDC 就是采取了这种形式。莫菲特(Moffitt,1992)介绍了这方面的文献资料。100%的边际税率(由 AFDC 引入)对劳动供给的负效应似乎是非常显著的。但是即使在没有 AFDC 的情形之下,考察对象的劳动供给也可能很低,因为其中有很多人是单身母亲。这是美国福利接受者的物质特征所在,因此很难把这些研究结论移植到其他国家。

9.5 最近的改革

在 20 世纪 90 年代,一些国家在其低收入保障制度方面做出了很大的变革。概言之,旧的收入援助制度有救济措施,但是带来了抑制工作的不利因素,这些制度的再分配性能良好,但是对工作激励性差。新的救济制度十分强调就业补贴,对工作的激励性能良好,然而再分配常常不足。

这种变革之风肇始于美国,在 20 世纪 70 年代,申请 AFDC 的人数的激增使得该制度非常不受欢迎。美国政府通过转向旨在刺激福利受益者的劳动参与计划来对抗 AFDC 产生的消极效应。这演变成 90 年代 EITC 的广泛实施以及 1996 年的福利制度改革。后者彻底废除了 AFDC 并代之以贫困家庭临时救助办法(Temporary Aid to Needy Families,TANF),该计划有若干新的特征。首先,由各州政府来精确设计该计划,这样州政府就能够有效地使用由联邦政府拨发的补助金(block grant)。其次,救助是临时性的:任何受益者的救助期限不得超过五年。最后,各州得到财政上的激励以确保有尽可能多的人接受工作。1996 年的改革导致福利受益者的人数大幅度下降。甚至有证据表明它提高了目标人群的失业率及收入。[10]对儿童的影响不甚明显;有些群体由于改革而遭受损失,尤其是那些与劳动市场黏性不足的人。

EITC 的成功鼓励了英国政府采取类似的制度,也就是工薪减免退税制度(Working Tax Credit,WTC)和儿童减免退税制度(Child Tax Credit,CTC)。二者的主要区别是,WTC 对无子女家庭更加慷慨,并且它只支付给有一个成员至少每周工作 16 个小时的家庭。后面这个条件设法避免对兼职工作(very part-time work)进行补贴。就如同美国的情形,WTC 预料会特别刺激单身母亲的劳动供给。

为了收集更多关于"福利—工作"计划效应的可控证据，加拿大最近实施了一项名为自我支持计划（self-sufficiency project，SSP）的试验。一组随机选择的福利接受者能够得到补贴，补贴金额为每个受益者收入上限与其总收入之差的一半。这样，SSP 就产生了 50% 的边际税率。它支付给每周至少工作 30 个小时并且已经至少一年领取了某种形式的福利救济金的单身父母。只要福利接受者坚持工作，则他们可以领取三年补贴。米哈普洛斯-洛宾斯-卡德（Michapoulos-Robins-Card，2000）估计该计划对劳动供给的效应是可观的，并且其中工作时数的限制条件起了很大的作用。然而，后来的评估表明在福利接受者拿到三年的补贴后，他们的劳动供给减少了。

最低工资并没有在税改争论中起到如此重要的作用。长期以来，它在美国始终保持在低水平状态，而且，英国在 1999 年的新的最低工资水平也比较低。形成如此的局面，可能的解释原因是政府担心大幅度提高最低工资将影响就业，以及政府意识到最低工资没有很好地盯住穷人。事实也如此，许多最低工资获得者与他们的父母生活在一起，或与工资较高的其他家庭成员生活在一起，而对其的救济，如同在工资与收入之间嵌入一个"楔子"。再者，一些高失业率国家的贫困者，常常不工作或者懒散怠惰。然而，从 2007 年到 2009 年，美国国会将联邦最低工资增加了 40%，英国则在十年间将其增加了 60%。这些变化将使最低工资问题重新回到政策争论的领域中。

作为结论，很重要的一点是，低收入保障制度的主要目的不是增加就业而是减少贫困。增加就业只是一个中间目标，限制向穷人转移支付的社会成本。简单的计算表明，甚至像 EITC 这样的政策，每创造一个新工作的成本都会远远大于该工作为经济所创造的价值。我们应该通过比较由这些政策导致的贫困的减少和由此付出的成本来对这些政策加以评估，而这项工作显然是相当困难的。

注释

[1] 这里使用的均等尺度是把 1 个消费单位给予家庭的第一个成人，其他每个成人给予 0.5 个消费单位，每个儿童给予 0.3 个消费单位。

[2] 基尼系数是对角线和洛伦兹曲线之间面积的两倍。

[3] 一个经常被引用的例子是学校餐厅。在一些国家，现金救济替代免费餐券已经导致了一些家长在其孩子的午餐上节省的现象。这种情形被认为是不能容忍的，因此很多地方当局又退回到了免费餐券制度。

[4] Kleven-Kopczuk（2010）详细阐述了这一观点，并分析了这些救济计划的目标选择与其复杂性之间的相互作用。

[5] 这的确就是英格兰废除斯宾汉姆兰制度的原因。

［6］美国的最低工资是每小时 7.25 美元，每年 12 800 美元左右，而对有两个孩子的夫妇，贫困线是每年收入为 21 800 美元。

［7］他们可能是退休人员、残疾人士或者简单地讲就是没有足够能力挣取最低工资的人。

［8］如果政府的再分配目标是罗尔斯式的，这种情况就不会出现，因为最低工资永远不能增加受惠雇员的效用。

［9］快餐连锁行业雇佣的经常是得到最低工资的非熟练工人。

［10］例如，可参见 Blank（2002）。

参考文献

Abowd, J., F. Kramarz, D. Margolis, and T. Philippon. 2001. The tail of two countries: Minimum wage and employment in France and the United States. Working paper 203. IZA, Bonn.

Akerlof, G. 1978. The economics of "tagging" as applied to the optimal income tax, welfare programs, and manpower planning. *American Economic Review* 68: 8–19.

Atkinson, A. 1970. On the measurement of inequality. *Journal of Economic Theory* 2: 244–263.

Atkinson, A. 1995. *Public Economics in Action: The Basic Income/Flat Tax Proposal*. Oxford University Press.

Besley, T., and S. Coate. 1995. The design of income maintenance programs. *Review of Economic Studies* 62: 187–221.

Blank, R. 2002. Evaluating welfare reform in the United States. *Journal of Economic Literature* 40: 1105–1166.

Boadway, R., and K. Cuff. 2001. A minimum wage can be welfare-improving and employment-enhancing. *European Economic Review* 45: 553–576.

Card, D., and A. Krueger. 1994. Minimum wages and employment: A case study of the fast-food industry in New Jersey and Pennsylvania. *American Economic Review* 84: 772–793.

Card, D., and A. Krueger. 2000. Minimum wages and employment: A case study of the fast-food industry in New Jersey and Pennsylvania: Reply. *American Economic Review* 90: 1397–1420.

Choné, P., and G. Laroque. 2010. Optimal taxation in the extensive model. Mimeo. Crest, Paris.

Currie, J. 2006. *The Invisible Safety Net: Protecting the Nation's Poor Children and Families*. Princeton: Princeton University Press.

Dasgupta, P., and D. Starrett. 1973. Notes on the measurement of inequality. *Journal of Economic Theory* 6: 180–187.

Eissa, N., and J. Liebman. 1996. Labor supply response to the earned income tax credit. *Quarterly Journal of Economics* 111: 605–637.

Gruber, J. 2000. Disability, insurance benefits and labor supply. *Journal of Political Economy* 108: 1162 – 1183.

Kanbur, R., M. Keen, and M. Tuomala. 1994. Optimal nonlinear income taxation for the alleviation of poverty. *European Economic Review* 38: 1613 – 1632.

Kleven, H., and W. Kopczuk. 2010. Transfer program complexity and the take up of social benefits. Mimeo. Columbia University.

Laroque, G., and B. Salanié. 2002. Labor market institutions and employment in France. *Journal of Applied Econometrics* 17: 25 – 48.

Lee, D., and E. Saez. 2010. Optimal minimum wage policy in competitive labor markets. Mimeo. Berkeley.

Meyer, B., and D. Rosenbaum. 2001. Welfare, the earned income tax credit, and the labor supply of single mothers. *Quarterly Journal of Economics* 116: 1063 – 1114.

Michalopoulos, C., P. Robins, and D. Card. 2002. When financial work incentives pay for themselves: Evidence from a randomized social experiment for welfare recipients. *Journal of Public Economics* 89: 5 – 29.

Moffitt, R. 1992. Incentive effects of the US welfare system: A review. *Journal of Economic Literature* 30: 1 – 61.

Neumark, D., and W. Wascher. 2000. Minimum wages and employment: A case study of the fast-food industry in New Jersey and Pennsylvania: Comment. *American Economic Review* 90: 1362 – 1396.

Nichols, J., and R. Zeckhauser. 1982. Targeting transfers through restrictions on recipients. *American Economic Review* 72: 372 – 377.

Robins, P. 1985. A comparison of the labour supply findings from the four negative income tax experiments. *Journal of Human Resources* 20: 567 – 582.

Salanié, B. 2002. Optimal demogrants with imperfect tagging. *Economics Letters* 75: 319 – 324.

Sen, A. 1976. Poverty: An ordinal approach to measurement. *Econometrica* 44: 219 – 331.

第 10 章 全球变暖与税收

在过去的二十多年里，环境税数额显著增长。如今，环境税已经占 OECD 国家总税收收入的 6％左右。[1]直到 20 世纪 90 年代末，许多环境税针对燃料开征，课税的主要动机并非对环境改善的关切，汽车数量骤增而带来交通过度拥挤的负外部性，也是十分引人注目的。[2]许多最近开征的税种，明显地致力于缓解全球变暖问题。

据国际气候变化小组（IPCC，2007）最新的报告，自 20 世纪中期以来，许多可观察到的全球平均气温的增长，很可能是由可观察到的人为的温室气体浓度所导致的。IPCC 预言，即使 GHG 浓度稳定在目前水平，温度也将继续攀升，海平面也将因此继续上升，从而带来一些严重的后果。我们既可以调整自身的行为以应对这种气候变化，或采取通过减少 GHG 排放的应对方式。许多全球变暖的经济分析，已经集中探讨了如何减排的命题。1997 年，京都国际会议给参加协议签署的富裕国家分配"减排"目标后，情况尤其如此。

国际社会已就全球气温的增加值不能超过 2 摄氏度这一点达成共识。排放的 GHG 气体中大约有 3/4 是以 CO_2 的形式出现的，并且 80％的 CO_2 排放量来自化石燃料的使用。当前，科学界建议：要使全球气温增长值低于 2 摄氏度这个上限值，则人均 CO_2 排放量需限制到 2.5 吨以内，这个限值甚至低于当前美国（人均 CO_2 排放量大于 20 吨）和欧盟国家（人均 CO_2 排放量约为 10 吨）的相关指标。一些新兴经济体的 GHG

排放量增长很快。技术创新能够也应该对"减排"有所贡献,不过,在有关如何缓解全球气候变暖的讨论中,调整那些在生产与消费活动中大量排放温室气体的商品的价格,已经成为争论中最为突出的问题。

在最基本的水平上,全球变暖问题符合第 7 章的分析框架:温室气体对环境产生危害,从而应被视为任何一种外部性加以治理。庇古税无疑是一个最为显著的政策工具,另一个工具则是"贸易上限"机制。贸易上限原理为全球 GHG 排放设定了一个极限,推动每个经济主体拥有一个与其实际排放量相符的一系列排放许可证。排放许可证可在虚拟市场交易,如欧盟的排放交易计划。本章将聚焦该领域的税收政策问题,又因为 CO_2 在 GHG 中最为突出,所以我们将这些税收冠之以"碳税"的通用标题,并进行分组。我们将要讨论的诸多问题,也适用贸易上限原理:例如,较高的碳税率会转化为一个较低的排放上限,还可以组合运用价格与数量的政策工具。

当矫正税的一般理论被运用到全球变暖领域时,它便拥有了一些特别和至关重要的特征。首先,大气中的 GHG 浓度是一种全球公共物品:任何一个经济主体排放 GHG,势必影响到其他所有的经济主体。这就形成了一个经典的大气外部性问题,它使得在第 7 章中解释的理论发现变得更为简化。

然而更为重要的是,在没有国际协定的条件下,很难破解那种全球性的难题。即使主要的经济主体肯定会对自己领域内的碳排放课以重税,但这对全球变暖的减缓效果也微乎其微。再者,全球变暖对世界经济的潜在影响很大,不可能被充分地加以分析,其效应也不能确定,就像科学知识尚不能被完全获取一样。最后,当前的碳排放几乎永久地增加了大气中 GHG 的存储量,因此影响了未来居民的福利,从而引起了代际贴现这样棘手的难题。

本章将致力于对这些问题加以探讨。需要提醒读者,本章所阐述的内容远非详尽,也远没有其他章节的表述多,本章的陈述主要是对未解决的有关问题进行选择性概括,而不是对一致性共识的简要总结。

10.1 最优碳价

现在我们假设碳排放量是可以被观察到的。根据庇古税理论,容易计算出碳矫正税的最优水平。首先找出碳排放的最优规模(在贸易上限体系中,是一个上限值),接着,根据在交易上限值附近,每增加一吨碳排放量所带来的负效用值,确定每吨碳排放的征税额。当我们谈论碳税价值时,它不应该始终保持为一个不变的常数,但是为了使问题的探讨变得简化,我们现在将碳税价值设定为 0。在 10.3 节中,我们将回到动态问题的探讨上。

为了计算全球碳排放的上限，我们需要使社会边际成本减少到与社会边际收益相等。减少的成本是不确定的，而评估标准变化快。通过技术创新有希望降低这种社会边际成本，而社会边际成本中的某些份额，则可通过碳税加以消除。甚至像碳开采、碳存储或地质工程等类似的新支持技术也变得可行，且其发展水平可能比当前预测的还要快。减排经济学原理至少是清晰合理的，评估环境损害程度已被证明是一个十分棘手的问题。

我们先不考虑国际方面的问题，但我们将在后面探讨其某些相关内容。全球变暖涉及长期的时滞问题：今天的碳排放无疑将影响几个世纪的气候，我们所做的减轻全球变暖的任何努力，将会在很长时期内取得成效。因此，对来自GHG排放的环境评估，必须与未来遥远的代际贴现问题统筹考量。考虑到科学的不确定性，贴现应考虑到灾难性变化的可能性，并且贴现的标准化理论也应修正，以便将环境质量变化的因素考虑进来。

□ 10.1.1　社会贴现率

从贴现的简单原理出发建立一个目标函数，设时间连续，

$$V=\int_0^\infty \exp(-\rho t)u(c_t)dt$$

此处的 u 代表瞬时效用，由决策者根据 t 时刻的加总商品的消费量 c_t 推导出来，ρ 则是他的时间偏好。需要假设这个目标函数表示一种社会偏好，也许是有代表性的经济主体的偏好。需要强调，因为 c_t 是对所有的消费进行加总，而且到目前为止，它有一个效用成本，所以它必须把对环境的损害考虑进来。我们有时也称 c_t 为"净消费"，在10.1.3节中，通过对模拟效用的修正，我们可获得一个更好的方法。

现在，设定一个无穷大的项目，在 t 时间内它损耗 ε 单位的净消费，并且在时间 $(t+\tau)$ 时重新回归到 $\exp(R\tau)$。

这样的项目将改变社会贴现效用，方式是通过

$$dV \simeq -u'(c_t)^{\partial}\varepsilon + \exp(-\rho\tau)u'(c_{t+\tau})\exp(R\tau)\varepsilon$$

当且仅当 $(R-\rho)\tau \geqslant -\ln\dfrac{u'(c_{t+\tau})}{u'(c_t)}$ 时，其值为正。或者，与此相同的是，若项目收益率 $R > \rho - \dfrac{1}{\tau}\ln\dfrac{u'(c_{t+\tau})}{u'(c_t)}$，$\tau$ 为无穷小，则有：

$$\delta = \rho - \frac{d\ln u'(c_t)}{dt} \tag{1}$$

我们称这个不等式的右边为社会贴现率 δ。选择值得做的项目并不难，只需将项目的收益率与社会贴现率加以比较即可。

在一个静态的经济体框架中，c_t 是常数，社会贴现率 δ 仅是时间偏好 ρ 的一定占比。然而经济是不断增长的，因而需要考虑到的事实是：当我们生活富裕时，随着边际收入效应的降低，消费增长将显得不那么重要。假定经济以比率 g 稳健增长，那么我们可以得到：

$$\frac{d\ln u'(c_t)}{dt}=\frac{u''(c_t)dc_t}{u'(c_t)dt}=g\frac{u''(c_t)c_t}{u'(c_t)}$$

与此同时，社会贴现率变成：

$$\delta=\rho+\eta g \tag{2}$$

这里，η 是负的边际效用弹性（u'），即：

$$\eta=\frac{-d\ln u'}{d\ln c}(c)$$

拉姆齐（1928）给出了公式 $\delta=\rho+\eta g$ 的根值。

将效用函数考虑到社会贴现率中，当且仅当一个无穷小项目提高消费贴现值时，才值得运营，其中贴现值为 $\int_0^\infty \exp(-\delta t)c_t dt$。

在方程（2）的 4 个变量中，显然，只有 ρ 是外生变量，记住这一点是很重要的。若 u 是幂函数，则 η 也是外生变量，然而，g 和 δ 都是内生变量。对规模小的项目来说，g 似乎可被当作外生变量，不过，当讨论到全球变暖这样的问题时，这个假设很合理。

现在，让我们接受所有这些假设，以得到方程（2）。为使其更有效，我们需要对方程右边的 3 个变量赋予一定的数值。给 η 和 g 设定合理的数值并不难，如 η 的值为 1 或 2，每年 g 的变化率为 1% 或 2%，记住，这个比率意味着世界经济保持长期增长。然而，需要注意的是，对方程（2）中的 ηg 来说，这意味着截然不同的数值。此外，人们对 ρ 值的大小存在更广泛的争论。采用"描述方法"，可选择一个与市场个体或政府的显示性偏好相符的数值。而"规范方法"则否定了市场主体能够选择一个在很长一段时间内存在的 ρ 值的可能性。该方法通常在哲学层面对贴现持反对态度，因此在未来，未出生的一代人没有在决策过程中得到体现。[3] 2007 年，在由英国政府主办的斯特恩气候变迁经济学的相关激烈的争论中，这种反对意见成为会议讨论的核心议题。

斯特恩采用规范方法，选择一个非常低的 0.1% 的时间偏好纯比率，这是一个仅反映世界终结的概率值。在给定 η 为 1%、g 为 1.3% 的情况下，他选择的社会贴现率为年均1.4%。在这一点上,斯特恩遭到诺德豪斯(2007)的批评。诺德豪斯指出,如此低的社会贴现率与那些来自公共基金资助项目的内部收益率不符,更不要说将其商业化了。给定一个可观察到的资本收益数值,这意味着政府将对大规模投资进行融资。在对全球变暖的研究工作中,诺德豪斯(2008)倾向于将纯时间偏好比率设为1.5%,同时$\eta=2$,他的目标是将上述设定数值与可观察到的真实的资本收益率相匹配。

这些不同的选择,基本上就意味着对全球变暖所导致的损失给出不同的估算值。对此,我们设定一个与斯特恩评论中一样大的1.4%的长期增长率。同时,我们得到1.4%与4.1%两个社会贴现率,其分别对应斯特恩模型和诺德豪斯模型。现在需要注意,单位效用的永久流量值为$1/\delta$。在斯特恩模型中,其值为71.4,在诺德豪斯模型中,其值为24.4。更为重要的是,单位效用在一个世纪的价值为$\exp(-100\delta)$。在斯特恩模型中,这个要素值等于0.247,而在诺德豪斯模型中,其值小得多,为0.017,以至于100多年来所产生的总损失值偏小。

因为直到2100年,因全球变暖造成的损失都是很微小的,但在未来的世纪中损失会变得很巨大,所以这种明显的差异引发了不同的政治建议:诺德豪斯认为应对每吨碳排放量开征30%的碳税[4],而斯特恩则认为征收的税率应远高于此。

长期贴现引起了一些非常艰巨的概念性问题,且这些概念性问题无法在这里进行有效的探讨。经济主体在决策中的确表现出对纯时间偏好的倾向,这就带来了关于政府选择较低利率,属于一种家长制作风的争议,对那些仅影响当前社会成员的项目至少如此。

全球变暖的影响将会波及当前还未出生的人们,不过,对可观察到的市场行为能否使我们推断出适当的社会贴现率,许多经济学家尚表示怀疑。

近年来,已有一些政府发布了社会贴现率随时间稳步递减的指南。例如,英国财政部的政策建议是:到30年时,收入流的社会贴现率为3.5%,而到300年后,该值降低为1%。它可以被解释为一种对专家们的各种不同选择加以统筹考虑的方式。

韦茨曼(Weitzman,2001)开展了一项调查,记录了经济学家关于社会贴现率的分歧,其应被用于减轻全球变暖的项目中,这就是我们前面所说的δ。当被要求给出一个数字时,韦茨曼所调查的2 160个经济学家中的三分之一选择每年的社会贴现率数值是2%或更少;而四分之一的经济学家选择年均值为5%或更多。韦茨曼认为,仁慈的计划者会简单地接受那些关于贝叶斯理念推出的社会贴现率数值的答案,并选择项目以最大化

$$\int d\hat{F}(\delta)\int_0^\infty \exp(-\delta t)c_t dt$$

注意,上述公式又可被写为

$$\int_0^\infty (\int \exp(-\delta t) d\hat{F}(\delta)) c_t dt，并设$$

$$At = \int \exp(-\delta t) d\hat{F}(\delta)$$

我们可以直接运用公式（S），取 $\rho=0$，$u(c_t)=A_t c_t$，从 A_t 中推导出与 t 相关的 $\dot{A}_t$ 后，在 t 时，计划者用来估算项目绩效的社会贴现率为 $D_t = \dfrac{-\dot{A}_t}{A_t}$。

若 $\hat{F}$ 把所有质量放在一点 D 上，则 D_t 将与 D 相等。一般地，我们有：

$$D_t = \frac{\int \delta \exp(-\delta t) d\hat{F}(\delta)}{\int \exp(-\delta t) d\hat{F}(\delta)}$$

于是，在给定 $\hat{F}$ 的情况下，D_t 是所有 δ 的加权平均数，当 δ 数值较大时，$\exp(-\delta t)$ 随着 t 快速递减，它们的权重也随着时间而不断减少，因此，D_t 是关于 t 的递减函数。

社会计划者会过度地贴现未来。实际上，当 t 趋向于无穷大时，给定 $\hat{F}$，则所有权重会在最小的 δ 点取值。这就证明了"滑动规则"的合理性，即社会计划者在不远的将来会对收益实施较高的社会贴现率，而在随后的时期，会对具体的物质性收益采用较低的贴现率。[5]

10.1.2 灾难性的变化

全球变暖所产生的影响的不确定性，将事情弄得更加复杂。IPCC 预言，热浪与强降水将变得更加频繁，热带气候也将变得更加激烈，半干旱区域的水资源甚至会变得更加稀缺，这势必带来一个灾难性的前景，对贫困国家尤其如此。IPCC 对这些可能出现的事件的可能性保持了足够的警觉，但是，在仔细审阅了不同的研究报告并对报告中所预测的灾难性损失的概率分布进行加总后，韦茨曼（2009）做出估计，温度大于 10 摄氏度（或 20 摄氏度）的概率为 5%（或 1%）。准确刻画这种极端变化的结果无疑非常困难，尽管其带来的实际损害十分可怕。为简化起见，我们关注两个时间点：当前（0）和遥远的将来（T）。给定效用函数 $u(c)$ 和纯时间偏好率 ρ，T 时点相对 0 时点的消费比为

$$\exp(-\rho T) \frac{u'(c_T)}{u'(c_0)}$$

我们现在用密度 $h(c_T)$ 来模拟未来消费的不确定性数值。[6] 则未来消费的边际效用期望值是

$$\exp(-\rho T)\int \frac{u'(c_T)}{u'(c_0)}h(c_T)dc_T$$

设 u 代表幂函数

$$u(c)=\frac{c^{1-\eta}}{1-\eta}$$

并设 $z=\ln\left(\frac{c_0}{c_T}\right)$，一种表示 0 和 T 之间的消费降低测度函数，则上述积分项变为：

$$\int_{-\infty}^{+\infty}\exp(\eta z)k(z)dz$$

此处的 k 是从变量变化公式中的 h 推导出来的。

灾难性的结果与非常低的 c_T 值相关，或与非常大的正数 z 相关。当 z 趋向于无穷大时，被积函数将包含 $\exp(\eta z)$。举例来说，如果 k 服从高斯分布规律，那么，当 k 的密度趋向于零的速度快于 $\exp(\eta z)$ 趋向于无穷大的速度时，积分项仍然会收敛。

不过，假设 k 的变化平缓（严格地讲，k 属于凹对数，例如，服从帕累托分布），则产品 $\exp(\eta z)k(z)$ 将趋向于无穷大，且积分项是无穷大的：设存在一个对我们的消费有严重影响的不可忽视的概率，我们势必会搁置这些消费，以保护环境。

这种讨论似乎显得有点做作，因为它的确定性基于低水平边际效用递减速度要快于消费密度的下降速度这一条件。但是那取决于一个更严格的情形：即使积分值无穷大，其对我们知之甚少的一些参数也是十分敏感的。[7]

□ 10.1.3 环境变化量的贴现

本章讨论全球变暖，这是一个很麻烦的问题，因为它会损害我们的环境，但是很明显，环境的质量评估远非这些公式可以解决的。现在，令 e 表示环境质量，将其代入效用函数 $u(c_t, e_t)$ 中。原则上，利用边际替代率，可测度 e 的变化幅度，即：

$$m_t=\frac{u_e(c_t,e_t)}{u_c(c_t,e_t)}$$

由此，使用效用的概念，de_t 对 e_t 的微小变化幅度，等同于 $dc_t=m_t de_t$ 对净消费量 c_t 的变化幅度。

如果我们令 η 表示净消费量的负边际效用弹性，g 为净消费量的增长率，那么本节一开始运用的方法可用这种方式重新解读。不幸的是，边际替代率并不随时间推移而保持稳定，如同我们变得富有时，环境质量却不断恶化一样，这就使得对于 η 和 g 值的矫正变得困难起来。运用双参数的效用函数 $u(c, e)$ 来研究贴现，问题或许会明朗许多。

用来界定社会贴现率的参数方法仍然适用。根据定义,在时间 t 内 ε 的微小变化导致消费量 c 减少,而在同样的时间期 t 内,ε/mt 的变化导致环境质量 e 的提高,像这样的生态项目,具有效用的二阶效应。现在假设在时间 $(t+\tau)$ 内,项目提高了环境质量,幅度为 $\dfrac{\varepsilon\exp(R\tau)}{mt}$,当且仅当 $-u'_c(c_t,e_t)+\exp(-\rho\tau)u'_e(c_{t+\tau},e_{t+\tau})\dfrac{\exp(R\tau)}{mt}\geqslant 0$ 时,才可得到这样的改善。

给出 m_t 的定义,它与下式等同:

$$R\geqslant \rho-\frac{1}{\tau}\ln\frac{u'_e(c_{t+\tau},e_{t+\tau})}{u'_e(c_t,e_t)}$$

并且,当 τ 减少时取极限值,可得出

$$R\geqslant \rho-\frac{d\ln u'_e(c_t,e_t)}{dt}$$

现在,界定负弹性

$$\eta_{ce}=\frac{-d\ln u'_e}{d\ln c} \text{ 和 } \eta_{ee}=-\frac{d\ln u'_e}{d\ln e}$$

并且,令 g_c(或者 g_e)表示消费 c(或者环境质量 e)的增长率。容易发现,公式(1)的右边变成

$$\delta_e=\rho+\eta_{ec}g_c+\eta_{ee}g_e$$

即为了让今后的环境更好而牺牲当前的消费,我们就获得了一个对生态项目贴现的拉姆齐式的公式。当 g_c 通常取正值时,若我们探讨某个全球变暖的问题,g_e 可能为零甚至为负值。此外,尽管 η_{ee} 可能是正的,但 η_{ec} 的符号并不明显。

δ_e 为负数,至少在理论上是可能出现的,鉴于此,应提前做一些努力来减少对环境的破坏。

为便于阐明问题,设 u 为柯布-道格拉斯函数:

$$u(c,e)=\frac{c^{1-\eta_c}}{1-\eta_c}\frac{e^{1-\eta_e}}{1-\eta_e}$$

容易看出

$$\delta_e=\rho+\eta_e g_e-(1-\eta_c)g_c$$

根据 η_c,消费增长率可能在任何一个方向改变 δ_e,$\eta_c\geqslant 1$ 是极有可能的。如此,消费的快速增长将引发一个更高的生态贴现率。然而,当 $\eta_e>0$ 时,不断恶化的环境代表着较低的贴现率。

也要注意到，在这个例子中，边际替代率 m_t 以 $(\eta_c g_c - \eta_e g_e)$ 的比率呈指数增长：当环境恶化时，其价值越来越显得珍贵，但是，因环境质量的维持与改善依赖于所有的参数，所以它确实以一定的比率在下降。读者应该参见 Gollier（2010），以得到更为普遍的解决方案。

10.2 国际问题

正如我们早先提到的，大气中的温室气体存量是全球性的公共负面问题，任何减轻其负效用的政策探讨都不能脱离这个国际性。然而，并不存在一个全球性政府能对所有国家课税，这个事实带来了几个重要的后果。首先，正如桑德莫（2003）所指出的，各国都面临着自身的生产约束条件，并且，既然与这种约束相关的影子价格对各国来说有差异，那么就没有理由相信各国的碳税的最优水平规模保持一致。为进一步说明这一点，可回到第 7 章的 7.2.1 节的相关分析中。在该分析中，市场主体 I 消费了 n 种商品，第一种商品对大气产生了负的外部性。现在，重新诠释消费者 $i=1,\cdots,I$，以让其代表世界上不同的国家，这样，我们就得到一个影子价格为 μ 的单生产约束条件：

$$\sum_{k=1}^{n} X_k + G \leqslant \sum_{i=1}^{I} L^i$$

但是，世界各国并没有将它们的资源汇聚到一起，并且[8]事实上存在着 I 个像 $\sum_{k=1}^{n} X_k^i + G_i \leqslant L^i$ 这样的生产约束条件，显然，上述每个约束条件都有各自的乘数 μ_i。

重新做 7.2.1 节中的相关计算，可得到一个污染物品的最优化条件：

$$-\frac{\partial U_i/\partial X_1^i}{\partial U_i/\partial L^i} - \frac{1}{\mu_i}\Big(\sum_{j=1}^{I} \mu_j \frac{\partial U_j/\partial e}{\partial U_j/\partial L^j}\Big) f'(X_1) = 1$$

同样的探讨表明，i 国的碳税应该根据下列函数加以确定：

$$t'_{1i} = \frac{1}{\mu_i}\Big(\sum_{j=1}^{I} \mu_j \frac{\partial U_j/\partial e}{\partial U_j/\partial L^j}\Big) f'(X_1)$$

现在，函数公式的右端通过 $\dfrac{1}{\mu_i}$ 项取决于 i，因此，那些资源约束条件存在较高影子价格的国家，理应面临一个较低的碳税征收。这是相当自然的道理：既然并不存在将世界资源汇聚到一起的机制，碳税就像矫正税一样，发挥重新配置资源的功能。对政府来说，可替代的方案是同意实施一个与乘数 μ_i 相等的转移支付 G_i，由此，各国都应该对碳税设置相同的税率。不过，这必然意味着从富国流向穷国的巨额转移支付——在

2009年哥本哈根会议上达成共识的、每年超过1 000亿美元的转移支付。

气候变化谈判的政治经济学问题，本身就是一个宏大的议题。在某种程度上，国际公正，正如10.1.1节所分析的，与世界上实际存在的不平等相冲突：那些致力于缓解因全球变暖而给未来人们造成损害的资金，是无法充分筹集得到以支持发展中国家的。

此外，发展中国家本身也是一个异质性的团体：当一些贫困国家感受到气候变化所带来的严重威胁时，另一些化石燃料出口国却担心缓解政策会导致其国民收入降低。其他一些重要问题也与本书中的主题直接相关，这里，我们仅重点讨论排放泄漏问题。

排放可能通过两种方式泄漏。首先，碳税将推动化石燃料的生产价格下降，而化石燃料是温室气体排放的主要来源。在一些国家征收碳税后，化石燃料的消费价格将因此而攀高，而对碳排放不实行管制，或贯彻执行松懈的国家，其消费价格则是下降的。[9] 这些未实行管制的国家将会消费更多的化石燃料。如果所有的国家都征收碳税，那么由碳排放减少而带来的净效应会大得多。令 D_U（或 D_R）代表未实施管制的（或已实施管制的）国家的需求，而且 S 代表化石燃料的供给。若开征从价税 τ，则 p_τ 中的价格设置如下：

$$S(p_\tau)=D_U(p_\tau)+D_R(p_\tau+\tau)$$

为简化起见，令 $D_R \equiv aD$，且 $D_U \equiv (1-a)D$，a 代表未实施管制国家的需求比例。通过简单的计算可得，消费量 $q_\tau=S(p_\tau)$，并取决于它自身的比率，该比率可通过如下公式得到：

$$-\frac{d\log q_\tau}{d\tau}=a\frac{\varepsilon_S \varepsilon_D}{\varepsilon_S+\varepsilon_D}$$

其中，ε_S 和 ε_D 分别表示正供给弹性和需求弹性。这样，对碳排放征税的政策回应就与化石燃料消费管制国家的份额成比例，其值少于一半，且呈快速下降的趋势。

其次，在未实行管制的国家开征碳税，可促进一些企业对污染性生产单位重新选址，在这种情况下，碳税的政策效果大打折扣，除非一些开征碳税的国家，对从不征碳税的国家进口的尚品，按照其中的 GHG 含量征收关税。政府已经提出这种以关税形式进行的政策调节，但是它难以贯彻，且易被滥用。

10.3 碳税动态

如前所述，在任一个时间点，我们都应根据每增加一单位排放所导致的边际贴现损失值来确定庇古税的水平。将某一时刻的最优值相加，则加法效用函数为：

$$u(c,e)=v_1(c)+v_2(e)$$

这里,每增加一吨碳排放量,环境质量降低 e 单位。排放所造成的边际损失为 $-v_2'(e)$,根据消费的商品,其值也就是边际替代率:

$$\frac{-v_2'(e)}{-v_1'(c)}$$

我们期待消费量随时间而增长,并减少边际效用 $v_1'(c)$,并且,既然 GHG 的浓度在未来数十年内都会增加,那么边际损失 $-v_2'(e)$ 也会增加。由于这两个原因,根据消费量确定的边际损失值应该随时间推移而递增,以"不变的美元"(把消费品的价格常数化为 1 美元)计算的每吨碳排放的税收数值,也同样随时间推移而增大。

这项政策建议通常被称为"气候政策斜坡"(Nordhaus,2008)。然而,标准的庇古分析法假定污染物品的供给水平仅取决于当前生产者的价格,于是,对污染物品的税收增加时,消费者会减少对它的需求,商品销售价格会因此下降。生产者供给该商品的数量也就随之下降。尤其是,未来可预期的价格较低会导致当前该商品的供给不会增加。但是,大部分污染物品是化石燃料,具有非常特殊的性质。按照定义,理论上化石燃料并非取之不尽的资源,其拥有者(通常是政府)努力地按时间计划开采,目的在于获得最大化的金融产出。之所以如此,理由是每吨化石燃料就好比一种金融资产,它的价值随时间推移而波动:既可以在今天开采,如果预期明天会获得好价钱,也可以在明天开采。

因此,在确定今天有多少资源拥有者可以从地下开采化石燃料这一问题时,未来的需求水平起着非常关键的作用。例如,辛恩(Sinn,2008)坚持认为,既然未来对化石燃料的需求水平较低,他们将尽早开采和销售更多的化石燃料,以应对气候政策斜坡效应。显然,对化石燃料的过快开采将对气候产生不利的影响,在设计政策时应对此给予更多的关注。碳税政策可通过数量上限规则加以补充,即限制化石燃料消费总量。隔离树林、岩石或海底的 GHG 的排放,也有助于改善气候与环境。它将使当前的化石燃料消费与排放之间的紧张关系得到一定程度的缓和。最后,创新也会促进可再生能源的成本低于化石燃料的开采成本。

在确定最优碳税水平方面,创新在任何情况下都会改变相关的均衡条件。首先,一项最优政策会将碳税与发展"清洁"能源技术的补贴政策相组合,以促进现有的生产技术向排放量少的技术转型。[10]这就提出了一些丰富的问题。如拉丰特-梯若尔(Laffont-Tirole,1996 a,b)所说的:根据当前的碳税水平和未来预期值,私有性经济主体将努力开发节碳型技术,在创新取得进展后,政府不可能还承诺继续保持较高的征税水平,否则就会降低对创新的激励。拉丰特-梯若尔的分析表明,基于自由选择的机制是减少这个两难问题所带来的损失的一个方法。

注释

[1] 斯堪的纳维亚国家开拓性地实施了"绿色税收";最近,德国和英国也加入了这一行列。

[2] 例如,可以参考帕里等(Parry et al.,2007),其对汽车所产生的外部性进行了分析。

[3] 我们只引用20世纪的经济学家的有关阐述:拉姆齐(1928)将对于贴现的"与先前的满意相比的满意"描述为"在伦理上是站不住脚的,仅仅是由缺乏想象力而产生的"。哈罗德(1948,p.40)同意这一说法,"假设政府能够拿出针对目标的最优计划——无疑,你中的一些人可能认为这是不可能的——它将无视纯粹时间偏好——贪婪的一种文雅表达方式"。

[4] 一吨碳排放量对应(12+16×2)/12=3.67吨二氧化碳,即每吨碳1美元的碳税等于每吨二氧化碳3.67美元的碳税。因此在欧盟,如果排放量不变,每吨碳30美元的碳税将会产生每年每人1 100美元的碳税。

[5] 可参见 Gollier-Weitzman(2010)中对这些结果的更加严密的推导。

[6] 在此我们应将 c 称为之前我们所说的在环境破坏中起作用的净消费。

[7] 韦茨曼(2009)实际上给出了一个例子,其中 k 在两个极端的分布概率是相当低的(thin tails);但是取决于一个未知的尺度参数——分析者对其具有肥尾先验(fat-tailed prior)。他证明了,再多的数据也不能让分析者将其先验细化到有限积分处。

[8] 在此我们以国际贸易为例。国际贸易放松了限制条件,但是并没有消除它:在长期内,每个国家仍然必须对其进口进行支付。我们还假设在所有国家中,劳动力具有相同的生产率,他们只是在偏好上不同。这些都不影响论据。

[9] 现在只有那些批准《京都议定书》的富裕("附录I")的国家才负有国际义务。

[10] 请参考 Acemoglu 等(2009)。

参考文献

Acemoglu, D., P. Aghion, L. Bursztyn, and D. Hemous. 2009. The environment and directed technical change. Working paper 15451. NBER, Cambridge, MA.

Gollier, C. 2010. Ecological discounting. *Journal of Economic Theory* 145:812–829.

Gollier, C., and M. Weitzman. 2010. How should the distant future be discounted when discount rates are uncertain? *Economics Letters* 107:350–353.

Harrod, R. 1948. *Towards a Dynamic Economics*. London:Macmillan.

IPCC. 2007. Climate Change 2007:Synthesis Report. WMO. Geneva.

Leffont, J.-J., and J. Tirole. 1996a. Pollution permits and compliance strategies. *Journal of Public Economics* 62: 85–125.

Laffont, J.-J., and J. Tirole. 1996b. Pollution permits and environmental innovation. *Journal of Public Economics.* 62: 127–140.

Nordhaus, W. 2007. A review of the Stern Review on the economics of climate change. *Journal of Economic Literature* 45: 686–702.

Nordhaus, W. 2008. *A Question of Balance.* New Haven: Yale University Press.

Parry, I., M. Walls, and W. Harrington. 2007. Automobile externalities and policies. *Journal of Economic Literature* 45: 373–399.

Pearce, D. 1991. The role of carbon taxes in adjusting to global warming. *Economic Journal* 101: 938–948.

Ramsey, F. 1928. A mathematical theory of saving. *Economic Journal* 38: 543–559.

Sandmo, A. 2003. International aspects of public goods provision. In I. Kaul et al., eds, *Providing Global Public Goods: Managing Globalization.* Oxford: Oxford University Press, 112–130.

Sandmo, A. 2000. *The Public Economics of the Environment.* Oxford: Oxford University Press.

Sinn H. 2008. Public policies against global warming: A supply side approach. *International Tax and Public Finance* 15: 360–394.

Weitzman, M. 2001. Gamma discounting. *American Economic Review* 91: 260–271.

Weitzman, M. 2009. On modeling and interpreting the economics of catastrophic climate change. *Review of Economics and Statistics* 91: 1–19.

第四部分

附录

附录 A 微观经济学的一些基础知识

在此，我只向读者介绍一些对于阅读本书来说必需的知识。读者要想了解更多关于消费者理论的内容，可以阅读迪顿-米尔鲍尔（Deaton-Muellbauer，1980）的著作，而若想获取更多微观经济学的知识，请阅读马斯克莱尔-温斯顿-格林（MasColell-Whinston-Green，1995）的著作。在此，我要感谢菲利普·肖恩（Philippe Choné），是他完成了本附录的第一稿。

A.1 消费者理论

我们假定基于 N 个参数 $(X_1,\cdots,X_N)$ 的效用函数 U 是准凹的。

A.1.1 希克斯需求和马歇尔需求

消费者必须在 N 个产品之间分配他的收入 R，我们定义价格向量 $q=(q_1,\cdots,q_N)$ 和一组产品 $X=(X_1,\cdots,X_N)$。消费者的规划是：

$$\max_{q\cdot X\leqslant R} U(X) \tag{A.1}$$

这一规划的解就是马歇尔（Marshallian）需求或非补偿性需求（uncompensated demand），我们用 $g(q,R)$ 来表示，其最大值就是间接效用 $V(q,R)$，g 和 V 都是关于 (q,R) 的零次齐次函数，也就是说没有货币幻觉。

上面规划的对偶规划是：

$$\min_{U(X)\geqslant U} q\cdot X \tag{A.2}$$

这一规划的解就是希克斯（Hicksian）需求或补偿性需求，我们用 $h(q,U)$ 来表示，其最小值就是支出函数 $e(q,U)$。请注意，支出函数对 q 是凹的，因为它是一簇线性函数中最小的那一个。

由于以上两个规划是对偶的，我们就有以下两个恒等式：

$$V(q,e(q,U))=U, \quad e(q,V(q,R))=R$$

我们引入与第一个规划（A.1）预算约束相关的拉格朗日乘数 λ，于是有：

$$V(q,R)=U(g(q,R))-\lambda(q\cdot g(q,R)-R)$$

现在对该方程进行微分，并且使用包络定理；由于在最优点有：

$$q\cdot g(q,R)=R$$

所以就得到：

$$\frac{\partial V}{\partial R}=\lambda \text{ 且 } \frac{\partial V}{\partial q_i}=-\lambda g_i \text{ (i 可取任意值)} \tag{A.3}$$

这样，乘数就可以被看作收入的边际效用。将这两个方程相除，就可以得到罗伊恒等式：

$$g_i=-\frac{\partial V/\partial q_i}{\partial V/\partial R} \text{ (i 可取任意值)}$$

支出函数 e 是关于 q 的一次齐次函数，而希克斯需求函数 h 是关于 q 的零次齐次函数。根据包络定理得：

$$\frac{\partial e}{\partial q_i}=h_i(q,U)$$

令 s_{ij} 表示使效用保持不变的希克斯需求函数的导数：

$$s_{ij}=\frac{\partial h_i}{\partial q_j}=\left(\frac{\partial X_i}{\partial q_j}\right)_U$$

注意到以下等式：

$$s_{ij} = \frac{\partial^2 e}{\partial q_i \partial q_j}$$

那么由 s_{ij} 组成的矩阵就是对称的，而且是半负定的（因为 e 对 q 是凹的），我们称之为斯卢茨基矩阵，在此用 S 来表示。

我们用 e_{ij}^* 表示相应的"希克斯"或"补偿"弹性：

$$e_{ij}^* = \frac{q_j}{h_i} s_{ij} = \frac{q_j}{h_i} \frac{\partial h_i}{\partial q_j}$$

欧拉（Euler）方程描述了函数 e 和 h 的齐次性：

$$e = \sum_j q_j h_j \text{ 且 } \sum_j q_j s_{ij} = 0 (i \text{ 可取任意值})$$

最后一个方程可以写成 $S_q = 0$，或者用补偿性弹性的形式来表示：

$$\sum_j e_{ij}^* = 0$$

□ A.1.2 斯卢茨基方程

斯卢茨基方程把恒定效用（s_{ij}）需求函数和恒定收入需求函数对价格的导数联结在一起了。它们可由下列方程对 q 求导得到：

$$h(q, U) = g(q, e(q, U))$$

因为补偿性需求函数 h 是支出函数对价格的导数，所以有：

$$\frac{\partial h_i}{\partial q_j} = \frac{\partial g_i}{\partial q_j} + h_j \frac{\partial g_i}{\partial R}$$

上式可重写为：

$$\frac{\partial X_i}{\partial q_j} = \left(\frac{\partial X_i}{\partial q_j}\right)_U - X_j \frac{\partial X_i}{\partial R}$$

如果希克斯需求函数只包括可以估计的行为参数，斯卢茨基方程就使我们能够写出如下导数：

$$s_{ij} = \frac{\partial g_i}{\partial q_j} + g_j \frac{\partial g_i}{\partial R}$$

对称性约束条件 $s_{ij} = s_{ji}$ 以及欧拉方程 $S_q = 0$ 意味着对可检验的马歇尔弹性施加了限制条件。下面定义：

$$e_i = \frac{R}{g_i} \frac{\partial g_i}{\partial R}$$

以及

$$e_{ij} = \frac{q_j}{g_i}\frac{\partial g_i}{\partial q_j}$$

它们分别表示收入和价格的非补偿性弹性，于是

$$e_{ij}^* = e_{ij} + w_j e_i$$

在这里，$w_j = q_j g_j / R$ 是产品 j 占总预算的比例。结果就是：

$$e_{ij} + w_j e_i = e_{ji} + w_i e_j \; (i, j \text{ 可取任意值})$$

□ A.1.3 说明

我们使用"帽子微积分"（hat calculus）符号，也就是对数导数：

$$\hat{z} = \frac{dz}{z}$$

假设价格变化为 $\hat{p}_i$，收入变化为 $\hat{R}$。那么，需求变化就是：

$$\hat{g}_i = \sum_j e_{ij} \hat{q}_j + e_i \hat{R} = \sum_j e_{ij}^* \hat{q}_j + e_i \left(\hat{R} - \sum_j w_j \hat{q}_j \right)$$

效用变化是 [参见方程（A.3）]：

$$dV = -\lambda \sum_j q_j g_j \hat{q}_j + \lambda R \hat{R} = \lambda R \left(\hat{R} - \sum_j w_j \hat{q}_j \right)$$

因此，如果 $\hat{R} = \sum_j w_j \hat{q}_j$，那么 $dV = 0$，并且效用变化是二阶的。因此，消费者为了维持效用不变，当价格变化时，$\hat{R} = \sum_j w_j \hat{q}_j$ 就是必须补偿给消费者的收入变化量。作为一个绝对的变量（而不再是一个相对变量），收入的这种变化就是：$dR = R\hat{R} = \sum_j g_j dq_j$。

A.2 生产者理论

我们集中讨论有两种要素投入的情形：劳动和资本。资本 K 的回报是 r，而劳动 L 的回报是工资 w。我们用 $F(K, L)$ 表示生产函数。

□ A.2.1 生产者的问题

生产者选择混合投入，以使其投入成本最小化；假设要素市场是完全竞争的，则成

本最小化就表示为：

$$\min_{F(K,L) \geqslant Y} (rK + wL)$$

我们分别用 $K(r, w, Y)$ 和 $L(r, w, Y)$ 表示对两种要素投入的需求，并用 $C(r, w, Y)$ 表示成本函数。由于成本函数是一簇线性函数中最小的那个，所以它对 (r, w) 是凹函数。用 λ 来表示与生产约束 $F(K, L) \geqslant Y$ 相关的拉格朗日乘数，接着我们导出：

$$C(r,w,Y) = rK + wL - \lambda(F(K,L) - Y)$$

根据包络定理，并在最优点利用 $F(K, L) = Y$，得到：

$$C'_Y = \lambda, \quad r = \lambda F'_K \text{ 以及 } w = \lambda F'_L \tag{A.4}$$

如果产品市场是充分竞争的，并且产品价格是 p，那么对利润函数（$pY - C(Y, r, w)$）最大化就得到：

$$p = C'_Y = \lambda, \quad F'_K = \frac{r}{p} \text{ 以及 } F'_L = \frac{w}{p}$$

投入要素的报酬就是它们的边际生产率。

A.2.2 要素需求

成本函数对 (r, w) 是一次齐次的，而要素需求函数对 (r, w) 是零次齐次的。根据包络定理有：

$$K = \frac{\partial C}{\partial r} \text{ 且 } L = \frac{\partial C}{\partial w}$$

用来说明成本函数的一次齐次欧拉方程就可以写成：

$$C = rK + wL = r\frac{\partial C}{\partial r} + w\frac{\partial C}{\partial w}$$

用 s_{Kr}、s_{Kw}、s_{Lr} 和 s_{Lw} 分别表示要素需求函数对各自投入价格的导数，例如 $s_{Kr} = \partial K / \partial r$。它们都是成本函数的二阶导数；因此就可以得到 $s_{Kw} = s_{Lr}$，并且 $s_{Kr} < 0$，$s_{Lw} < 0$（根据函数 C 的凹性得到）。从要素需求的零次齐次性，我们得到：

$$rs_{Kr} + ws_{Kw} = 0 \text{ 且 } rs_{Lr} + ws_{Lw} = 0$$

分别用 e_{Kr}、e_{Kw}、e_{Lr} 和 e_{Lw} 表示各要素需求的价格弹性。例如：

$$e_{Kr} = \frac{\partial \ln K}{\partial \ln r} = \frac{rs_{Kr}}{K}$$

于是我们就有：

$$e_{Kr}+e_{Kw}=0 \text{ 且 } e_{Lr}+e_{Lw}=0$$

对资本需求函数（使产量保持不变）求对数导数，并且使用"帽子微积分"的符号，就得到：

$$\hat{K}=e_{Kr}(\hat{r}-\hat{w}) \text{ 且 } \hat{L}=e_{Lw}(\hat{r}-\hat{w})$$

于是得到：

$$\hat{K}-\hat{L}=-(e_{Kw}+e_{Lr})(\hat{r}-\hat{w})$$

把资本和劳动之间的替代弹性定义为：

$$\sigma^*=-\frac{\partial \ln L/K}{\partial \ln w/r}$$

或者再次使用"帽子微积分"的符号，有：

$$\hat{K}-\hat{L}=-\sigma^*(\hat{r}-\hat{w})$$

于是我们得到：

$$\sigma^*=e_{Kw}+e_{Lr}=-(e_{Kr}+e_{Lw})>0$$

当劳动力的相对价格提高一个百分点时，资本—劳动混合投入就向资本方向偏移 σ^* 个百分点。

此外，对 $Y=F(K, L)$ 进行微分得到：

$$dY=F'_K dK+F'_L dL=\frac{r}{p}dK+\frac{w}{p}dL$$

或者使用"帽子微积分"的符号得：

$$\hat{Y}=\frac{rK}{pY}\hat{K}+\frac{wL}{pY}\hat{L}$$

A.2.3 收益不变的特殊情形

现在，假设生产函数 F 对 (K, L) 是一次齐次的，那么显而易见，成本函数和要素需求函数对 Y 都是一次齐次的。利用上面的方程，并用 $c(r, w)$ 表示单位成本，可以写出：

$$C(r,w,Y)=c(r,w)Y$$
$$K(r,w,Y)=c'_r(r,w)Y$$

$$L(r,w,Y)=c'_w(r,w)Y$$

根据齐次性，有 $rc'_r+wc'_w=c$。这样，单位成本就是将单位要素需求以各自的投入价格为权数加总求和而得到的数值。

参考文献

Deaton, A., and J. Muellbauer. 1980. *Economics and Consumer Behaviour*. Cambridge: Cambridge University Press.

MasColell, A., M. Whinston, and J. Green. 1995. *Microeconomic Theory*. Oxford: Oxford University Press.

附录 B

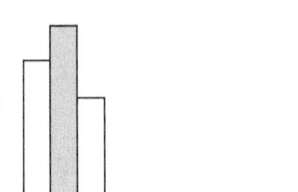

最优控制

本附录将介绍庞特里亚金（Pontryagin）最大值定理，该原理在第 4 章和第 5 章中曾被用来解决最优控制问题。从数学上来说，最优控制问题就是确定这样一个函数，它能求出某一给定的并受某些条件限制的函数（该函数的导数也受条件限制）的最大化值。这类问题也可以通过对变量求导数来解决。最优控制的创新性在于它使用工程模拟手段（analogy of engineering）来解决问题。考虑有这样一个在时间 $t=a$ 和 $t=b$ 之间变化的系统。该系统包括一个由若干状态变量 $x(t) \in IR^n$ 构成的向量，而这些状态变量又受若干控制变量 $u(t) \in IR^p$ 的影响。状态变量依据下式变化：

$$x'(t) = g(x(t), u(t), t)$$

该系统也可能受到一些状态变量端点值的限制：

$$x_i(a) = \underline{x}_i \ (i \in I_a)$$

以及

$$x_i(b) = \bar{x}_i \ (i \in I_b)$$

这里，I_a 和 I_b 分别是 $\{1, \cdots, n\}$ 的两个子集，而且它们的交集为空集。

最后，可在 IR^p 的某个子集 U 里任意选择控制变量。在这里，我们集中讨论这些选择方法中的一个变体[1]，最优控制就是选择这些控制变量的值，使下面的目标函数最大化：

$$\int_a^b f(x(t),u(t),t)dt$$

这里，f 为一给定的函数，约束条件依然是上面所列的限制条件。

为了解决这一问题，我们把汉密尔顿函数（Hamiltonian function）定义为对拉格朗日函数（Lagrangian function）的一个动态模拟：

$$H(x,u,t,\lambda)=f(x,u,t)+\lambda \cdot g(x,u,t)$$

这里，$\lambda \in IR^n$ 是一个依赖于 t 的乘数向量。用 (x^*,u^*) 表示这一问题的解。庞特里亚金定理表明，在给定一些技术条件的情况下[2]，这个解和与之相关的乘数 λ^*（它们是时间的函数）满足：

(1) 对于所有的 t，$u^*(t)$ 使汉密尔顿函数[3] $H(x^*(t),u,t,\lambda^*(t))$ 在 $u\in U$ 上存在最大值。

(2) 对于所有使 u^* 连续的 t，λ^* 是下列微分方程的一个解：

$$\lambda^{*\prime}(t)=-\frac{\partial H}{\partial x}(x^*(t),u^*(t),t,\lambda^*(t))$$

(3) 横截性（transversality）条件成立，即：

如果 $i \notin I_a$，那么 $\lambda_i^*(a)=0$

且

如果 $i \notin I_b$，那么 $\lambda_i^*(b)=0$

实际上，我们需要一个更一般化的关于最优控制问题的表达形式，在该形式中，其解还必须满足一个积分限制条件［称为等周（isoperimetric）条件］：

$$\int_a^b h(x(t),u(t),t)dt=0$$

为了不超出第一类问题，我们只需定义一个新的状态变量 $y(t)$，满足：

$$\begin{cases} y(a)=y(b)=0 \\ y'(t)=h(x(t),u(t),t) \end{cases}$$

用 $\mu(t)$ 表示与该新微分方程有关的乘数，并且定义新的汉密尔顿函数：

$$H(x,y,u,t,\lambda,\mu)=f(x,u,t)+\lambda \cdot g(x,u,t)+\mu h(x,u,t)$$

于是，我们就可以应用庞特里亚金定理了。特别地，我们必须有：

$$u'(t) = -\frac{\partial H}{\partial y} = 0$$

这样 μ 才是一个常数。

当然，变量 t 是代表时间，还是代表任何其他指标并不重要。在本书中，我们只是将庞特里亚金定理应用于最优税问题，而该问题和上面的问题恰恰具有等价的数学结构形式。

注释

[1] 卡曼-舒尔茨（Kamien-Schwartz，1991）能够提供技术上简单的参考，其中包括的内容比我在此处给出的要详细得多。

[2] 例如，x^* 应该是分段连续可微的，而 u^* 应该是分段连续的。

[3] 这就是该定理被称为庞特里亚金最大化定理的原因。

参考文献

Kamien, M., and N. Schwartz. 1991. *Dynamic Optimization: The Calculus of Variations and Optimal Control in Economics and Management*. Amsterdam: North-Holland.

专用词

Abel, A., 埃布尔
Abowd, J., 阿波德
Additive property, 可加性
Administrative and political issues, in optimal taxation, 最优税中的管理及政治问题
Ad valorem tax, 从价税
Agent monotonicity, 当事人单调性
Aid for families with dependent children (AFDC), 有子女家庭补助计划
Akerlof, G., 阿克洛夫
Allais, M., 阿莱
Arrow, K., 阿罗
Arrow-Debreu model, 阿罗-德布鲁模型
Athens (ancient), （古）雅典
Atkinson, A., 阿特金森
Atkinson-Stiglitz result, 阿特金森-斯蒂格利茨的结论

Auerbach, A., 奥尔巴哈

Backward tax shifting, 税负后转
Balanced growth equilibrium, 均衡增长点
Ballentine, J., 巴伦坦
Bastiat, Frédéric, 弗雷德里克·巴师夏
Bénard, J., 贝纳尔
Bequests, 遗产
    inherited wealth from, 继承遗产
    tax on, 征收遗产税
Bergson-Samuelson function, 伯格森-萨缪尔森函数
Bergson-samuelson objectives, 伯格森-萨缪尔森目标函数
Bernheim, D., 伯恩海姆
Bernoulli's law, 伯努利定理
Besley, T., 贝斯利

Beveridge report,《柏卫基报告》
Blundell, R., 布朗戴尔
Boadway, R., 鲍德威
Boiteux, M., 布瓦特
Boskin, M., 博斯金
Bovenberg, L., 鲍温勃格
Brennan, G., 布伦南
Britain. See United Kingdom, 英国
Browning, M., 布朗宁
Buchanan, J., 布坎南
Bunching, 聚束
Bush, George W., 乔治·W. 布什

Canada, self-sufficiency project (SSP) in, 加拿大，自我支持计划
Capital, 资本
 mobility of, 资本流动
 taxation of, 资本税
 and capital accumulation, 资本积累
 and classical results, 经典理论的应用
 incidence of, 资本的税收归宿
 with infinite horizon, 无限期下的资本税
 and overlapping generations model, 世代交叠模型
 and zero capital taxation result, 零资本税的结论
Capital accumulation, 资本积累
Capital gains, 资本利得
 accounting for, 资本利得等于
 taxation of, 资本利得税
Capitation, 人头税
Capitalization effect, 资本化效应
Card, D., 卡德
Cass, D., 卡斯
CES production function, 不变（常数）替代弹性生产函数

Chamley, C., 钱颖一
Charity, vs. public transfers, 私人慈善机构与公共转移支付
Chiappori, P. A., 基亚波里
Choné, P., 菲利普·肖恩
Christiansen, V., 克里斯琴森
Class tax, income tax as, 分类税，所得税
Clinton, William, 威廉·克林顿
Coase, R., 科斯
Coate, S., 科特
Cobb-Douglas utility function, 柯布-道格拉斯效用函数
"Common Good", Schumpeter on, 熊彼特的"利益共同体"
Communist Party Manifest,《共产党宣言》
Comparative statics method, see also static perspective, 比较静态分析法，参见静态分析
Compensated (Hicksian) demands, 补偿性（希克斯）需求
Compensated (Hicksian) elasticities, 补偿（希克斯）弹性
Competitive case of partial equilibrium, 局部均衡的竞争情形
 tax incidence, 税收归宿
Competitive equilibrium and Pareto optimum, 竞争均衡与帕累托最优
Compliance costs, 纳税成本，奉行成本
Comprehensive income tax, 综合所得税
Computable general equilibrium (CGE), 可计算的一般均衡
 models, 可计算的一般均衡模型
Constant returns, 收益不变
Consumer theory, 消费者理论
 and Hicksian or Marshallian demands, 希克斯需求和马歇求需求
 and Slutsky equations, 斯卢茨基方程

Consumption tax, 消费税
and comprehensive income tax, 综合所得税
Control variables, 控制变量
Corlett, W., 科利特
Corporate income tax, 企业所得税
 incidence of, 归宿
Corrective taxes, 矫正税
Cournot, A., 古诺
Cremer, H., 克里默
Cuff, K., 卡夫
Current debates, 目前存在的争论
Custom duties, 关税

Dasgupta, P., 达斯古普塔
Deadweight losses, 无谓损失
Deaton, A., 迪顿
Demand(s), 需求
 Hicksian (compensated), 希克斯（补偿性）需求
 Marshallian (uncompensated), 马歇尔（非补偿性）需求
 de Mooij, R., 德姆基
Denmark, environmental taxes in, 丹麦，环境税
Developing countries, 发展中国家
 collecting of income taxes in, 所得税的征收
 and "safety net" "安全网"
Diamond, P., 戴蒙德
Diamond's model, 戴蒙德模型
 labor supply inelastic in, 劳动供给弹性
 "Difference of difference" estimator, 对"差额的差额"估计
Differential allocation, 差别化分配
Direct taxation, 直接税
 emergence of model of, 模型的建立
 generalizations on, 概括
 and Mirrlees's model, 米尔利斯模型

 general approach to, 一般方法
 in quasi-linear case, 准线性情形
 with Rawlsian social preference, 罗尔斯式社会偏好
 static character of, 静态特征
 and simulations, 模拟
Discouragement index, 抑制指数
Distortions, 扭曲
 in double taxation of income saved, 对来自储蓄的收入双重征税
 in effect on labor supply, 对劳动供给的影响
 in effect on risk-taking, 对冒风险的影响
 in effect on savings, 对储蓄的影响
 and externalities, 扭曲与外部性
 unemployment as, 失业
 welfare losses, 福利损失
Domar, E., 多马
Double dividend, in environmental taxation, 双重红利，环境税中的
double taxation of dividends, 对红利的双重征税
 of savings, 对储蓄的双重征税
Dupuit, J., 杜普特
Durable goods, 耐用品

Earned income tax credit, 劳动所得税退税
Eaton, J., 伊顿
Ebert, U., 埃伯特
Ecotaxes, 生态税
Edgeworth, F., 埃奇沃思
Education in public schools, deduction of taxes for, 公立学校的教育，税收扣除
Efficiency and equity, 效率与公平
 and indirect taxation, 间接税
 productive, 生产性
 and taxation of economic transactions, 经济交易税

Egypt (ancient), (古) 埃及
Eissa, N., 伊萨
EITC (earned income tax credit), 劳动所得税退税
Elasticities, 弹性
    compensated (Hicksian), 补偿性（希克斯）弹性
    uncompensated, 非补偿性弹性
Engels, Friedrich, 弗雷德里希·恩格斯
England, guaranteed minimum income in, 英国的最低收入保障
Environmental taxation, 环境税
    and double dividend, 双重红利
    optimal, 最优
Equal sacrifice principal, 牺牲相等原则
Equilibrium, balanced growth, 均衡，平衡增长
Equimarginal sacrifice principle, 边际牺牲相等原则
Equiproportional sacrifice principal, 比例牺牲相等原则
Equity, 公平
    vs. efficiency, 公平与效率
    horizontal, 横向公平
    vertical, 纵向公平
Eris, I., 埃里斯
Excess burden, 超额税收负担
Excise, 货物税
    vs. ad valorem taxes, 与从价税
Externalities, 外部性
    marginal conditions for Pareto optimum with, 帕累托最优的边际条件
    pollution as, 污染

Factor demands, 要素需求
Factor substitution effect, 要素替代效应
Feldstein, M., 费尔德斯坦

Fiscal capitalization, and property taxes, 财政资本化，与财产税
Fisher, Irving, 欧文·费雪
Flat tax, 统一税
Flypaper theory of incidence, 税负的粘蝇纸理论
Food stamps, 食物券
Fortin, B., 福尔坦
Forward tax shifting, 税负前转
401 (k) funds, 401 (k) 基金条款
France, 法国
    guaranteed minimum income in, 最低收入保证
    income-splitting system in, 所得分割体制
    minimum wage in, 最低工资
    personal income tax in, 个人所得税
    poverty line in, 贫困线
    property taxes in, 财产税
    social contributions in, 社会贡献
    value-added tax in, 增值税
    welfare state in, 福利国家
Frechette, P., 弗雷谢特
Freedom of choice, and economists, 自由选择，与经济学家
Free-rider problem, 搭便车问题
French Revolution, 法国大革命
Friedman, Milton, 米尔顿·弗里德曼
Fullerton, D., 富尔顿

Gahvari, F., 加瓦里
Gender difference, 性别差异
General equilibrium, 一般均衡
    for environmental taxation, 环境税收
    and Ramsey's formula, 拉姆齐公式
    tax incidence in, 税收归宿
    and infinitesimal analysis, 极限分析
    and no-taxation economy, 无税经济体
Germany, 德国

personal income tax in, 个人所得税
property taxes in, 财产税
social contributions in, 社会缴款
welfare state in, 福利国家
Gini index, 基尼系数
Golden rule, 黄金法则（黄金律）
Gordon, R., 戈登
Goulder, L., 古尔德尔
Government, 政府
functions of, 功能
proper redistributive objectives of, 适当的再分配目标
Green, J., 格林
Green taxes. See Environmental taxation, 绿色税收，见环境税
Gruber, J., 格鲁伯
Guaranteed minimum income, 最低收入保证
Guesnerie, R., 古森瑞

Hague, D., 黑格
Haig, 海格
Hall, R., 霍尔
Harberger, A., 哈伯格
Hat calculus, "帽子"微积分
Hazard function, 风险函数
Hettich, W., 赫蒂奇
Hicksian demands, 希克斯需求
Hicksian (compensated) elasticities, 希克斯（补偿）弹性
Hobbes, Thomas, 托马斯·霍布斯
Holtz-Eakin, D., 霍兹-埃金
Horizontal equity, 横向公平
Human capital, 人力资本
flight of, 人力资本流失
taxation of, 人力资本税

Implicit separability of utility functions, 效用函数的隐可分性
Incentive constraints, 激励约束
Incidence of taxes, See tax incidence, 税收负担
Income effects, 收入效应
and labor supply, 劳动供给
and lump-sum transfer, 总额转移支付
and savings, 储蓄
and uncompensated elasticities, 非补偿弹性
Income-splitting system, 收入分割体制
Income taxes, See also corporate income tax; personal income tax, 所得税，参见企业所得税；个人所得税
comprehensive, 综合
vs. consumption tax, 消费税
creation and increase of, 设置及增加
for married couples, 已婚夫妇
Mill on, 穆勒关于所得税的评述
negative, 负所得税
nonlinear, 非线性所得税
optimal, 最优所得税
vs. VAT, 与增值税
Indirect taxation, 间接税
and Atkinson-Stiglitz result, 阿特金森和斯蒂格利茨的结论
and consumption, 间接消费税
in less developed countries, 在欠发达国家
and productive efficiency, 生产效率
question of usefulness of, 对间接税有用性的质疑
and Ramsey's formula, 拉姆齐公式
Individual retirement accounts, 个人退休账户
Infinite horizon, taxation of capital with, 无限期下的资本税
Infinitesimal analysis, and general-equilibrium incidence, 极限分析，一般均衡下的税收归宿

201

In-kind benefits，实物补贴

Interest group, and optimal taxation，利益集团，与最优税收

Intergenerational transfer，代际转移

and public debt，公共债务

International trade，国际贸易

Inverse elasticities rule，逆弹性法则

Investments, favored by tax policy，给予税收优惠的投资

IRAs (Individual Retirement Accounts)，个人退休账户

Japan, social contributions in，日本，社会缴款

Job creation, and transfers to poor，创造就业机会（增加就业），转移支付给穷人

John (king of England)，约翰（英格兰国王）

Joulfaian, D.，朱厄怀安

Kaldor，卡尔多

Kamien, M.，卡曼

Kanbur, R.，坎布尔

Keen, M.，基恩

Konishi, H.，科内什

Kotlikoff, L.，克里克夫

Kramarz, F.，克雷玛茨

Krueger, A.，克鲁格

Kyoto conference on global warming，关于全球气候变暖的京都会议

Labor supply，劳动供给

and life-cycle perspective，生命周期分析

skilled vs. unskilled (as substitutable for capital)，熟练与非熟练（作为对资本的替代）

and taxation，税收

and income effects，收入效应

Ladoux, N.，拉杜

Lancaster, K.，兰开斯特

Laroque, G.，拉罗克

Leisure, taxing of goods complementary to，闲暇互补性产品的征税

Lemieux, T.，勒米厄

Less developed countries. See Developing countries，欠发达国家，参见发展中国家

Leviathan (Hobbes)，《利维坦》（霍布斯）

Liberalism, and differences in tastes，自由主义，偏好方面的不同

Libertarians，自由主义者

Liebman J.，利布曼

Life-cycle perspective, and labor supply，生命周期分析，劳动供给

Lipsey, R.，利普西

Lloyd George, David，大卫·洛伊德·乔治

Lock in effect，锁住效应

Low-income support，低收入保障

cost and objectives of，低收入保障成本及目标

empirical evaluations of，实证评估

and measurement of poverty，对贫困的评估

as nonlinear income taxes，非线性所得税

and private charity vs. public transfers，私人慈善机构与公共转移支付

recent reforms in，最近的税制改革

types of，类型

cash vs. in-kind，现金与实物

guaranteed minimum income，最低收入保证

low-wage subsidies，低工资补贴

minimum wage，最低工资

negative income tax，负所得税

Low-wage subsidies，低工资补贴

Lump-sum transfers，总额转移支付，一次性转移支付

and income effects，收入效应

and Pareto optimum，帕累托最优

Luxuries，奢侈品

MaCurdy，T.，麦克迪
Magna Carta，《自由大宪章》
Mankiw，G.，曼昆
Marchand，M.，马钱德
Marginal utility of income，收入的边际效用
　　net social，收入的净社会边际效用
　　social，收入的社会边际效用
Margolis，D.，马格利斯
Market failures，市场失灵
Married couples，income tax for，已婚夫妇，所得税
Marshallian demands，马歇尔需求
Marx，Karl，卡尔·马克思
MasColell，A.，马斯克莱尔
Maximum principle of Pontryagin，庞特里亚金最大值定理
Meade，James，詹姆斯·米德
Meade Report，《米德报告》
Median voter theorem，中位选举人定理
Meghir，C.，梅格尔
Mesopotamia，美索不达米亚
Meyer，B.，迈耶
Microeconomic viewpoint，微观经济学观点
Mirrlees's model，米尔利斯模型
　　as assuming productivity knowledge，生产知识假设
　　and Atkinson-Stiglitz，阿特金森和斯蒂格利茨
　　general approach to，一般方法
　　with indirect taxes，间接税
　　and labor supply behavior，劳动供给行为
　　in quasi-linear case，准线性情形
　　with Rawlsian social preferences，罗尔斯式社会偏好
　　static character of，静态特征

Mixed taxation，混合税收
　　and indirect taxes，间接税
　　and Atkinson-Stiglitz result，阿特金森和斯蒂格利茨的结论
　　and negative income tax，负所得税
　　and tax reform，税制改革
Moffitt，R.，莫菲特
Monopoly case，of partial equilibrium tax incidence，垄断情形，税收归宿的局部均衡分析
Mossin，J.，莫辛
Muellbauer，J.，米尔鲍尔
Munk，K.，蒙克
Musgrave，R.，马斯格雷夫
Myles，G.，迈尔斯

Naito，H.，奈托
Natural experiments，method of，自然试验方法
Negative income tax，负所得税
Net social marginal utility of income，净社会收入的边际效应
New Jersey，minimum wage in，新泽西州的最低工资
NIARA（nonincreasing absolute risk-aversion）hypothesis，非递增绝对风险规避
No-loss offset rule，无损失抵偿原则
Non-lump-sum transfers，非总额转移支付
No-taxation economy，无税经济体

Old wealth problem，"旧财富"问题
Optimal control，最优控制
Optimal taxation，最优税收
　　of capital，资本的最优税收
　　criticisms of，对最优税收的批评
　　and administrative or political issues，管理或政治方面的问题
　　and horizontal equity，横向公平

  and tax reforms，税制改革
 direct，最优直接税
  emergence of model of，模型的建立
  generalizations on，概括
  and Mirrlee's model，米尔利斯模型
  and simulations，模拟
 indirect，最优间接税
  and productive efficiency，生产效率
  and Ramsey's formula，拉姆齐公式
  and low-income support，低收入保障
  and minimum wage，最低工资
Ordover, J.，奥多弗
Overlapping generations model，世代交叠模型

Pareto distribution，帕累托分布
Pareto optimum，帕累托最优
 and environmental taxation，环境税
Partial equilibrium, tax incidence in，局部均衡分析，税收归宿
 for competitive case，竞争情形
 for monopoly case，垄断情形
 for payroll taxes，工薪税
Participation decision，参与（工作）决策
 and EITC，劳动所得税退税
Pasinetti，帕西内蒂
Pay-as-you-earn（Source-withholding），预扣所得税，源泉扣缴所得税，从源扣缴所得税
 income taxation，所得税
Pay-as-you-go pensions systems，现收现付养老金制度
Payroll taxes, incidence of，工薪税
Pearce, D.，皮尔斯
Peel, Robert，罗伯特·皮尔
Personal income tax, *see also* income taxes，个人所得税，也见所得税
 charitable deductions in，慈善性支出扣除

  in less developed countries，在欠发达国家
Persson, T.，佩尔松
Pestieau, P.，帕斯蒂尔
Phelps, E.，费尔普斯
Philippon, T.，菲利蓬
Pigou, A.，庇古
Pigovian tax，庇古税
Piketty, T.，皮凯蒂
Political economy of taxation，税收政治经济学
Political issues, in optimal taxation，最优税收的政治争论
Pollak, R.，波拉克
Pollution，污染
Pontryagin's maximum principle，庞特里亚金最大值定理
Poterba, J.，波特巴
Poverty，贫困
 and low-income support systems，低收入保障制度
 measuring of，对贫困的衡量方式
 and working vs. nonemployed poor，工作贫困与失业贫困
Poverty gap，贫困差矩
Poverty traps，贫困陷阱
Preference preorder, homothetic，偏好顺序，相似性
Principles of Political Economy（Mill），《政治经济学原理》（穆勒）
Producer theory，生产者理论
 constant-returns case，收益不变
 and factor demands，要素需求
 and producer's problem，生产者问题
Productive efficiency，生产效率
Productivities, and tax rate（s），生产率/力，税率
Progressive taxation，累进税

Property taxes，财产税

and fiscal capitalization，财政资本化

Proportional taxation，比例税

Public choice approach，公共选择理论

Public debt，公共债务

Public education expenditures, deduction of taxes for，公共教育支出，税收扣除

Public funds, social cost of，公共基金，社会成本

Public goods，公共物品

environment as，环境

Quasi-separability，准可分性

Rabuschka, A.，雷比斯卡

Ramsey, F.，拉姆齐

Ramsey-optimal tax system，拉姆齐最优税收制度

Ramsey's formula，拉姆齐公式

and Atkinson-Stiglitz，阿特金森和斯蒂格利茨

for general model，一般模型

informal approach to，非正规方法

and negative income tax，负所得税

and specific cases，特定情形

and taxation of capital，资本税

Ramsey's model，拉姆齐模型

Rawls, John，约翰·罗尔斯

Rawlsian social preferences，罗尔斯式社会偏好

Reagan, Ronald，罗纳德·里根

Revelation principle，显示原则

Ricardo, David，大卫·李嘉图

Risk-taking, and taxation，冒险活动，税收

Roberts, K.，罗伯茨

Robins, P.，罗宾斯

Rochet, J.-C.，诺切特

Rogers, D.，罗杰斯

Roman empire，罗马帝国

Rosen, H.，罗森

Rosenbaum, D.，罗森鲍姆

Russia, tax collection in，俄罗斯，税收征收

Saez, E.，塞斯

Salanié, B.，萨拉尼耶

Sales tax，销售税

Samuelson, P.，萨缪尔森

Sandmo, A.，桑德莫

Saving, and taxation，储蓄，税收

Scandinavian countries, environmental taxes in，斯堪的纳维亚地区的国家，环境税

School cafeterias, and free tickets vs. cash benefits，学校餐厅，免费餐券与现金福利补助

Schumpeter, J.，熊彼特

Schwartz, N.，舒尔茨

Second fundamental welfare theorem，福利经济学第二定理

Seidman, L.，塞德曼

Self-sufficiency project (SSP), Canada，自我支持计划，加拿大

Sen, A.，森

Separability, weak vs. implicit，可分性，弱可分性与隐可分性

Separability hypothesis，可分性假定

Sex difference, See women，性别不同，参见妇女

Sheshinski, E.，谢辛斯基

Shoven, J.，肖芬

Simons，西蒙斯

Single crossing condition，单交叉性条件

Sin taxes，过失税

Slutsky equation，斯卢茨基方程

Slutsky matrix，斯卢茨基矩阵

Smith, Adam，亚当·斯密

Smoothing, tax, 平滑作用, 税收
Social cost of public funds, 公共基金的社会成本
Social insurance, 社会保险
Social marginal utility of income, 收入的社会边际效用
    net, 净边际效用
Social preferences, Rawlsian, 社会偏好, 罗尔斯
Social security, 社会保障
Social welfare, 社会福利
Social welfare losses. See welfare losses, 社会福利损失, 参见福利损失
Specific tax, 从量税
Speenhamland system, 斯宾汉姆兰制度
Spence-Mirrlees condition, 斯彭斯-米尔利斯条件
Starrett, D., 斯塔雷特
State variable, 状态变量
Static perspective, 静态分析
Steady state, and capital accumulation, 稳态, 资本积累
Steinmo, S., 施泰因默
Stiglitz, J., 斯蒂格利茨
Subsidies, 补助
    low-wage, 低工资
    to voluntary contributions, 自愿捐赠
Substitution effect, 替代效应
    and compensated elasticities, 补偿弹性
    and labor supply, 劳动供给
    and savings, 储蓄

Tabellini, G., 塔贝里尼
Tagging, 标号
TANF (Temporary Aid to Needy Families), 贫困家庭临时救助办法
Targeted tax expenditures, 目标税费支出
Targeting principle, 定标原理
Taxable transactions, 应税交易

Taxation, 税收
    costs of administering, 管理成本
    current systems of, 当前制度
    disincentive effects of, 抑制效应
    distortions from, 税收扭曲
    of goods complementary to leisure vs. labor, 闲暇或劳动的互补品
    historical survey of, 历史调查
    incentive effects of, 激励效应
    as insurance device, 作为保险工具
    and labor supply, 劳动供给
        and income effects, 收入效应
    of luxuries, 奢侈品
    optimal, 最优
    political economy of, 政治经济学
    progressive, 累进的
    proportional, 比例的
    and risk-taking, 冒险活动
    and savings, 储蓄
Tax constitution, 税收构成
Taxes, types of, 税收, 类型
    ad valorem, 从价税
    on capital, 资本税
        and capital accumulation, 资本积累
        and classical results, 经典结论
        incidence of, 归宿
        with infinite horizon, 无限期下的
        and overlapping generations model, 世代交叠模型
    on consumption, 消费税
        and comprehensive income tax, 综合所得税
        of future vs. current, 未来消费与现期消费
    corrective, 矫正税
    direct, 直接税
    environmental, 环境税
        and double dividend, 双重红利

  optimal，最优

  indirect，间接

  specific，从量

Tax expenditures，targeted，税收支出，目标

Tax farming，包税

Tax incidence，税收归宿

  for capital taxation，资本税

  clarity of，税收归宿透明化

  and environmental taxation，环境税

  in general equilibrium，一般均衡下

    and infinitesimal analysis，极限分析

    and no-taxation economy，无税经济体

  in partial equilibrium，局部均衡下

    for competitive case，竞争情形

    for monopoly case，垄断情形

    for payroll taxes，工薪税

  and workers and capitalists，工人和资本家

Tax reform，税制改革

Tax Reform Act（1986），《税制改革法案》

Tax Relief Act（U.S.），《减税法案》

Tax smoothing，税收平滑作用

Temporary Aid to Needy Families，贫困家庭临时救助办法

Theory of Justice（Rawls），《正义论》（罗尔斯）

Tobin, James，詹姆斯·托宾

Trade, international，贸易，国际

Transfers to households，给家庭的转移支付

Transition economies，转轨经济

Transportation sector, and factor mobility，运输部门，要素流动

Unemployment，失业

  and capital taxation，资本税

  as distortion，扭曲

  and environmental taxation，环境税

  and minimum wage，最低工资

  and poverty，贫困

United Kingdom，英国

  and consumption tax，消费税

  fiscal reforms in，财政改革

  income tax in，所得税

  minimum wage in，最低工资

  property taxes in，福利国家

  welfare state in，财产税

  WFTC in，工薪家庭减免退税

United States，美国

  AFDC in，有子女家庭补助计划

  deductible pension funds in，可扣除的养老基金

  EITC in，劳动所得税退税

  environmental taxes in，环境税

  fiscal reforms in，财政改革

  and flat tax，单一税

  income tax in，所得税

  minimum wage in，最低工资

  negative income tax in，负所得税

  property taxes in，财产税

  Tax Reform Act（1986）in，《税制改革法案》

  welfare state in，福利国家

Unlimited savings allowance（USA）tax，无限储蓄补助（USA）税

Utilitarianism，功利主义

  weighted，加权的

Utility functions, of consumers，消费者效用函数

Value-added tax，增值税

  advantages of，优势

  incidence of，归宿

    and infinitesimal analysis，极限分析

    and partial equilibrium analysis，局部均衡分析

  "normal" rate of（European Union），（欧盟的）"正常"税率

vs. specific tax，从量税
    and uniform rate，统一税率
Varian，H.，瓦里安
Veil of ignorance，无知之幕
Vertical equity，纵向公平
Vickrey，W.，维克里
Volume effect，强度效应

Walras's law，瓦尔拉斯定律
War of Independence，American，美国独立战争
Warr，P.，沃尔
Wascher，W.，韦舍尔
Weak separability of utility functions，效用函数的弱可分性
Wealth of Nations（Smith），《国富论》（斯密）
Wealth taxes，财产税
Welfare losses，through taxation，由税收造成的福利损失
Welfare state，福利国家

Welfare theorem，second，第二福利定理
WFTC（working families tax credit），UK，工薪家庭减免退税
Whalley，J.，惠利
Whinston，M.，温斯顿
Winer，S.，温尼尔
Women，妇女
    and EITC，劳动所得税退税
    and minimum wage，最低工资
    wage elasticity of labor supply for，劳动供给的工资弹性
Workfare，工作福利
Working families tax credit，UK，英国的工薪家庭减免退税
World Trade Organization，世界贸易组织

Zeckhauser，R.，泽克豪泽
Zero capital taxation result，零资本税的结论

翻译说明

《税收经济学》第二版有较大改动,既有浅层的形式上的变动,也存在一些深度的内容方面的变化,难度也加大了一些。第一版由陈新平等翻译,第二版由马先标、刘兴坤等翻译。顾晓波校对了译稿。在此要感谢第一版的译者陈新平等。此外,还要感谢北京师范大学研究生李阳和南昌大学的齐亚丽,他们收集了许多翻译资料并完成了书稿的打印工作。最后感谢出版社的编辑老师们。

经济科学译丛

序号	书名	作者	Author	单价	出版年份	ISBN
1	税收经济学(第二版)	伯纳德·萨拉尼耶	Bernard Salanié	42.00	2018	978-7-300-23866-1
2	公司治理(第五版)	罗伯特·A.G.蒙克斯	Robert A. G. Monks	69.80	2017	978-7-300-24972-8
3	国际经济学(第15版)	罗伯特·J.凯伯	Robert J. Carbaugh	78.00	2017	978-7-300-24844-8
4	经济理论和方法史(第五版)	小罗伯特·B.埃克伦德等	Robert B. Ekelund, Jr.	88.00	2017	978-7-300-22497-8
5	经济地理学	威廉·P.安德森	William P. Anderson	59.80	2017	978-7-300-24544-7
6	博弈与信息:博弈论概论(第四版)	艾里克·拉斯穆森	Eric Rasmusen	79.80	2017	978-7-300-24546-1
7	MBA宏观经济学	莫里斯·A.戴维斯	Morris A. Davis	38.00	2017	978-7-300-24268-2
8	经济学基础(第十六版)	弗兰克·V.马斯切纳	Frank V. Mastrianna	42.00	2017	978-7-300-22607-1
9	高级微观经济学:选择与竞争性市场	戴维·M.克雷普斯	David M. Kreps	79.80	2017	978-7-300-23674-2
10	博弈论与机制设计	Y.内拉哈里	Y. Narahari	69.80	2017	978-7-300-24209-5
11	宏观经济学精要:理解新闻中的经济学(第三版)	彼得·肯尼迪	Peter Kennedy	45.00	2017	978-7-300-21617-1
12	宏观经济学(第十二版)	鲁迪格·多恩布什等	Rudiger Dornbusch	69.00	2017	978-7-300-23772-5
13	国际金融与开放宏观经济学:理论、历史及政策	亨德里克·范登伯格	Hendrik Van den Berg	68.00	2016	978-7-300-23380-2
14	经济学(微观部分)	达龙·阿西莫格鲁等	Daron Acemoglu	59.00	2016	978-7-300-21786-4
15	经济学(宏观部分)	达龙·阿西莫格鲁等	Daron Acemoglu	45.00	2016	978-7-300-21886-1
16	发展经济学	热若尔·罗兰	Gérard Roland	79.00	2016	978-7-300-23379-6
17	中级微观经济学——直觉思维与数理方法(上下册)	托马斯·J.内契巴	Thomas J. Nechyba	128.00	2016	978-7-300-22363-6
18	环境与自然资源经济学(第十版)	汤姆·蒂坦伯格等	Tom Tietenberg	72.00	2016	978-7-300-22900-3
19	劳动经济学基础(第二版)	托马斯·海克拉克等	Thomas Hyclak	65.00	2016	978-7-300-23146-4
20	货币金融学(第十一版)	弗雷德里克·S.米什金	Frederic S. Mishkin	85.00	2016	978-7-300-23001-6
21	动态优化——经济学和管理学中的变分法和最优控制(第二版)	莫顿·I.凯曼等	Morton I. Kamien	48.00	2016	978-7-300-23167-9
22	用Excel学习中级微观经济学	温贝托·巴雷托	Humberto Barreto	65.00	2016	978-7-300-21628-7
23	宏观经济学(第九版)	N.格里高利·曼昆	N. Gregory Mankiw	72.00	2016	978-7-300-23038-2
24	国际经济学:理论与政策(第十版)	保罗·R.克鲁格曼等	Paul R. Krugman	89.00	2016	978-7-300-22710-8
25	国际金融(第十版)	保罗·R.克鲁格曼等	Paul R. Krugman	55.00	2016	978-7-300-22089-5
26	国际贸易(第十版)	保罗·R.克鲁格曼等	Paul R. Krugman	42.00	2016	978-7-300-22088-8
27	经济学精要(第3版)	斯坦利·L.布鲁伊等	Stanley L. Brue	58.00	2016	978-7-300-22301-8
28	经济分析史(第七版)	英格里德·H.里马	Ingrid H. Rima	72.00	2016	978-7-300-22294-3
29	投资学精要(第九版)	兹维·博迪等	Zvi Bodie	108.00	2016	978-7-300-22236-3
30	环境经济学(第二版)	查尔斯·D.科尔斯塔德	Charles D. Kolstad	68.00	2016	978-7-300-22255-4
31	MWG《微观经济理论》习题解答	原千晶等	Chiaki Hara	75.00	2016	978-7-300-22306-3
32	现代战略分析(第七版)	罗伯特·M.格兰特	Robert M. Grant	68.00	2016	978-7-300-17123-4
33	横截面与面板数据的计量经济分析(第二版)	杰弗里·M.伍德里奇	Jeffrey M. Wooldridge	128.00	2016	978-7-300-21938-7
34	宏观经济学(第十二版)	罗伯特·J.戈登	Robert J. Gordon	75.00	2016	978-7-300-21978-3
35	动态最优化基础	蒋中一	Alpha C. Chiang	42.00	2015	978-7-300-22068-0
36	城市经济学	布伦丹·奥弗莱厄蒂	Brendan O'Flaherty	69.80	2015	978-7-300-22067-3
37	管理经济学:理论、应用与案例(第八版)	布鲁斯·艾伦等	Bruce Allen	79.80	2015	978-7-300-21991-2
38	经济政策:理论与实践	阿格尼丝·贝纳西-奎里等	Agnès Bénassy-Quéré	79.80	2015	978-7-300-21921-9
39	微观经济分析(第三版)	哈尔·R.范里安	Hal R. Varian	68.00	2015	978-7-300-21536-5
40	财政学(第十版)	哈维·S.罗森等	Harvey S. Rosen	68.00	2015	978-7-300-21754-3
41	经济数学(第三版)	迈克尔·霍伊等	Michael Hoy	88.00	2015	978-7-300-21674-4
42	发展经济学(第九版)	A.P.瑟尔沃	A. P. Thirlwall	69.80	2015	978-7-300-21193-0
43	宏观经济学(第五版)	斯蒂芬·D.威廉森	Stephen D. Williamson	69.00	2015	978-7-300-21169-5
44	资源经济学(第三版)	约翰·C.伯格斯特罗姆等	John C. Bergstrom	58.00	2015	978-7-300-20742-1
45	应用中级宏观经济学	凯文·D.胡佛	Kevin D. Hoover	78.00	2015	978-7-300-21000-1
46	计量经济学导论:现代观点(第五版)	杰弗里·M.伍德里奇	Jeffrey M. Wooldridge	99.00	2015	978-7-300-20815-2
47	现代时间序列分析导论(第二版)	约根·沃特斯等	Jürgen Wolters	39.80	2015	978-7-300-20625-7
48	空间计量经济学——从横截面数据到空间面板	J.保罗·埃尔霍斯特	J. Paul Elhorst	32.00	2015	978-7-300-21024-7
49	国际经济学原理	肯尼思·A.赖纳特	Kenneth A. Reinert	58.00	2015	978-7-300-20830-5
50	经济写作(第二版)	迪尔德丽·N.麦克洛斯基	Deirdre N. McCloskey	39.80	2015	978-7-300-20914-2
51	计量经济学方法与应用(第五版)	巴蒂·H.巴尔塔基	Badi H. Baltagi	58.00	2015	978-7-300-20584-7
52	战略经济学(第五版)	戴维·贝赞可等	David Besanko	78.00	2015	978-7-300-20679-0
53	博弈论导论	史蒂文·泰迪里斯	Steven Tadelis	58.00	2015	978-7-300-19993-1

经济科学译丛

序号	书名	作者	Author	单价	出版年份	ISBN
54	社会问题经济学(第二十版)	安塞尔·M·夏普等	Ansel M.Sharp	49.00	2015	978-7-300-20279-2
55	博弈论:矛盾冲突分析	罗杰·B·迈尔森	Roger B. Myerson	58.00	2015	978-7-300-20212-9
56	时间序列分析	詹姆斯·D·汉密尔顿	James D. Hamilton	118.00	2015	978-7-300-20213-6
57	经济问题与政策(第五版)	杰奎琳·默里·布鲁克斯	Jacqueline Murray Brux	58.00	2014	978-7-300-17799-1
58	微观经济理论	安德鲁·马斯-克莱尔等	Andreu Mas-Collel	148.00	2014	978-7-300-19986-3
59	产业组织:理论与实践(第四版)	唐·E·瓦尔德曼等	Don E. Waldman	75.00	2014	978-7-300-19722-7
60	公司金融理论	让·梯若尔	Jean Tirole	128.00	2014	978-7-300-20178-8
61	经济学精要(第三版)	R·格伦·哈伯德等	R. Glenn Hubbard	85.00	2014	978-7-300-19362-5
62	公共部门经济学	理查德·W·特里西	Richard W. Tresch	49.00	2014	978-7-300-18442-5
63	计量经济学原理(第六版)	彼得·肯尼迪	Peter Kennedy	69.80	2014	978-7-300-19342-7
64	统计学:在经济中的应用	玛格丽特·刘易斯	Margaret Lewis	45.00	2014	978-7-300-19082-2
65	产业组织:现代理论与实践(第四版)	林恩·佩波尔等	Lynne Pepall	88.00	2014	978-7-300-19166-9
66	计量经济学导论(第三版)	詹姆斯·H·斯托克等	James H. Stock	69.00	2014	978-7-300-18467-8
67	发展经济学导论(第四版)	秋山裕	秋山裕	39.80	2014	978-7-300-19127-0
68	中级微观经济学(第六版)	杰弗里·M·佩罗夫	Jeffrey M. Perloff	89.00	2014	978-7-300-18441-8
69	平狄克《微观经济学》(第八版)学习指导	乔纳森·汉密尔顿等	Jonathan Hamilton	32.00	2014	978-7-300-18970-3
70	微观经济学(第八版)	罗伯特·S·平狄克等	Robert S.Pindyck	79.00	2013	978-7-300-17133-3
71	微观银行经济学(第二版)	哈维尔·弗雷克斯等	Xavier Freixas	48.00	2014	978-7-300-18940-6
72	施米托夫论出口贸易——国际贸易法律与实务(第11版)	克利夫·M·施米托夫等	Clive M. Schmitthoff	168.00	2014	978-7-300-18425-8
73	微观经济学思维	玛莎·L·奥尔尼	Martha L. Olney	29.80	2013	978-7-300-17280-4
74	宏观经济学思维	玛莎·L·奥尔尼	Martha L. Olney	39.80	2013	978-7-300-17279-8
75	计量经济学原理与实践	达摩达尔·N·古扎拉蒂	Damodar N.Gujarati	49.80	2013	978-7-300-18169-1
76	现代战略分析案例集	罗伯特·M·格兰特	Robert M. Grant	48.00	2013	978-7-300-16038-2
77	高级国际贸易:理论与实证	罗伯特·C·芬斯特拉	Robert C. Feenstra	59.00	2013	978-7-300-17157-9
78	经济学简史——处理沉闷科学的巧妙方法(第二版)	E·雷·坎特伯里	E. Ray Canterbery	58.00	2013	978-7-300-17571-3
79	管理经济学(第四版)	方博亮等	Ivan Png	80.00	2013	978-7-300-17000-8
80	微观经济学原理(第五版)	巴德、帕金	Bade, Parkin	65.00	2013	978-7-300-16930-9
81	宏观经济学原理(第五版)	巴德、帕金	Bade, Parkin	63.00	2013	978-7-300-16929-3
82	环境经济学	彼得·伯克等	Peter Berck	55.00	2013	978-7-300-16538-7
83	高级微观经济理论	杰弗里·杰里	Geoffrey A. Jehle	69.00	2012	978-7-300-16613-1
84	多恩布什《宏观经济学(第十版)》学习指导	鲁迪格·多恩布什等	Rudiger Dornbusch	29.00	2012	978-7-300-16030-6
85	高级宏观经济学导论:增长与经济周期(第二版)	彼得·伯奇·索伦森等	Peter Birch Sørensen	95.00	2012	978-7-300-15871-6
86	宏观经济学:政策与实践	弗雷德里克·S·米什金	Frederic S. Mishkin	69.00	2012	978-7-300-16443-4
87	宏观经济学(第二版)	保罗·克鲁格曼	Paul Krugman	45.00	2012	978-7-300-15029-1
88	微观经济学(第二版)	保罗·克鲁格曼	Paul Krugman	69.80	2012	978-7-300-14835-9
89	克鲁格曼《微观经济学(第二版)》学习手册	伊丽莎白·索耶·凯利	Elizabeth Sawyer Kelly	58.00	2013	978-7-300-17002-2
90	克鲁格曼《宏观经济学(第二版)》学习手册	伊丽莎白·索耶·凯利	Elizabeth Sawyer Kelly	36.00	2013	978-7-300-17024-4
91	微观经济学(第十一版)	埃德温·曼斯费尔德	Edwin Mansfield	88.00	2012	978-7-300-15050-5
92	国际宏观经济学	罗伯特·C·芬斯特拉等	Feenstra, Taylor	64.00	2011	978-7-300-14795-6
93	卫生经济学(第六版)	舍曼·富兰德等	Sherman Folland	79.00	2011	978-7-300-14645-4
94	宏观经济学(第七版)	安德鲁·B·亚伯等	Andrew B. Abel	78.00	2011	978-7-300-14223-4
95	现代劳动经济学:理论与公共政策(第十版)	罗纳德·G·伊兰伯格等	Ronald G. Ehrenberg	69.00	2011	978-7-300-14482-5
96	宏观经济学(第七版)	N·格里高利·曼昆	N. Gregory Mankiw	65.00	2011	978-7-300-14018-6
97	宏观经济学:理论与政策(第九版)	理查德·T·弗罗恩	Richard T. Froyen	55.00	2011	978-7-300-14108-4
98	经济学原理(第四版)	威廉·博伊斯等	William Boyes	59.00	2011	978-7-300-13518-2
99	计量经济学基础(第五版)(上下册)	达摩达尔·N·古扎拉蒂	Damodar N.Gujarati	99.00	2011	978-7-300-13693-6
100	《计量经济学基础》(第五版)学习题解答手册	达摩达尔·N·古扎拉蒂等	Damodar N. Gujarati	23.00	2012	978-7-300-15080-8
101	计量经济分析(第六版)(上下册)	威廉·H·格林	William H.Greene	128.00	2011	978-7-300-12779-8
102	国际贸易	罗伯特·C·芬斯特拉等	Robert C.Feenstra	49.00	2011	978-7-300-13704-9
103	经济增长(第二版)	戴维·N·韦尔	David N.Weil	63.00	2011	978-7-300-12778-1

经济科学译丛

序号	书名	作者	Author	单价	出版年份	ISBN
104	投资科学	戴维·G·卢恩伯格	David G. Luenberger	58.00	2011	978-7-300-14747-5
105	宏观经济学(第十版)	鲁迪格·多恩布什等	Rudiger Dornbusch	60.00	2010	978-7-300-11528-3
106	金融学(第二版)	兹维·博迪等	Zvi Bodie	59.00	2010	978-7-300-11134-6
107	博弈论	朱·弗登博格等	Drew Fudenberg	68.00	2010	978-7-300-11785-0

金融学译丛

序号	书名	作者	Author	单价	出版年份	ISBN
1	金融市场与金融机构(第8版)	弗雷德里克·S·米什金等	Frederic S. Mishkin	86.00	2017	978-7-300-24731-1
2	兼并、收购和公司重组(第六版)	帕特里克·A·高根	Patrick A. Gaughan	79.00	2017	978-7-300-24231-6
3	债券市场:分析与策略(第九版)	弗兰克·J·法博齐	Frank J. Fabozzi	98.00	2016	978-7-300-23495-3
4	财务报表分析(第四版)	马丁·弗里德森	Martin Fridson	46.00	2016	978-7-300-23037-5
5	国际金融学	约瑟夫·P·丹尼尔斯等	Joseph P. Daniels	65.00	2016	978-7-300-23037-1
6	国际金融	阿德里安·巴克利	Adrian Buckley	88.00	2016	978-7-300-22668-2
7	个人理财(第六版)	阿瑟·J·基翁	Arthur J. Keown	85.00	2016	978-7-300-22711-5
8	投资学基础(第三版)	戈登·J·亚历山大等	Gordon J. Alexander	79.00	2015	978-7-300-20274-7
9	金融风险管理(第二版)	彼德·F·克里斯托弗森	Peter F. Christoffersen	46.00	2015	978-7-300-21210-4
10	风险管理与保险管理(第十二版)	乔治·E·瑞达等	George E. Rejda	95.00	2015	978-7-300-21486-3
11	个人理财(第五版)	杰夫·马杜拉	Jeff Madura	69.00	2015	978-7-300-20583-0
12	企业价值评估	罗伯特·A·G·蒙克斯等	Robert A. G. Monks	58.00	2015	978-7-300-20582-3
13	基于Excel的金融学原理(第二版)	西蒙·本尼卡	Simon Benninga	79.00	2014	978-7-300-18899-7
14	金融工程学原理(第二版)	萨利赫·N·内夫特奇	Salih N. Neftci	88.00	2014	978-7-300-19348-9
15	投资学导论(第十版)	赫伯特·B·梅奥	Herbert B. Mayo	69.00	2014	978-7-300-18971-0
16	国际金融市场导论(第六版)	斯蒂芬·瓦尔德斯等	Stephen Valdez	59.80	2014	978-7-300-18896-6
17	金融数学:金融工程引论(第二版)	马雷克·凯宾斯基等	Marek Capinski	42.00	2014	978-7-300-17650-5
18	财务管理(第二版)	雷蒙德·布鲁克斯	Raymond Brooks	69.00	2014	978-7-300-19085-3
19	期货与期权市场导论(第七版)	约翰·C·赫尔	John C. Hull	69.00	2014	978-7-300-18994-2
20	固定收益证券手册(第七版)	弗兰克·J·法博齐	Frank J. Fabozzi	188.00	2014	978-7-300-17001-5
21	国际金融:理论与实务	皮特·塞尔居	Piet Sercu	88.00	2014	978-7-300-18413-5
22	金融市场与金融机构(第7版)	弗雷德里克·S·米什金 斯坦利·G·埃金斯	Frederic S. Mishkin Stanley G. Eakins	79.00	2013	978-7-300-18129-5
23	货币、银行和金融体系	R·格伦·哈伯德等	R.Glenn Hubbard	75.00	2013	978-7-300-17856-1
24	并购创造价值(第二版)	萨德·苏达斯纳	Sudi Sudarsanam	89.00	2013	978-7-300-17473-0
25	个人理财——理财技能培养方法(第三版)	杰克·R·卡普尔等	Jack R. Kapoor	66.00	2013	978-7-300-16687-2
26	国际财务管理	吉尔特·贝克特	Geert Bekaert	95.00	2012	978-7-300-16031-3
27	金融理论与公司政策(第四版)	托马斯·科普兰等	Thomas Copeland	69.00	2012	978-7-300-15822-8
28	应用公司财务(第三版)	阿斯沃思·达摩达兰	Aswath Damodaran	88.00	2012	978-7-300-16034-4
29	资本市场:机构与工具(第四版)	弗兰克·J·法博齐	Frank J.Fabozzi	85.00	2011	978-7-300-13828-2
30	衍生品市场(第二版)	罗伯特·L·麦克唐纳	Robert L. McDonald	98.00	2011	978-7-300-13130-6
31	跨国金融原理(第三版)	迈克尔·H·莫菲特等	Michael H. Moffett	78.00	2011	978-7-300-12781-1
32	统计与金融	戴维·鲁珀特	David Ruppert	48.00	2010	978-7-300-11547-4
33	国际投资(第六版)	布鲁诺·索尔尼克等	Bruno Solnik	62.00	2010	978-7-300-11289-3

The Economics of Taxation, 2e by Bernard Salanié

Copyright © 2011 by Massachusetts Institute of Technology

Simplified Chinese version © 2018 by China Renmin University Press.

All Rights Reserved

图书在版编目（CIP）数据

税收经济学：第二版/伯纳德·萨拉尼耶（Bernard Salanié）著；马先标等译. —北京：中国人民大学出版社，2018.1
（经济科学译丛）
书名原文：The Economics of Taxation (Second Edition)
ISBN 978-7-300-23866-1

Ⅰ.①税… Ⅱ.①伯…②马… Ⅲ.①税收理论 Ⅳ.①F810.42

中国版本图书馆 CIP 数据核字（2017）第 009303 号

"十三五"国家重点出版物出版规划项目
经济科学译丛
税收经济学（第二版）
伯纳德·萨拉尼耶 著
马先标 刘兴坤 等 译
Shuishou Jingjixue

出版发行	中国人民大学出版社		
社　　址	北京中关村大街 31 号	邮政编码	100080
电　　话	010-62511242（总编室）	010-62511770（质管部）	
	010-82501766（邮购部）	010-62514148（门市部）	
	010-62515195（发行公司）	010-62515275（盗版举报）	
网　　址	http://www.crup.com.cn		
经　　销	新华书店		
印　　刷	固安县铭成印刷有限公司		
规　　格	185 mm×260 mm 16 开本	版　次	2018 年 1 月第 1 版
印　　张	14 插页 2	印　次	2022 年 7 月第 3 次印刷
字　　数	272 000	定　价	42.00 元

版权所有　侵权必究　印装差错　负责调换